संस्कृति : वर्चस्व और प्रतिरोध

संस्कृति : वर्चस्व और प्रतिरोध

पुरुषोत्तम अग्रवाल

राजकमल प्रकाशन

ISBN : 978-81-267-1491-9

मूल्य : ₹495

पहला संस्करण : 1995
चौथा संस्करण : 2022

प्रकाशक : राजकमल प्रकाशन प्रा.लि.
1-बी, नेताजी सुभाष मार्ग, दरियागंज
नई दिल्ली-110 002
शाखाएँ : अशोक राजपथ, साइंस कॉलेज के सामने, पटना-800 006
पहली मंजिल, दरबारी बिल्डिंग, महात्मा गांधी मार्ग, प्रयागराज-211 001
36-ए, शेक्सपियर सरणी, कोलकाता-700 017
वेबसाइट : www.rajkamalprakashan.com
ई-मेल : info@rajkamalprakashan.com

मुद्रक : बी.के. ऑफसेट
नवीन शाहदरा, दिल्ली-110 032

SANSKRTI : VARCHSWA AUR PRATIRODH
Cultural Criticism by Purushottam Agrawal

स्वर्गीय बड़े भाई
लक्ष्मीनारायण अग्रवाल की स्मृति में
जो इस पुस्तक को छपी देखकर
जितने प्रसन्न होते, पढ़कर उतने ही कुपित।

चौथे संस्करण की भूमिका

पूरे छब्बीस बरस बाद इस नये संस्करण की भूमिका लिखते समय संतोष यह है कि कई बरसों से अप्राप्य रही इस किताब में पाठकों की दिलचस्पी अभी तक बनी हुई है।

1995 में प्रकाशित इस पुस्तक में, 1987 से 1994 के बीच लिखे गए कुछ निबंध संकलित हैं। संकलन तैयार करते समय उम्मीद थी कि यह जल्दी पुराना नहीं पड़ेगा, ऐतिहासिकता ही नहीं अपनी समकालीन प्रासंगिकता भी बनाए रखेगा। चौथाई सदी से निरंतर बनी रही पाठकीय दिलचस्पी ने उस उम्मीद को भरोसे में बदल दिया है। यह देखकर भी अपने किये-धरे और सोचे-विचारे की सार्थकता का अहसास होता है कि मैं उस वक़्त अस्मितावादी राजनीति सहित अन्य मुद्दों पर जिस दिशा में सोच रहा था, वक़्त ने उसे सही साबित किया है। जो चेतावनियाँ स्पष्ट रूप से या संकेतों में दी गयीं थीं, उनमें से अधिकांश ठीक साबित हुईं हैं।

आप दूसरे संस्करण की भूमिका पढ़ेंगे तो बात और खुल जाएगी।

लेकिन इस अहसास से संतुष्ट होने के साथ ही, मन अपनी ही भविष्यवाणियों को सही होते देख, अपनी चेतावनियों को पुष्ट होते देख विकल भी है। इस विकलता को मैंने कुछ बरस पहले प्रो. दुर्गाप्रसाद गुप्त के आमंत्रण पर जामिया मिलिया इसलामिया के हिन्दी विभाग में दिये गये 'देवदास गांधी स्मारक व्याख्यान' में समझने-समझाने की कोशिश भी की थी। व्याख्यान का विषय मैंने ही चुना था–*किस दुनिया के सपने देखे, किस दुनिया तक पहुँचे।*

मित्रों ने कहा कि व्याख्यान छपना ही चाहिए। शायद छप भी जाए। लेकिन, इस विकलता का अधिक सघन, रचनात्मक रूप आप राजकमल प्रकाशन से ही 2016 में प्रकाशित मेरे उपन्यास *नाकोहस* में देख सकते हैं।

इन दिनों सावरकर की बहुत चर्चा है। उनके प्रशंसकों में नया जोश है। ऐसे माहौल में, यहाँ संकलित निबंध '*सूरत, सावरकर और द्रौपदी*' के बारे में ज़रूर कुछ कहना है। सांप्रदायिक सोच में यौन-हिंसा के महत्त्व पर सोचते हुए यह निबंध मैंने 1993 में लिखा था। इसमें विनायक दामोदर सावरकर द्वारा बलात्कार के नैतिक औचित्य निरूपण का विश्लेषण किया गया है। चकित होने की आवश्यकता नहीं,

आप स्वयं देख सकते हैं कि कितने जोश में, कितने विस्तार के साथ सावरकर ने बलात्कार को शत्रु को सबक़ सिखाने के उपकरण के तौर पर प्रस्तुत किया है।

हिन्दू क़िस्म की हो या मुस्लिम क़िस्म की; सांप्रदायिकता को धार्मिक असहिष्णुता और समकालीन सामाजिक आर्थिक टकराव के परिप्रेक्ष्य में देखना ज़रूरी तो है लेकिन काफ़ी नहीं। सांप्रदायिक राजनीति करने वालों की दृष्टि से देखें तो हिन्दू-मुसलमान का संघर्ष दो 'राष्ट्रों' के बीच का संघर्ष है। सांस्कृतिक-धार्मिक भेदों और आर्थिक हितों के टकरावों को सांप्रदायिक राजनीति दो राष्ट्रों के बीच सैकड़ों सालों से चले आ रहे युद्ध के परिप्रेक्ष्य में देखती और दिखाती है। सामूहिक स्मृतियों का उपयोग इस युद्ध की रणनीति के तहत ही किया जाता है। कुछ बरस पहले का तथाकथित 'पद्मावत विवाद' इस बात का ताज़ा और तीखा उदाहरण है।

इस 'युद्ध' में विजय पाने के लिए ही असत्य, और उससे कहीं ज़्यादा अर्द्धसत्य पर आधारित आख्यान गढ़े जाते हैं, उन्हें सच्चे इतिहास का दर्जा देकर, 'सेकुलरों' द्वारा 'भ्रष्ट कर दिये गये' इतिहास के बरक्स पेश किया जाता है। जब यह किताब छपी थी, यानी 1995 में, तब भी अर्द्धसत्यों पर आधारित 'संस्कार-निर्माण' का काम होता ही था, लेकिन अब छब्बीस बरस बाद वाट्सएप यूनिवर्सिटी की मेहरबानी से यह कई गुना आसान हो गया है।

किसी भी रंग की, किसी भी धार्मिक पहचान के नाम पर चलने वाली सांप्रदायिक राजनीति फासीवादी सोच का भारतीय संस्करण ही है। यह सोच स्त्री से डरती है। यही डर सारी मर्दवादी फूँ-फाँ को जन्म देता है। फासीवादी सोच में औरत के व्यक्तित्व को ख़ारिज कर उसे संपत्ति या सामूहिक पहचान के प्रतीक के रूप में देखा जाता है। युद्ध में, अपनी संपत्ति की रक्षा करते हुए, विरोधी पक्ष की संपत्ति को नष्ट करना या बलपूर्वक हासिल कर लेना जायज माना जाता है। फासीवादी सोच रोजमर्रा के जीवन को ऐसे ही युद्ध के रूप में देखती है। इसीलिए, अपने आस-पास से लेकर सोशल मीडिया तक पर आप देख सकते हैं कि जो औरत असहमत हो या 'विरोधी' पक्ष की हो, उसे रंडी कहने में, बलात्कार और दीगर यौन-हिंसा की धमकी देने में सबसे आगे किसी भी धर्म के 'माता-बहन वादी' ही होते हैं। यह क़तई ना समझें कि यह मनोविकृति 'ग़ैर पढ़े-लिखों' तक सीमित है। पिछले दिनों, क्रिकेट में पाकिस्तान से हार के बाद भारतीय कप्तान विराट कोहली की दुधमुँही बेटी से बलात्कार की इच्छा प्रकट ट्वीटर पर प्रकट करने वाला कोई अपढ़ नहीं, 'ब्राइट आईआईटियन' था।

मैंने अपने निबंध का आरंभ विल्हेल्म रीख की क्लासिक किताब, 'दि मास सायकोलॉजी ऑफ फासिज्म' के एक वाक्य से किया है, "औरतों की यौन-जागरूकता की स्वीकृति और उसका समर्थन निरंकुश विचारधारा के पूर्ण विनाश का कारण बन सकता है।"

यौन जागरूकता से आशय है—औरत का अपनी दैहिक, मानसिक विशेषताओं के स्पष्ट, सहज बोध के साथ व्यक्तित्व की समग्रता का बोध। एक व्यक्ति के रूप में समाज, संस्कृति, अर्थतंत्र और राज्य की प्रक्रियाओं में हिस्सा लेने को अपना अधिकार मानना, किसी की कृपा नहीं।

फासीवादी विचारधारा मनुष्य-मन की अतार्किकता का पुंजीभूत, अनियंत्रित रूप तो है ही, उसमें आक्रामक मर्दवाद भी साक्षात अवतार लेता है।

मैंने विस्तार से दिखाया है कि सावरकर किस तरह 'शत्रु को सबक़ सिखाने के लिए' उस पक्ष की स्त्रियों के साथ बलात्कार को जायज़ ही नहीं ठहराते बल्कि बतौर एक प्रभावी अस्त्र के बलात्कार का सिद्धांत निरूपण भी करते हैं। इस हद तक जाते हैं सावरकर कि इस भयानक धारणा के विरोधियों को 'सद्गुण विकृति' का शिकार बता देते हैं, शिवाजी और चिम्माजी अप्पा तक की आलोचना करते हैं कि उन्होंने, "कल्याण के मुसलमान सूबेदार की पुत्रवधू और बसीन के पुर्तगाली सूबेदार की पत्नी को ससम्मान वापस कर दिया था।" यह सब सावरकर ने किसी दंगे के दौरान की भावदशा में नहीं बल्कि, अपने निधन के तीन वर्ष पहले, 1963 में, हिन्दू इतिहास की व्याख्या करते हुए 'भारतीय इतिहास के छह स्वर्णिम पृष्ठ' नामक ग्रंथ में किया था।

मैंने स्व. गोविन्द पुरुषोत्तम देशपांडे का भी उल्लेख किया है, जो बड़ी वेदना के साथ सावरकर के लेखन और विनय कटियार के किसी भाषण के बीच की 'विभाजक दुनिया' के प्रति 'धर्मनिरपेक्ष विचारकों' के अज्ञान का ज़िक्र करते हैं। 1993 में आयोजित एक संगोष्ठी में जब मैंने सावरकर के बलात्कार सिद्धांत की चर्चा की, तो रबान दासगुप्ता ने मुझे चुनौती दी कि मैं मूल उद्धरण पेश करूँ, मैं किताब साथ में लेकर तो गया नहीं था, मैंने किताब का नाम बताया। देशपांडे जी ने छूटते ही कहा, "पुरुषोत्तम ने सावरकर का शायद कोई घटिया अनुवाद पढ़ लिया है।"

यह वाक्य देशपांडे जी के आत्मविश्वास का ही नहीं, सावरकर की उस बौद्धिक, गंभीर छवि का भी संकेतक था, जो ख़ासकर महाराष्ट्र के बहुत से बुद्धिजीवियों के मन में बैठी हुई है, या कम से कम उस समय तक बैठी हुई थी।

ख़ास, ख़तरनाक बात यही है कि किसी बलात्कारी को जो नैतिक बल विनय कटियार या उनके जैसे किसी व्यक्ति का 'भाषण' कभी नहीं दे सकता, वह सावरकर का 'लेखन' देता है।

आशा है, तीन दशक पहले लिखा गया यह निबंध आज और अधिक ध्यान से पढ़ा जाएगा।

28 नवंबर, 2021, नई दिल्ली

—पुरुषोत्तम अग्रवाल

दूसरे संस्करण की भूमिका

प्रेम से इतनी घृणा क्यों? घृणा से इतना प्रेम क्यों?

सन् दो हजार दो के गुजरात नरसंहार के प्रसंग में, प्रख्यात मानवाधिकार कार्यकर्ता के. बालगोपाल ने बड़ी वेदना के साथ पूछा है, 'क्या प्रेम का प्रचार-प्रसार करना भी उतना आसान है जितना कि नफरत का?'

'इकोनॉमिक एंड पॉलिटिकल वीकली' (1 जून, 2002) में लिखी गई टिप्पणी में बालगोपाल उपरोक्त सवाल का सन्दर्भ-विस्तार भी करते हैं। वे न्यौता देते हैं इस बुनियादी समस्या से टकराने का, 'नाजीवाद के सन्दर्भ में हो या हिन्दुत्ववाद के सन्दर्भ में—इस तरह के सवालों से टकराने में वामपन्थी सोच की दिलचस्पी क्यों नहीं रही?--नफरत की राजनीति के बरक्स 'प्रेम की राजनीति' की सम्भावनाएँ टटोलने में परिवर्तनकामी बौद्धिक विफल क्यों रहे?'

वे याद दिलाते हैं कि नाजीवाद के प्रसंग में, एरिक फ्रॉम किसी हद तक इस प्रश्न से टकराते हैं—लेकिन किसी हद तक ही! थोड़ी दूर तक विचार करने के बाद ही एरिक फ्रॉम इस सवाल से कतराने से लगते हैं। सवाल गम्भीर तो सदा से था; बीसवीं सदी के लिए तो यह केन्द्रीय महत्त्व का सवाल होना चाहिए था। प्रेम के मूलभूत मानवीय संवेग और अनुभव के आधार पर परिवर्तनकामी-राजनीतिक विमर्श की निर्मिति सम्भव और वांछनीय है या नहीं?

वामपन्थी बौद्धिकों द्वारा इस प्रश्न की बालगोपाल द्वारा संकेतित उपेक्षा से भी ज्यादा चिन्ताजनक है, प्रेमाधारित राजनीति सम्भव करने के प्रयत्नों के प्रति वामपन्थी हलक़ों में बद्धमूल अवहेलना। प्रसन्नता की बात है कि जेंडर संवेदी, नारीवादी, पर्यावरणवादी विमर्शों के प्रभाव के कारण और ऐतिहासिक अनुभवों के कारण पिछले कुछ बरसों में स्थिति बदलती दीख रही है। जो सवाल गुजरात के सन्दर्भ में, बालगोपाल के सामने है; जॉन ब्रेंटलिंगर उसी सवाल से लैटिन अमेरिका के सन्दर्भ में टकराते हैं। हिंसा और प्रतिशोध के विचारधारात्मक महिमामंडन के बरक्स हिंसा की गहन 'क्रिटीक' करने के उपक्रम भी वामपन्थी बौद्धिक हलक़ों में चल रहे हैं।

संस्कृति : वर्चस्व और प्रतिरोध का पहला संस्करण दस बरस पहले आया। पुस्तक आते ही कुछ वरिष्ठ, आदरणीय वामपन्थियों ने इस बात के लिए पुस्तक की बड़ी तीखी खबर ली कि इसमें प्रेम के संवेग पर आधारित राजनीतिक कर्म की सम्भावनाओं की चर्चा की गई है। लेखक को कृपापूर्वक याद दिलाया गया कि जीवन में सात्त्विक, उचित घृणा का कितना महत्त्व है। सवाल यह है कि व्यक्ति के जीवन में अन्य के प्रति संवेदना और सम्मान सम्भव करनेवाला; व्यक्तित्व का अद्‌भुत रूपान्तरण कर डालनेवाला संवेग—प्रेम—क्या सामाजिक जीवन में व्यर्थ ही है? क्या उसे प्रतिक्रियावादी राजनीति के विचारधारात्मक आवरण के रूप में ही देखना तर्कसंगत और तथ्यसम्मत है?

किशोरवय का प्रेम व्यक्तित्व का अहसास करानेवाला पहला व्यक्तिगत और सामाजिक अनुभव है—और इसी कारण समाज की प्रदत्त मर्यादाएँ ऐसे प्रेम के प्रति इतना हिंसक रवैया अपनाती हैं। और इसीलिए असफल होने पर भी 'लरिकाई को प्रेम' एक प्रेरणाप्रद स्मृति के रूप में सामाजिक-सांस्कृतिक स्मृति बोध में संचित किया जाता है—यह बात इस पुस्तक में कही गई। यह सवाल भी उठाया गया कि ऐसे प्रेम में व्यक्त होनेवाले विद्रोह—व्यक्तित्व और मर्यादा के संघर्ष, वस्तुतः परिभाषाओं के संघर्ष को वैकल्पिक व्यवस्था रचने के ऐतिहासिक संघर्ष का आधार बनाया जा सकता है या नहीं? बनाया जाना चाहिए या नहीं?

उपरोक्त जिज्ञासा के सन्दर्भ में वामपन्थी वरिष्ठों के सात्त्विक क्रोध को देख-सुनकर मन में सवाल आया, "प्रेम में इतनी घृणा क्यों? घृणा से इतना प्रेम क्यों?" मर्यादावादियों और परिवर्तनवादियों के परस्पर विरोधी सरोकारों में प्रेम से ऐसी चिढ़ की समानधर्मिता क्यों?

जाहिर है कि समस्या केवल व्यक्तियों की नहीं, विचार के उपक्रमों की, उनके आधार पर रचित सत्तातन्त्रों की भी है। इसीलिए इस पर गम्भीर, व्यवस्थित विचार करने की जरूरत महसूस हुई। जो थोड़ा-बहुत बन पड़ा, पिछले दस बरस में किया भी।

आप देखेंगे कि इस पुस्तक के निबन्ध विभिन्न उपेक्षित और उत्पीड़ित सामाजिक अस्मिताओं के आत्मरेखांकन का विश्लेषण करते हैं। इस विश्लेषण की दिशा स्पष्ट है। अस्मिताओं के आत्मरेखांकन की ऐतिहासिक सार्थकता परिवर्तन की सोच को और अधिक समृद्ध करने में है। उपलब्ध सार्वभौम नैतिकता की सीमाओं से टकराते हुए उसका सार्थक विस्तार करने में है। नैतिक सापेक्षतावाद की संकीर्णता को महिमामंडित करने में नहीं, सार्वभौम नैतिकता के प्रतिमानों को अधिक प्रामाणिक बनाने में है। ये निबन्ध स्पष्ट रूप से कहना चाहते हैं कि एक तरह के जातिवाद का विकल्प दूसरी तरह का जातिवाद नहीं हो सकता। एक तरह के जन्मजात अस्मितावाद का विकल्प दूसरी तरह का जन्मजात अस्मितावाद नहीं हो

सकता। व्यक्ति की हो या किसी समुदाय की–अस्मिता का आत्मरेखांकन राजनीतिक और नैतिक लोकतन्त्र की ओर तभी बढ़ सकता है जबकि वह 'आत्म' के रेखांकन सरीखा ही महत्त्व 'अन्य' के प्रति संवेदनशीलता को दे।

व्यक्ति के जीवन में प्रेम का संवेग ऐसी संवेदनशीलता सम्भव करता है। सामाजिक विमर्श और कर्म ऐसी संवेदनशीलता से परिचालित क्यों नहीं हो सकता?

1987 से 1994 के बीच लिखे गए इन निबन्धों की केन्द्रीय चिन्ता यही है। इसी चिन्ता के कारण, अस्मिता विमर्श के सन्दर्भ में कुछ चेतावनी-संकेत इन निबन्धों में दिए गए। 'जातिवादी कौन?' शीर्षक निबन्ध के ये वाक्य रेखांकित करना चाहता हूँ :

समाज को बदलने की कोई भी सार्थक यात्रा खुद से आरम्भ होती है। यह आरम्भ में ही समझ लेना हितकारी होगा कि भारतीय समाज की बनावट ही ऐसी है कि यहाँ न धक्कामार ब्राह्मणवाद चल सकता है न धक्कामार गैर-ब्राह्मणवाद। किसी धार्मिक, सांस्कृतिक या भाषाई अल्पसंख्या के विरुद्ध सतत घृणा के आधार पर कोई दूरगामी राजनीति भारत में सम्भव नहीं है। यह अल्पसंख्या चाहे मुसलमानों/ईसाइयों की हो, चाहे ब्राह्मणों की।

उपरोक्त बात हिन्दी के अग्रणी बौद्धिकों को बड़ी नागावार गुजरी। पुस्तक के लोकार्पण समारोह में ही नामवरजी ने इसकी खिल्ली उड़ाई थी। दलित राजनीति के प्रति सहानुभूति रखने का दावा करनेवाले अन्य लोग भी इस स्थापना को हास्यास्पद ही मानते थे। सन् 2000 तक आते-आते हिन्दी साहित्य जगत में एक ऐसे सज्जन दलित चिन्तन के श्रेष्ठतम प्रवक्ता मान लिए गए जिनका सारा चिन्तन (!) स्त्रियों और ब्राह्मणों के प्रति बजबजाती घृणा पर ही आधारित था। इस सर्वश्रेष्ठता का दुदुंभिनाद करने में अग्रणी प्रगतिशील और जनवादी शामिल थे। रोचक बात है कि यह दुदुंभिनाद इन अग्रणी चिन्तकों के अपने किसी सोच-विचार के कारण नहीं, बल्कि तभी रुका जबकि स्वयं दलित महिलाओं ने चिन्तक महोदय का उपचार कर दिया।

बहरहाल, सामाजिक-राजनैतिक प्रक्रिया अपनी राह चल रही थी और हिन्दी के अग्रणी आलोचक अपनी राह। समाज-समाज रटनेवाले सामाजिक-राजनैतिक वास्तविकता से कितने कटे हुए थे, यह अब एकदम स्पष्ट हो गया है। मायावती के नेतृत्व में बसपा की सोशल इंजीनियरिंग ने मेरे इस कथन को प्रमाणित कर दिया है कि न धक्कामार ब्राह्मणवाद चल सकता है, न धक्कामार गैर-ब्राह्मणवाद।

बहुजन समाज पार्टी अब 'सर्वजन' की पार्टी बनने का जी-तोड़ प्रयत्न कर रही है। 'तिलक, तराजू और तलवार–इनको मारो जूते चार' से 'हाथी नहीं गणेश है–ब्रह्मा, विष्णु, महेश है' तक की यह यात्रा *संस्कृति : वर्चस्व और प्रतिरोध* के पहले संस्करण में कही गई बातों और चेतावनियों की सचाई का प्रत्यक्ष प्रमाण है।

पाठक देखेंगे कि इन निबन्धों में ऐसी और चेतावनियाँ, बल्कि भविष्यवाणियाँ भी हैं। इनमें से कुछ का पूरा होना स्वयं लेखक के लिए सन्तोष का विषय है, तो कुछ का सत्य सिद्ध होना चिन्ता का भी।

इन चेतावनियों की उपेक्षा करनेवाले अस्मिता प्रेम के चिन्ताजनक रूप पिछले कुछ बरसों में बहुत खुलकर सामने आ गए हैं। बौद्धिक विमर्श में भी। राजनीतिक सन्दर्भ में भी। अपने देश में भी। संसार के अन्य देशों में भी। इन चिन्ताजनक रूपों से टकराना 'एकेडमिक एक्सरसाइज' भर न होकर संवेदनशील परिवर्तनकामी मानस का नैतिक कर्त्तव्य है।

इस कर्त्तव्य को स्वीकारते हुए पिछले बरसों में कुछ निबन्ध मैंने लिखे। 'बहुवचन', 'कथादेश', 'तद्भव' और 'कसौटी' में। इसी क्रम में चला 'जनसत्ता' में पाक्षिक स्तंभ, 'मुखामुखम'। इस स्तंभ में प्रकाशित आरम्भिक कुछ लेख 'निज ब्रह्म विचार' नामक पुस्तक में प्रकाशित हो गए हैं। बाकी प्रकाशन की राह पर हैं। इस सारे उपक्रम पर प्रतिक्रियाएँ प्राप्त हुईं और हो रही हैं, उनमें से कुछ सचमुच रोचक और विचारोत्तेजक हैं; और कुछ सचमुच 'ज्ञानवर्द्धक' तथा चिन्ताजनक। इतना जरूर है कि अस्मिताविमर्श के उत्तर-आधुनिकतावादी महिमामंडन की सैद्धान्तिक और व्यावहारिक समस्याएँ दिनोंदिन स्पष्टतर होती जा रही हैं। हिन्दी में, कुछ लोगों के लिए उत्तर-आधुनिकतावाद जादू का डंडा बन गया है तो कुछ के लिए बावले गाँव का ऊँट! इस स्थिति का जायज़ा लेना अपने-आप में रोचक और महत्त्वपूर्ण है। काम चल रहा है। जल्दी ही उत्तर आधुनिकतावाद और अस्मिताविमर्श पर एक अलग किताब आपके सामने होगी।

इस सोच-विचार के दौरान यह संस्करण तैयार करने के लिए *संस्कृति : वर्चस्व और प्रतिरोध* के इन निबन्धों से गुज़रा। कह सकता हूँ कि सरोकार वही हैं, बलाघात में जरूर फ़र्क़ आया है! जो चेतावनियाँ तब मन में गूँजी थीं, उन्हें अपने समाज में फलीभूत होते देख मन में क्लेश जरूर आया है। दूसरा संस्करण तैयार करने का एक औचित्य उन चेतावनियों का पुनः रेखांकन भी हो सकता है।

पुस्तक का स्वागत काफी ज़ोरदार हुआ था। काफी चर्चा हुई। पहली समीक्षा 'मेनस्ट्रीम' साप्ताहिक में चर्चित समाजशास्त्री श्री अविजित पाठक ने लिखी। बहुत उत्साहदर्धक और विचारोत्तजक। 'हंस' में ललित कार्तिकेय ने समीक्षा की—और आगे सोचने के महत्त्वपूर्ण बिन्दु रेखांकित किए। स्व. मोहन थपलियाल, श्री रामकृष्ण पांडेय, सुश्री शशिकला त्रिपाठी, श्री ज्योतिष जोशी द्वारा की गई समीक्षाओं से भी अपने काम की प्रासंगिकता का अहसास तो हुआ ही, सोच-विचार के लिए महत्त्वपूर्ण संकेत भी मिले। श्री प्रभात त्रिपाठी के साथ लगातार चलनेवाले संवादों ने मुझे आन्तरिक समृद्धि प्रदान की। इन सभी मित्रों का आभार।

इस पुस्तक में संकलित दो निबन्ध मूलतः अंग्रेज़ी में लिखे गए थे, ये हैं—

'कण-कण में प्यारे हैं राम' और 'सूरत, सावरकर और द्रौपदी।' अंग्रेज़ी भाषा में इतिहास और संस्कृति पर विचार करनेवाले लोगों को ये लेख रोचक और ध्यान देने योग्य लगे। ज़ियाउद्दीन सरदार, राजेश्वरी सुन्दर राजन, रोज़ैलीन ओ' हैलेन, दिलीप सीमियन, फ्रेंचेस्का ओरसिनी और पूर्णिमा मनकेकर जैसे विचारकों और शोधकर्ताओं ने इन लेखों को महत्त्वपूर्ण माना और इनके साथ संवाद किया। इस प्रसंग में व्यक्त की गई सहमतियों-असहमतियों ने मुझे सोच-विचार की प्रेरणा दी। इन सभी मित्रों का आभार।

पुस्तक के दूसरे संस्करण की जरूरत कई बरसों से महसूस की जाती रही है। मित्र अशोक महेश्वरी अनवरत आग्रह करते रहे। अपन टालते रहे लेकिन कब तक टालते? तब तक ही न जब तक वक्त न आ जाए! लगता है, वक्त आ गया!

चीजें कुछ और साफ हो चलीं। जो संकेत इस पुस्तक में थे, जो सवाल यहाँ उठाए गए थे—उन पर कुछ और सोच-विचार हो सका। सो, यह भूमिका भी लिख डाली। इस भूमिका के अलावा बाकी किताब जैसी-की-तैसी है। पहले संस्करण की भूमिका समेत। किसी निबन्ध में कुछ घटाया-बढ़ाया नहीं गया है। बावजूद इसके कि कुछ सवालों पर मेरी राय अब काफी बदल गई है। इन निबन्धों के लिखे जाने का जो समय-सन्दर्भ था; जो अपना खुद का संवेदना सन्दर्भ था—उसके अहसास से दूसरे संस्करण के पाठक का भी सीधा सम्बन्ध जुड़ना ही चाहिए। अपने संवेदना-सन्दर्भ और वैचारिक उपक्रम में, इस पुस्तक के पहले संस्करण के बाद जो जुड़ा या जो हटा—वह तो पिछले दस साल के लेखन और जीवन में निहित है ही।

10 सितम्बर, 2007

—पुरुषोत्तम अग्रवाल

पहले संस्करण की भूमिका

तो, शुरू करें

सन् 1987 की बात है। मेरठ और दिल्ली में साम्प्रदायिक दंगे हुए। मेरठ के मलियाना और हाशिमपुरा में उत्तर प्रदेश की बदनाम पी. ए. सी. ने मुस्लिम नौजवानों को चुन-चुन कर मारा। इन घटनाओं के संदर्भ में दिल्ली विश्वविद्यालय के कुछ छात्रों, कर्मचारियों और अध्यापकों ने मिलकर सर्वेक्षण और सहायता के लिए एक समिति का गठन किया। इस समिति के सदस्य दंगाग्रस्त इलाकों में गए, लोगों से मिले। दंगाग्रस्त लोगों की सहायता करने की यथासंभव कोशिश की। इस समिति के सदस्यों में से एक मैं भी था।

जेठ-बैसाख की चिलकती धूप में, उन दिनों जो अनुभव प्राप्त हुए, वे आज तक मेरी चेतना में चिलकते हैं। चाँदनी चौक के इलाके में कुल तीन सौ उनतीस लोग बतौर 'असामाजिक तत्त्व' के गिरफ्तार किए गए थे। इनमें से तीन सौ मुसलमान थे। चाँदनी महल के एस. एच. ओ. का बजरंग दल ने नागरिक अभिनंदन किया, क्योंकि उसने दंगों के दौरान 'राष्ट्रवादी भूमिका' का निर्वाह किया था। मलियाना के नरसंहार के बारे में 'चौथी दुनिया' के संवाददाता वीरेंद्र सेंगर की रिपोर्ट बड़े-बड़े बुद्धिजीवियों को 'अल्पसंख्यक तुष्टीकरण' से प्रेरित नज़र आई—क्योंकि वह पी. ए. सी. की दरिन्दगी को उजागर करती थी। दूसरी तरफ जमाते इस्लामी के उस कार्यकर्ता की निराशा भी भुलाए नहीं भूलती, जो हम लोगों को गंग नहर में 'सड़ती लाशें' दिखाने में नाकामयाब रहा था।

साम्प्रदायिकता की समस्या मुझे पहले से ही मथती थी, लेकिन कुल मिलाकर 'एकेडमिक' ढंग से ही। सन् 1984 के सिख-विरोधी नरसंहार को मैंने हर दिल्लीवासी की तरह अपने आसपास देखा, झेला था और अवसन्न रह गया था। सन् '87 की घटनाओं के बारे में थोड़ी-सी ही पड़ताल से साम्प्रदायिकता के बारे में, आम तौर से प्रचलित मान्यताओं और 'एकेडमिक' एप्रोच की कई समस्याएँ मेरे सामने प्रकट हो गयीं। सबसे बड़ा सवाल यही था कि धर्मनिरपेक्ष, जनवादी सोच और राजनीति की ऐसी क्या विडंबना है कि यह साम्प्रदायिकता को सिर्फ 'दंगे' तक सीमित मानती है—और इसी कारण 'दंगा' होने पर ही साम्प्रदायिकता के संदर्भ में सक्रिय होती है? सवाल यह भी था कि धर्म, साम्प्रदायिकता और राष्ट्रवाद

का अंतस्संबंध किस प्रकार का है ?

इन सवालों से अपने अनुभवों की रोशनी में जूझता हुआ मेरा सोच-विचार एक लेख में व्यक्त हुआ। यह लेख ('भारतीयता के खिलाफ खड़ा है हिंदूवाद') 'चौथी दुनिया' साप्ताहिक में, अगस्त, 1987 में प्रकाशित हुआ। इसके कारक ग्रह बने मेरे नौजवान साथी वेदप्रकाश और शुभ्रा, तथा 'चौथी दुनिया' परिवार के वीरेंद्र सेंगर, रामकृपाल और क़मर वहीद नक़वी। इस लेख की प्रतिक्रियाएँ रोचक रहीं। श्री शैलेश मटियानी ने लेख से भी लम्बा प्रतिवाद लिखा। श्री जगदंबाप्रसाद दीक्षित ने निर्णय दिया कि, "लेख में ध्यान देने योग्य कोई बात नहीं है", और फिर ऐसे महत्त्वहीन लेख का खंडन करने के लिए उन्होंने अत्यंत विशद तर्क दिए और प्रतिपादित किया कि हिंदुत्ववादी विचारधारा और भाजपा को फासिस्ट कहना असल में सोवियतपरस्तों, इंका-समर्थकों की पुरानी बदमाशी है।

इन दो प्रसिद्ध लेखकों की ऐसी प्रतिक्रियाओं ने मेरे मन को और मथा। बात व्यक्तिगत प्रतिवाद की नहीं थी। वह मैंने किया भी नहीं। बात सिर्फ साम्प्रदायिकता तक सीमित भी नहीं रह गयी थी। सवाल था और है : भारतीय समाज में वर्चस्व के संघर्ष और सत्ता के विमर्श की व्याख्या करने का–और इस संघर्ष में अपनी जगह तय करने का। यह काम ऐसी बौद्धिक भूमिका की माँग करता है, जो एक तरफ सामाजिक-राजनीतिक प्रक्रिया में हस्तक्षेप करे, दूसरी ओर संस्कृति के दूरगामी सवालों से जूझे।

ऐसी बौद्धिक भूमिका निभाने के यथासंभव प्रयत्न की ही एक परिणति है–यह पुस्तक। 'संस्कृति : वर्चस्व और प्रतिरोध' के संदर्भ में कुछ नये सवालों को रेखांकित करने की एक कोशिश।

हमारी बौद्धिक संस्कृति में समाज कर्म और संस्कृति चिंतन (और शब्द के सर्जनात्मक प्रयोग) के बीच एक दुर्लंघ्य खाई मान ली गयी है। जो 'काम' करते हैं, वे चिंतन से लेकर कविता तक को 'बौद्धिक ऐयाशी' मानते हैं। जो सर्जनात्मक लेखन या चिंतन करते हैं, वे किसी अपील या वक्तव्य पर हस्ताक्षर कर देने को ही बहुत बड़ा 'सामाजिक कर्म' मानकर निश्चिंत हो जाते हैं। समाजकर्म को बौद्धिक दरिद्रता ही अपनी ताकत लगती है; सरलीकृत नारे ही आलोचना और चिंतन प्रतीत होते हैं। बौद्धिक जगत् समाजकर्म से असंपृक्ति को ही अपनी बौद्धिक क्षमता का प्रमाण समझता है। और फिर हम सब दुःखी होते हैं कि, "हम एक आलोचनात्मक समाज का निर्माण करने में विफल रहे हैं।"

शब्द और कर्म के व्यावहारिक अलगाव को आत्मसात कर लेने के ऐसे माहौल में, 'साम्प्रदायिकता विरोधी आंदोलन' नामक संगठन से जुड़ना मेरे लिए अपने आत्म-बोध को नये सिरे से परिभाषित करने की प्रेरणा देने वाला अनुभव

था। इस अनुभव की मूल्यवत्ता की चर्चा फिर कभी; फिलहाल इतना ही कि सन् 1987 के उत्तरार्द्ध में, मैं दिलीप सीमियन के जरिए 'साम्प्रदायिकता विरोधी आंदोलन' से जुड़ा और उसके बाद से एक ऐसी दोस्ती का श्रीगणेश हुआ, जो जीवन को एक दिशा और चिंताओं को एक परिप्रेक्ष्य देती रही है। दिलीप, भगवान् पंकज, उर्वशी, निवेदिता, प्रभु, अमर, वृन्दा, सुव्रता, महेश, कमला, द्रोण—इन मित्रों से हुई बहसों, इनके साथ मिलकर की गयी गतिविधियों के फलस्वरूप ही वे धुँधली चिंताएँ, वे मथते सवाल, जो मन में मौजूद थे, एक परिप्रेक्ष्य की तलाश का रूप धारण करते गए।

नैतिक सरोकारों के बौद्धिक परिप्रेक्ष्य में रूपांतरण की प्रक्रिया, इस प्रक्रिया की गहरी कशमकश और वर्चस्व के संघर्ष में अपनी जगह तलाशने की छटपटाहट से ही आप आगामी पृष्ठों में गुजरने जा रहे हैं।

साम्प्रदायिकता को आर्थिक प्रतिस्पर्धा के विकृतीकरण या तर्कहीन धार्मिकता की परिणति मानना व्यर्थ है। ऐसी मान्यताओं के ही कारण साम्प्रदायिक तनाव और जातिगत द्वंद्वों के परस्पर संबंध को ठीक से समझने में बाधा होती है। भारतीय समाज में फिलहाल प्रचलित वर्चस्व का स्वरूप और उसके तंत्र की व्यावहारिक रणनीति क्या है ? वर्चस्व के प्रतिरोध की परम्परा कहाँ सुलभ है ? स्वयं इस परम्परा के अंतर्विरोधों की प्रकृति कैसी है ? संस्कृति की अवधारणाओं में व्यक्त होने वाली समाजसत्ता का स्वरूप कैसा है ? इस समाजसत्ता का राजसत्ता से किस प्रकार का रिश्ता है ? ऐसे सवालों से टकराए बिना न तो सार्थक संस्कृति विमर्श संभव है, और न परिवर्तनकामी, जनोन्मुख राजनीति। साम्प्रदायिकता से शुरू करने पर भी ये तथा ऐसे अन्य सवाल खुद-ब-खुद सामने आते चलते हैं। मेरे मन में अब यह बात स्पष्ट है कि भारतीय समाज में सांस्कृतिक वर्चस्व का मूर्त्तरूप है : जाति-व्यवस्था, और उसका दार्शनिक आधार निहित है : वर्णाश्रम की विचारधारा में। वर्णाश्रम जो कि सिर्फ जातियों के स्तरक्रम का ही नहीं, बल्कि नारी-विरोधी पुरुषसत्ता का भी माध्यम है। इस का सुचारु संचालन स्थूल ताड़ना से भी कहीं अधिक सूक्ष्म आत्मसातीकरण के जरिए होता है। वर्णाश्रम का सिद्धांत भले ही हिंदू-धर्म की अपनी विशेषता हो, लेकिन जाति का व्यावहारिक विभाजन समूचे भारतीय समाज में व्याप्त है, ग़ैरहिंदू समुदायों समेत। साम्प्रदायिक विचार का गहरा संबंध वर्चस्व के संघर्ष और वर्चस्व के तंत्र अर्थात जाति-व्यवस्था से है। वर्णाश्रम असल में आंतरिक उपनिवेशीकरण है, जिसने अवर्णों, आदिवासियों और स्त्रियों को सांस्कृतिक रूप से हाशिए पर धकेलकर एक ही देश में वस्तुतः दो देश स्थापित कर दिए हैं। वर्णाश्रम में निहित आंतरिक उपनिवेशीकरण की उपेक्षा (बल्कि उसका महिमामण्डन) करने के ही कारण बाह्य उपनिवेशीकरण के विरुद्ध विकसित भारतीय

राष्ट्रवाद में गहरी दरारें पैदा हो गयीं। आंतरिक उपनिवेशीकरण की ऐसी उपेक्षा इसीलिए हो सकी, क्योंकि समाजसत्ता और राजसत्ता के संबंध को समझने की बजाय सारी चेतना सिर्फ राजसत्ता पर ही केंद्रित हो गयी। इसी कारण वह विचित्र विरोधाभास पैदा हुआ, जिसकी चर्चा के. दामोदरन और नामवरसिंह ने की है। जो अंग्रेज़ी राज के ख़िलाफ़ थे, वे सामाजिक रूढ़िवाद के समर्थक थे। जो सामाजिक रूढ़ियों के आलोचक थे, वे अंग्रेज़ी राज के प्रशंसक थे। कहा जा सकता है कि चूँकि मुख्य अंतर्विरोध साम्राज्यवाद और भारतीय जनता के बीच था, इसलिए साम्राज्यवाद का विरोध ही उस वक्त ऐतिहासिक प्रगतिशीलता का निर्णायक प्रतिमान था। ऐसा कहने वाले बड़ी सहूलियत से भूल जाते हैं कि तिलक और जोतिबा फुले के आत्म-बोध में अन्याय का मुख्य स्रोत एक ही नहीं था। हो ही नहीं सकता था, क्योंकि इन दोनों के आत्म-बोध को परिभाषित करने वाले सामाजिक संदर्भ में ये दोनों सामाजिक-सांस्कृतिक शक्ति-विमर्श में एक दूसरे के साथ नहीं, बल्कि आमने-सामने खड़े थे। कहने की आवश्यकता नहीं कि उपरोक्त वाक्य में तिलक और जोतिबा फुले–दो व्यक्तियों से कहीं अधिक दो सामाजिक अस्मिताओं और उनके सांस्कृतिक आत्म-बोध के वाचक हैं।

जिस बौद्धिक वर्ग ने उत्पीड़ित भारतीय जनता की भावनाओं और आकांक्षाओं को 'राष्ट्रवाद' के रूप में व्यवस्थित किया, वह स्वयं अपने समाज से अंगांगिभाव से संबद्ध नहीं था। यह असंबद्धता सिर्फ औपनिवेशिक सत्ता तंत्र की ही परिणति न होकर परम्परा की भी परिणति थी। इसी असम्बद्धता के कारण भारतीयता और राष्ट्रवाद की ऐसी अवधारणाएँ विकसित हुईं, जिनके लिए औसत भारतीय सिर्फ एक कच्चा माल है और जो संकट के किसी भी क्षण में हिंसक तानाशाही या उन्माद का रूप लेते देर नहीं लगातीं। पिछले कुछ वर्ष से हमारा समाज जिस यातनादायी आत्मसंघर्ष से गुजर रहा है–उसकी एक बहुत बड़ी वजह 'भारतीय राष्ट्रवाद' की यह मूलभूत न्यूनता ही है। आरक्षण के माध्यम से राजसत्ता के तंत्र में दलितों, पिछड़ों की उपस्थित सुनिश्चित करने का सवाल आए, तो इस राष्ट्रवाद से रचा-बसा मानस तरुणों को आत्महत्या के लिए उकसाने लगता है। एक धार्मिक इमारत से जुड़े स्थानीय विवाद को भीषण हिंसा और ऐतिहासिक प्रतिशोध का रूपक बनाने वालों को इस राष्ट्रवाद से रचा-बसा मानस 'उग्र (अथवा विशुद्ध) राष्ट्रवादी' कहकर सम्मान देता है !

समकालीन आत्मसंघर्ष का एक और कारण है। भारतीय इतिहास में पहली बार वर्णाश्रम में अभिव्यक्त होने वाली सवर्ण पुरुष की समाजसत्ता को इतनी जबर्दस्त चुनौती मिल रही है। पहली बार 'जाति' पर ऐसा समग्र आक्रमण हो रहा है, जिसका अत्यंत प्रबल सामाजिक आधार है। इसका एक नतीजा यह है कि दलगत राजनीति और समाजगत राजनीति के बीच फाँक दृष्टिगोचर होने लगी है। जो लोग पिछड़ों

को आरक्षण देने के कारण वी. पी. सिंह को देशतोड़क कहते नहीं थकते—वे सत्ता में आने के बाद आरक्षण वापस क्यों नहीं ले लेते ? वजह साफ है। एक धरातल पर विभिन्न नामधारी पार्टियों के आपसी मतभेदों को अप्रासंगिक बनाती हुई भारतीय समाज में सीधे-सीधे दो 'पार्टियाँ' (पार्टी अर्थात एक सामाजिक-राजनीतिक पक्ष) उभर आई हैं—आरक्षण-समर्थक और आरक्षण-विरोधी। जद के वी. पी. सिंह, काँग्रेस के सीताराम केसरी, भाजपा की उमा भारती अंततः आरक्षण समर्थक पार्टी में हैं; ठीक उसी तरह, जैसे जद के बीजू पटनायक, काँग्रेस के जगन्नाथ मिश्र और भाजपा के मुरलीमनोहर जोशी अंततः आरक्षण-विरोधी पार्टी में हैं।

वर्णाश्रम के वर्चस्व को मिल रही ऐतिहासिक चुनौती की अपनी सीमाएँ कम चिंताजनक नहीं हैं। सबसे बड़ी बात तो यही कि औरत की हैसियत का सवाल अभी भी राजनीतिक एजेंडा पर नहीं लाया गया है। सामाजिक न्याय के दावेदारों में से अधिकांश को लिंगपरक अन्याय और उत्पीड़न की कोई चिन्ता है—फिलहाल ऐसा नहीं लगता। इसके साथ ही, वर्णाश्रम को चुनौती दे रही सामाजिक शक्तियों का परम्परा विषयक रवैया बहुत संकीर्ण बल्कि असंवेदनशील है। वर्चस्व का प्रतिरोध करने की उनकी दृष्टि मुख्यतः प्रतिशोधपरक है। ऐसी दृष्टि सत्ता के दावेदारों की भूमिका में अदला बदली तो कर सकती है, लेकिन ज़रूरत सत्ता के मिज़ाज़ और सामाजिक मानस के भावतंत्र में मूलगामी परिवर्तन लाने की है। ऐसा परिवर्तन संस्कृति, वर्चस्व और प्रतिरोध के संदर्भ में सही सवालों के सतत रेखांकन और लगातार पड़ताल के जरिए ही संभव है। कहने की आवश्यकता नहीं कि ऐसा रेखांकन और ऐसी पड़ताल शब्द और कर्म; चिंतन और हस्तक्षेप की गतिशील अन्योन्याश्रितता के सच्चे बोध के बिना संभव नहीं है।

ऐसी ही पड़ताल की दिशा में एक छोटी-सी कोशिश है : यह किताब।

इस किताब का रूपबंध कुछ हटकर है। 'आस्था और आलोचना' शीर्षक अध्याय इससे पहले कहीं प्रकाशित नहीं हुआ है। कुछ अध्याय पूर्व प्रकाशित हैं, और यहाँ जस के तस दिए जा रहे हैं। कुछ पूर्व प्रकाशित अध्यायों को यहाँ शामिल करने से पहले उनमें फेर-बदल किया गया है। 'सूरत, सावरकर और द्रौपदी' तथा 'कण कण में व्यापे हैं राम' मूलतः अंग्रेज़ी में लिखे गए हैं। इनमें से पहला उर्वशी बुटालिया, तानिका सरकार और दूसरा आनिया लुंबा, सुवीर कौल द्वारा संपादित पुस्तकों में शीघ्र प्रकाश्य है। यहाँ शामिल करने के लिए, इनमें से पहले का अनुवाद रुचिता सहाय और दूसरे का पंकज चतुर्वेदी ने किया है। दीपक चौधरी बजरंग बिहारी तिवारी और कमलानंद झा 'विभूति' ने किताबें जुटाने से लेकर पांडुलिपि बनाने तक में बड़ी मदद की। ये सभी ही जे. एन. यू. के छात्र हैं। इनके प्रति विधिवत आभार व्यक्त करूँ या न करूँ ? यह उलझन ही शायद सबसे अच्छा फैसला है।

किताब एक सिलसिले में नहीं लिखी गयी है। वस्तुतः यह सन् 1987 से 1994 तक के विचार-विकास का संकलन है–जो चूँकि सन् 1994 में किया गया है, इसलिए जिसमें निहित बोध और विश्लेषण को सायास 'अप-टु-डेट' किया जाना स्वाभाविक ही था। कहीं-कहीं तर्क और दृष्टांतों का दोहराव भी आपको मिलेगा। उसका यथाशक्य संपादन मैंने कर दिया है–बाकी आप झेलिए।

इस किताब के मूल तर्क को व्यवस्थित करने में डा. नामवर सिंह, डा. मैनेजर पांडे, डा. विश्वनाथ त्रिपाठी, डा. केदारनाथ सिंह और श्री राजेन्द्र यादव से मिले सूत्रों और प्रोत्साहन की भूमिका महत्त्वपूर्ण है। संस्कृति में अंतर्निहित वर्चस्व की व्याख्या और उसके प्रतिरोध विषयक विमर्श में कुछ योगदान कर पाना ही इनके प्रति सच्चा आभार ज्ञापन होगा।

शारदा, सुधा और सपन को समझाने, डाँटने के क्रम में कई बातें साफ हुईं। उनके प्यार से ताक़त मिली और प्यार में काहे का आभार ?

यह किताब शायद और देर से आती, यदि मेरे दोस्त, प्रसिद्ध अभिनेता फ़ारुख़ शेख़ निरंतर पीछे न पड़े होते। उन्हें किताब देखकर जो खुशी होगी, उसका मैं बस अनुमान ही कर सकता हूँ। दिलीप सीमियन तो उस सारी प्रक्रिया के ही प्रेरक हैं–जो यहाँ फलीभूत हो रही है। रवींद्र त्रिपाठी, महेश रंगराजन और भगवान जोश से होने वाली बहसें भी कैसे भुलाई जा सकती हैं ?

न यह किताब होती और न मेरी सामाजिक सक्रियता–अगर सुमन का संवेदनशील साथ न मिला होता। ऋत्विक और ऋतंभरा की प्यार भरी शरारतों के बीच ही किताब तैयार हुई।

और अंत में, मित्र अशोक महेश्वरी के प्रति आभार। उनके लगातार आग्रह और सक्रिय रुचि के ही कारण किताब इतने कम समय में तैयार होकर आप तक पहुँच रही है।

बहरहाल, भूमिका तो हुई। अब आप हैं और किताब है। तो, शुरू करें।

–पुरुषोत्तम अग्रवाल

जवाहरलाल नेहरू विश्वविद्यालय,
नयी दिल्ली
5 जनवरी, 1994

क्रम

...और क्या होंगे अभी ?

'हम कौन थे, क्या हो गए और क्या होंगे अभी ?'—यह प्रसिद्ध पंक्ति एक सवाल के साथ पढ़ी जानी चाहिए। सवाल यह कि क्या ऐसी आत्म-सजग पंक्तियाँ भारत में अंग्रेज़ी राज कायम होने के पहले भी लिखी जाती थीं ? ऐसी पंक्तियाँ, जिनमें किसी समाज की वेदना अपने अतीत और वर्तमान के संदर्भ में प्रतिबिम्बित हो रही हो, जिनमें कवि किसी समुदाय की ओर से उसकी हालत के बारे में सवाल पूछ रहा हो; जिनमें किसी सामाजिक पहचान की छटपटाहट व्यक्त हो रही हो।

तुरंत ध्यान में आती हैं, कबीर-सरीखे निर्गुनिया संतों और उनसे पहले के सिद्धों की बानियाँ। 'तू बाम्हन मैं काशी का जुलहा' और 'हम तो जात कमीना' जैसी पंक्तियों में अपने सामाजिक अस्तित्व की व्यथाओं को व्यक्त करने वाले कबीर से 'भारत भारती' के कवि की तुलना करने से एक महत्त्वपूर्ण बात खुलती है। जो समाज सामाजिक-राजनीतिक सत्ता से वंचित कर दिया जाय, जिसकी नियति इतिहास-रथ के पहियों के नीचे पिसने तक सीमित रह गयी हो, उसे पहचान-अस्मिता का संकट ज़्यादा सालता है। जन्म से ही अछूत, बिना अपराध के कमीना, अकारण हास्यास्पद मान लिया गया व्यक्ति अपने अनुभवों की खुरदरी ज़मीन से तभी कट सकता है, जबकि वह अचेत रहने का बाकायदा फ़ैसला कर ले। जो यह फ़ैसला न कर पाए (जैसे—कबीर), उसे यह डंक बार-बार सताएगा कि 'हम तो जात कमीना।'

उपनिवेशीकरण से पहले के भारत में सवर्ण पुरुष 'हम कौन थे' सरीखी पंक्तियाँ नहीं लिखते थे, क्योंकि सामाजिक-राजनीतिक सत्ता से वंचित रहने का दुर्भाग्य उनके हिस्से नहीं आया था। 'व्यक्ति' के रूप में कोई सवर्ण पुरुष, चाहे गरीब और निर्बल हो तो भी, लेकिन सांस्कृतिक वर्चस्व उसी का था। उसके अपने आत्म-बोध में वह स्वतंत्र, सम्माननीय और श्रेष्ठ था। अछूत, हास्यास्पद, पूर्व जन्म का पापी और जात कमीना नहीं। दूसरों की निगाह में भी, 'सवर्ण पुरुष' होना पूर्वजन्म के पुण्यों का ही प्रमाण था। किसी वज़ह से, किसी ख़ास वक़्त पर हासिल भले न हो, लेकिन वर्चस्व और सत्ता की दुनिया में उसकी जगह सुरक्षित अवश्य थी। इसीलिए उपनिवेशीकरण से पूर्व हमारे देश में भद्रलोकीय व्यक्ति 'कौन थे, क्या हो गए, क्या होंगे' क़िस्म के सवाल सामाजिक अनुभव के संदर्भ में नहीं

पूछता था। उसके अपने समाज में ऐसे सवाल सामाजिक व्यथा की नहीं, दार्शनिक ऊँचाई की अभिव्यक्ति बनकर आते थे—और ज़ाहिर है कि उत्तर भी बहुत विराट् और आध्यात्मिक मिलते थे।

उपनिवेशीकरण ने इस भद्रलोक के सामने कुछ-कुछ वैसे ही अनुभव का स्वाद पाने का अवसर पेश किया, जैसा अनुभव 'नीच', 'कमीन जात' लोग सदियों से झेल रहे थे। सामाजिक-सत्ता और राजनीतिक-सत्ता के बीच एक फाँक पैदा हो गयी। अपने 'समाज' में सम्मानित व्यक्ति के लिए यह दुखद संभावना प्रत्यक्ष होने लगी कि वह राजसत्ता की निगाह में अंततः दास, दूसरे दर्ज़े का हास्यास्पद व्यक्ति है। स्वयं को 'महाराजा' कहने वाले भी औपनिवेशिक सत्ता के लिए अंततः प्रजा ही थे। सामाजिक-राजनीतिक-सांस्कृतिक वर्चस्व के आदी बन गए तबकों को इन सभी क्षेत्रों में पराधीनता का कड़वा घूँट पीना पड़ा। अब 'कौन थे, क्या हो गए' जैसे सवाल आध्यात्मिक जगत से कहीं अधिक सामाजिक जीवन के संदर्भ में प्रासंगिक हो उठे। एक समाज के रूप में 'हम' का जो बोध अब तक कबीर के तबके के लिए ही जीवन-मरण का सवाल था, अब वह भद्रलोक के लिए भी गहरे आत्म-मंथन का विषय बन गया। मैथिलीशरण गुप्त की प्रसिद्ध पंक्ति—'हम कौन थे, क्या हो गए, और क्या होंगे अभी'—दरअसल इसी आत्म-मंथन की व्यंजना करती है।

अपनी तमाम सीमाओं-संभावनाओं के साथ हमारा वर्तमान राष्ट्रीय आत्म-बोध उन्नीसवीं सदी के भद्रलोक के आत्म-मंथन का ही परिणाम है। इसीलिए उस आत्म-मंथन की प्रवृत्तियों, जटिलताओं और चुनौतियों से टकराना आज भी आवश्यक है। उसके दौरान पूछे गए सवालों की आंतरिक बनावट, हासिल किए गए उत्तरों के स्वरूप और प्रश्नोत्तर की इस प्रक्रिया की पड़ताल करना पंडिताऊ दिलचस्पी की नहीं, बल्कि परिवर्तनकामी जिज्ञासा का विषय है। हमारे देश की परिवर्तनकामी शक्तियों की सबसे बड़ी विडम्बना ही यह है कि उनके लिए 'भारतीयता' की पहचान अपने-आप में कोई समस्या है ही नहीं। समस्या है, तो केवल सामाजिक-आर्थिक पुनर्निर्माण की। सचाई यह है कि भारतीयता की पहचान की समस्याओं की उपेक्षा करके सामाजिक-आर्थिक न्याय असंभव है, क्योंकि किसी भी सामाजिक-राजनीतिक पहचान में सामाजिक शक्तियों का एक विशेष रूप निहित होता है। इस रूप को समझे बिना, तथा उसके न्यायविरोधी पहलुओं से संघर्ष किए बग़ैर सामाजिक न्याय भला कैसे संभव है ? अर्थात् सवाल सिर्फ़ यह नहीं है कि 'हम कौन थे···', बल्कि यह भी है कि 'हम' का मतलब क्या है ?

हमारे इतिहास में पहली बार उन्नीसवीं सदी के नवजागरण के दौरान 'हम' को पारंपरिक अस्मिताओं से विस्तृत कर 'राष्ट्र' के आधुनिक अर्थ में परिभाषित किया गया। 'हम' का घोषित अर्थ बना 'हम सब भारतीय', जो स्वर्णिम अतीत

के वारिस हैं, जिनका वर्तमान तनावपूर्ण है और भविष्य उज्ज्वल। भद्रलोक की सदिच्छा यही थी कि 'हम सब' मिलकर राजनीतिक स्वाधीनता के लिए संघर्ष करें, आधुनिक राष्ट्र-राज्य की रचना करें और सामाजिक न्याय की स्थापना करें। लेकिन इस सदिच्छा के पूर्ण होने में सबसे बड़ी कठिनाई थी–यह कड़वी सचाई कि 'हम सब' के 'हम' और 'सब' के बीच बहुत फ़र्क था। कबीर उसी 'समाज' के अंग थे, जिसकी पीड़ा उनकी कविता में आती थी। उन्नीसवीं सदी के बौद्धिकों के बारे में ऐसा नहीं कहा जा सकता। वे उस 'समाज' के अंग न थे, जिसकी मुक्ति का संघर्ष करना चाहते थे। इस विडंबना का संबंध इन बौद्धिकों की निर्माण-प्रक्रिया से था। शिक्षा की जिस व्यवस्था और ज्ञान की जिस संस्कृति के परिणामस्वरूप इन बौद्धिकों का उदय हुआ, वह औपनिवेशिक सत्ता द्वारा भारतीय समाज पर थोपी गयी थी। इस संस्कृति में शिक्षण और विचार-विमर्श का ही माध्यम विदेशी नहीं था, बल्कि इसके पूर्वग्रह, प्रस्थान-बिंदु और पद्धतियाँ भी परायी थीं। इसीलिए औपनिवेशिक शिक्षा-व्यवस्था अपने-आप में एक सत्ता बन गयी–ऐसी सत्ता जिसके तंत्र की मार बड़ी गहरी थी और दूरगामी भी। स्वाभाविक रूप से, इस तंत्र से गुज़रकर 'ज्ञानालोकित' हुए बौद्धिकों के अपने विचार-विमर्श और संवाद में साधारण भारतवासी की बराबर की हैसियत संभव ही नहीं थी। अंग्रेज़ी राज से पहले के भारत में बौद्धिक विमर्श और संवाद की भाषा जुदा थी और जनसाधारण की जुदा, 'नवजागरण' के दौर में भी यही स्थिति बदले रूप में चलती रही। जो काम पहले संस्कृत और फ़ारसी से लिया जाता था, अब अंग्रेज़ी से लिया जाने लगा। पहले 'अखिल भारतीयता' संस्कृत और फ़ारसी के ज़रिए व्यक्त होती थी, अब अंग्रेज़ी के ज़रिए व्यक्त होने लगी। उपन्यासकार राजा राव ने अपने उपन्यास 'कंठपुरा' के आमुख में एक तरफ अंग्रेज़ी, दूसरी तरफ संस्कृत-फ़ारसी के बीच बड़ी सार्थक तुलना की है। उनके अनुसार, "अंग्रेज़ी हमारी बौद्धिक बनावट की भाषा है, भावात्मक बनावट की नहीं; वैसे ही, जैसे संस्कृत और फ़ारसी हमारी बौद्धिक बनावट की भाषाएँ रही हैं।" बुद्धि और हृदय के बीच यह फाँक, 'ज्ञान दूर, कुछ क्रिया भिन्न' की यह स्थिति नवजागरण के बावजूद बनी रही। आज तक बनी हुई है। आधुनिक राष्ट्र जनता की भाषा को बौद्धिक विमर्श की भाषा बनाता है, इस तरह राष्ट्रीय आत्म-बोध के विकास की एक बड़ी बाधा दूर होती है। औपनिवेशिक दबावों के बरक्स विकसित हुए भारतीय राष्ट्रवाद की भीषणतम विडंबनाओं में से एक यही है कि जिस परिस्थिति में, और जिस ढंग से इसका विकास हुआ, उसने राष्ट्र के 'हम' और 'सब' के बीच की खाई को कम करने की बजाय उसे और बढ़ाया। इस मायने में, हमारे समाज के बौद्धिकों के निर्माण की पारंपरिक और आधुनिक प्रक्रियाओं के बीच गहरी तार्किक संगति रही है। समाज के बौद्धिकों और जनसाधारण के बीच जो दूरी अंग्रेज़ी राज के उपनिवेशीकरण ने पैदा की, वह एक तरह से

वर्णाश्रम में व्यक्त होने वाले आंतरिक उपनिवेशीकरण में निहित दूरी की एक और अवस्था थी। आज भी हमारे यहाँ ऊँचे दर्जे का चिंतन अंग्रेज़ी में होता है, जनता देशी भाषाओं में काम चलाती है। ठीक उसी तरह, जैसे महान संस्कृत नाटकों में स्त्रियाँ संस्कृत नहीं, प्राकृत बोलती हैं।

इसीलिए उन्नीसवीं सदी के संवेदनशील, ईमानदार बौद्धिकों का आत्म-संघर्ष बड़ा ही जटिल, कठोर और बहुस्तरीय था। इस संघर्ष की केंद्रीय समस्या थी–'हम' और 'सब' के रिश्ते को ठीक करने की, आधुनिक भारतीयता के आत्म-बोध में निहित शक्ति-संघर्ष को समझने व उसमें अपना पक्ष तय करने की। अर्थात अपने अस्तित्वगत परायेपन से लड़ते हुए अपने समाज के साथ आंगिक संबंध बनाने की। चूँकि यह अस्तित्वगत परायापन आज तक मौजूद है, बल्कि कुछ ज़्यादा ही मौजूद है; इसलिए बौद्धिक आत्म-संघर्ष की केंद्रीय समस्या भी आज तक सार-रूप में यही है कि भारतीयता की पहचान में निहित शक्ति-संघर्ष में आप किधर हैं ? यह बात सुनने में ही अटपटी लगती है, लेकिन है सच कि 'भारत की खोज' संवेदनशील बौद्धिक के लिए आज तक जारी है। सवाल यह है कि इस खोज का प्रस्थान-बिंदु क्या है ? स्वयं को अन्यों की परिभाषाओं पर ढालने की दयनीय भारत-व्याकुलता या स्वयं को अपने समाज की अपेक्षाओं के अनुरूप पहचानने वाली सहज भारतीयता ? इन विकल्पों से टकराने की मोटे तौर से दो संभावनाएँ रही हैं। एक संभावना विवेकानंद, गाँधी, जोतिबा फुले, भारतेन्दु, नेहरू, टैगोर सरीखी विभूतियों और 'गोरा' जैसी कल्पसृष्टि में मूर्त होती है। इन सभी ने भारत के इतिहास और भूगोल की कठिन यात्राएँ करके भारत की खोज की; भारतीय समाज की शक्ति और दुर्बलता का साक्षात्कार किया, भारतीय अस्मिता में निहित जटिल शक्ति-संघर्ष को समझने का प्रयत्न किया, और इस तरह प्रामाणिक भारतीयता अर्जित की। इनकी भारतीयता सहज थी। 'सहज' निठल्ले के अर्थ में नहीं, बल्कि उस अर्थ में, जिसमें कबीर 'सहज' (और उसके कठोर साधनानुशासन) की बात करते थे।

'भारत की खोज' का एक और मार्ग भी है। इसके प्रतिनिधि हैं–स्वामी दयानंद सरस्वती, मैथिलीशरण गुप्त और हमारे समकालीन निर्मल वर्मा। यह धारा विकराल वर्तमान से चुँधियाकर अतीत में सुरक्षा खोजती है। और अतीत भी कैसा ? एकदम मनमाने ढंग से गढ़ लिया गया इकहरा अतीत। मार-काट से भरे कलियुग के बरक्स वह ऐसा सतयुग है, जहाँ धर्म चारों पैरों पर खड़ा है। दयानंद सरस्वती और मैथिलीशरण गुप्त सरीखे लोगों के अतीतावेश में एक तरह की निश्छलता फिर भी है। वे अपनी कल्पना के सतयुग में सच्चा विश्वास करते हैं। उनके अतीत-प्रेम में एक भोली स्थूलता है। दूसरी ओर इस वक़्त भारतीयता का कानफोड़ ढोल पीटने वाली शक्तियों और निर्मल वर्मा सरीखे उनके बौद्धिक प्रवक्ताओं में परिष्कृति है, महीन कताई है, और है–भारत की प्रामाणिक खोजों की अपनी रणनीति में

घसीट लेने की चतुराई। 'भारतीयता' का यह निनाद सामाजिक अन्याय के पक्षधरों को ठीक इस कारण बहुत सुहाता है, क्योंकि इसका लक्ष्य ही है, अन्याय की ऐतिहासिक और समकालीन सचाइयों को दबा देना। इसके अंतर्गत भारतीय अस्मिता को, एक तो हिंदू तक सीमित कर दिया जाता है, दूसरे 'अस्मिता' की ऐसी इकहरी धारणा प्रस्तुत की जाती है, जिसमें हमारे समाज में मौजूद विभिन्न पहचानों के संघर्ष, उनकी समस्याएँ, आकांक्षाएँ और अनुभव–सब गायब हो जाते हैं। भारतीय परम्परा, संस्कृति, धर्म, मिथक–कुल मिलाकर ये सब एक आक्रामक सर्वसत्तावाद की संस्कृतिहीनता को ही भारतीय संस्कृति की सामाजिक परिणति मनवाने के लिए इस्तेमाल हो सकने वाली जिंस में बदल जाते हैं। भारतीयता की यह भाजपा-ब्राण्ड अवधारणा न केवल अन्यायपरक है, बल्कि हमारे ऐतिहासिक अनुभवों को नकारने वाली अर्थात् मिथ्या, और पद्धति, प्रस्थान-बिंदुओं तथा लक्ष्य के धरातल पर सर्वथा अभारतीय भी है। यही वजह है कि भारतीय अस्मिता के इन प्रचण्ड व्याख्याकारों को राजनीतिक और बौद्धिक, दोनों ही तरह की गतिविधियों में लगातार छल का सहारा लेना पड़ता है।

यह छल एक साथ दो स्तरों पर चलता है। एक स्तर पर तो हमारे सुदूर अतीत के इकहरे मिथक गढ़े जाते हैं और दूसरे स्तर पर उन प्रयत्नों की सुविधापूर्ण, मनमानी व्याख्या की जाती है, जो नवजागरण के बौद्धिकों द्वारा अपने समाज के साथ आंगिक रिश्ता कायम करने के लिए किए गए थे। इस दोहरे छल का एक बड़ा ही व्यंजक प्रमाण है, सन् 1989 में जर्मनी में 'भारत और यूरोप : प्रतिश्रुति के क्षेत्र की खोज' विषय पर दिया गया श्री निर्मल वर्मा का व्याख्यान। इसके बहाने हम अस्मिता के सवाल पर दो प्रयत्नों के फ़र्क को बहुत साफ तौर से देख सकते हैं। इनमें से एक प्रयत्न है, रवीन्द्रनाथ ठाकुर का, दूसरा है निर्मल वर्मा का। एक है, अपनी सचाइयों से टकराकर अपने-आप को पहचानने की वेदना भरी आस्था का अनुष्ठान; दूसरा है, सचाइयों पर ही नहीं, उन्हें पहचानने की कोशिशों तक पर परदा डालते हुए एक डरावनी राजनीति को गुरुगंभीर समर्थन देने का विराट आयोजन।

इस व्याख्यान में निर्मल वर्मा रवींद्रनाथ ठाकुर के उपन्यास 'गोरा' (1910) को याद करते हैं। टॉमस मान के उपन्यास 'जादुई पर्वत' से तुलना करते हुए उन्होंने इसे 'बीसवीं शताब्दी के आरंभ में हिंदू समाज को उद्वेलित करती व्यथापूर्ण बहसों का आवेगपूर्ण, आत्मान्वेषी, विस्तृत विवरण' प्रस्तुत करने वाला उपन्यास कहा है। उन्हीं के शब्दों में, इस उपन्यास के ज़रिए "रवींद्रनाथ ठाकुर हिंदू-अस्मिता के संकट पर विचार करते हैं, जो यूरोप के उन्हीं सभ्य मूल्यों के हाथों संकटग्रस्त है, जिन्हें उस समाज पर थोपा गया था, जिसके पास उन्हें स्वीकारने या नकारने का कोई भी विकल्प नहीं था।"[1]

बेशक रवींद्रनाथ के उपन्यास का नायक अपनी हिंदू पहचान के प्रति बहुत ही आग्रहशील है। यूरोपीय मूल्यों-मान्यताओं के सहारे हिंदू समाज पर आक्षेप करने वालों को उसका दो-टूक जवाब है, "हम अच्छे हैं कि बुरे, सभ्य हैं कि असभ्य; इसके बारे में हम किसी को कोई जवाब नहीं देना चाहते। हम तो सोलह आने यह अनुभव करना चाहते हैं कि हम 'हम' हैं।" लेकिन 'गोरा' के आत्मान्वेषण को प्रामाणिक बनाने में इस आग्रहशीलता से कहीं अधिक योगदान आलोचनात्मक जिज्ञासा और जन-जीवन के साथ सच्चे लगाव का है। जिस 'हम' को वह सोलह आने अनुभव करना चाहता है, उसके वास्तविक अनुभव-जगत में प्रवेश करना उसके लिए अपरिहार्य नैतिक कर्म है। हिंदूपन के आग्रही गोरा की परिणति उदारचित्त भारतीय बनने में हुई। आत्मान्वेत्रण की इस परिणति का मर्म उस आत्मान्वेषण की प्रक्रिया को परखने से ही खुलेगा; और यह 'गोरा' के रचयिता के अपने शब्दों में :

"ज्यों-ज्यों वह इन लोगों के भीतर प्रवेश पाता गया, त्यों-त्यों एक ही बात उसके मन में चक्कर काटने लगी। उसने देखा, इन देहातों में समाज के बंधन पढ़े-लिखे भद्र समाज से कहीं अधिक कड़े हैं।··· लेकिन समाज के बंधन और आचार-निष्ठा से किसी को कर्म-क्षेत्र में कोई बल मिलता भी नहीं दिखायी देता था। इन लोगों जैसा डरपोक, असहाय, अपना बुरा-भला सोचने में असमर्थ कोई दूसरा जीव भी दुनिया में कहीं हो सकता है, इसमें गोरा को संदेह होता था।··· यह जाल राजा का बंधन नहीं था, बल्कि महाजन का बंधन था, ऋण का बंधन था। इन लोगों में ऐसा कोई ऐक्य नहीं था, जो सुख-दुःख और विपत्ति में उन्हें कंधे-से-कंधा मिलाकर खड़ा कर सके···आचार के अस्त्र से मानव मानव का रक्त चूसकर उसका सब-कुछ छीन ले रहा था···गोरा ने देखा, यह समाज मनुष्य को ज़रूरत पड़ने पर सहायता नहीं देता था, विपत्ति आने पर सहारा नहीं देता था; केवल दंड देकर, उसे नीचा दिखाकर उसे विपन्न ही करता था।" रवींद्रनाथ के गोरा ने देहात में, "जहाँ बाहर की शक्तियों का दबाव उतना नहीं पड़ रहा था, वहाँ की निश्चेष्टता में अपने देश की दुर्बलता का बिल्कुल उघड़ा रूप देखा।" नतीजा यह हुआ कि "शिक्षित समाज में जो गोरा आचार के बंधन को कहीं शिथिल नहीं होने देना चाहता था, वही यहाँ आचार का विरोध करने लगा।···वह देखने लगा कि मनुष्य के स्वास्थ्य, ज्ञान, धर्म, बुद्धि, कर्म, सभी पर इतनी ओर से इतने प्रकार का आक्रमण हो रहा है कि उसके लिए अपने को भावुकता के इंद्रजाल में भुलाए रखना असंभव हो गया।"[2]

उपर्युक्त उद्धरण से मालूम पड़ता है कि रवींद्रनाथ नवजागरण के 'बौद्धिक' की विडम्बना को गहराई से समझ रहे थे। 'हिंदू' होने के प्रति अत्यंत आग्रहशील इस बौद्धिक का स्वयं व्यापक 'हिंदू' समाज से कोई वास्तविक परिचय नहीं था।

इस समाज के भयानक भेदभाव और निश्चेष्टता का परिचय उसे देहात में घूमकर प्रयत्नपूर्वक प्राप्त करना पड़ता था। ऐसा परिचय प्राप्त हो जाने के बाद अपने समाज के आचार-विचार का सपाट महिमामण्डन 'भावुकता का इंद्रजाल' लगने लगता था, और संघर्ष दोहरा हो जाता था। एक तरफ राजनीतिक पराधीनता के विरुद्ध, दूसरी तरफ स्वयं अपने समाज की निश्चेष्टता और हृदयहीनता के विरुद्ध। यह बात साफ हो जाती थी कि 'सोलह आने हम' होने के मार्ग में दो बाधाएँ हैं—एक-सी ख़तरनाक। एक तो, हमेशा दूसरों के प्रतिमानों पर स्वयं को 'सभ्य' सिद्ध करने की हीनता-ग्रंथि, दूसरे-इसी हीनता-ग्रंथि का वह रूप, जिसमें आप अपनी सामाजिक अस्मिता में निहित अन्याय, दमन, और निश्चेष्टता के सामने शुतुरमुर्ग बन जाते हैं।

यहाँ हम उस सांस्कृतिक बेचैनी (जिसे गोरा का आत्मान्वेषण प्रतिबिम्बित कर रहा है।) के सार-तत्त्व के बारे में निर्मल जी की विशिष्ट अवधारणा देखें। गोरा की बेचैन ईमानदारी के बरक्स निर्मलीय भारतीयता की आत्मतुष्ट ऊँचाई और फतवेबाजी सचमुच मनोरंजक है :

"किसी हिंदू की अस्मिता यूरोपीय के बरक्स आत्म की स्वायत्त सत्ता में नहीं, बल्कि विश्वासों, अनुष्ठानों और जातिगत दायित्वों की उस बृहत्तर बनावट में वास करती थी, जिससे उसके धर्म का गठन होता था।···(इस बृहत्तर बनावट की परम्परा में पगे) ये भारतीय पंडित मानते थे कि शक्ति (पावर) की यूरोपीय अवधारणा और धर्म की उस भारतीय अवधारणा के बीच कोई संगति नहीं है, जिस कारण से मनुष्य को चेतना का सर्वोच्च वाहक स्वीकारा जाता है और ठीक उसी कारण से उसे अपने चारों ओर बिखरे जड़ और चेतन के प्रति दायित्व निभाना होता है। वे दोनों में कोई मूल्याश्रित विभेद नहीं करते थे—एक ओर मनुष्य, तो दूसरी ओर ग़ैर मानवीय या प्रकृति में। अगर मनुष्य का धर्म दूसरों के प्रति अपने दायित्वों या कर्तव्यों में मूर्तिमान होता है, तो यूरोप द्वारा प्रक्षेपित मनुष्य की आत्म-केंद्रित छवि का भारतीय परम्परा में कोई स्थान नहीं है। यहाँ हम पहली बार दो संस्कृतियों का प्रतिनिधित्व करती मनुष्य की दो छवियों को अपनी स्फटिक शुद्धता और स्पष्टता में एक-दूसरे का सामना करते हुए पाते हैं—एक अपनी परम्परा में निहित अपने दायित्वों को पूरा करते हुए मोक्ष की तलाश करती है और दूसरी इतिहास द्वारा प्रदत्त और पोषित स्वातंत्र्य का दावा करते हुए शक्ति पाने का प्रयास।"[3]

गोरा के लिए, भावुकता के जिस इंद्रजाल में स्वयं को भुलाए रखना असंभव हो गया था, निर्मल वर्मा उसी इद्रजाल को इंद्रधनुष का रूप दे रहे हैं। ऊपर उद्धृत अंश का महत्त्व कोई नयी बात कहने के कारण नहीं, बल्कि उस 'कॉमनसेंस' को बड़ी लुभावनी शब्दावली में पेश करने के कारण है, जो राष्ट्रीय आत्म-बोध,.के संदर्भ में बहुत ही लोकप्रिय है। साधारण व्यक्ति इस 'कॉमनसेंस' के ज़रिए अपनी

हीनता-ग्रंथि को अहंकार में बदलते हुए नैतिक सवालों से कतराने की सुविधा प्राप्त करता है; ऊँचे दर्ज़े के बुद्धिजीवी इस 'कॉमनसेंस' का और भी दूरगामी इस्तेमाल करते हैं। लोग-लुभावन शब्दावली के सहारे, वे सबसे पहले तो 'भारतीय' को हिंदू का वाचक बना देते हैं; फिर हमारे सामाजिक अनुभव में मौजूद अन्याय और शक्ति-संघर्ष के सवालों को गायब कर 'भारतीयता' की ऐसी इकहरी अवधारणा को बहुत सजा-सँवारकर पेश करते हैं, जो कुल मिलाकर उस अन्याय को जारी रखने वाले सत्तातंत्र को महीन-से-महीन समर्थन दे सके। इसीलिए कहा जा रहा है कि भारतीय सांस्कृतिक छवि का सार है, 'मोक्ष' की तलाश और दायित्वों का निर्वाह, जबकि यूरोपीय छवि परिभाषित होती है, स्वतंत्रता के अभिमान और शक्ति पाने के प्रयास से। दूसरे शब्दों में, भारतीय संस्कृति के संदर्भ में जो शक्ति-संघर्ष की कल्पना तक करे, वह 'विदेशीपन' के पाप का भागी है। यहाँ तो समस्या अपने 'मोक्षकामी' रूप को पहचानने भर की है, बस ! शक्ति-संघर्ष, दमन, अन्याय, शोषण-सरीखी विदेशी अवधारणाओं का भला यहाँ क्या काम ?

विडम्बना यह है कि खाँटी भारतीयता का यह दावा अपने-आप में यूरोपीय मॉडल पर ही आधारित है। कितनी दिलचस्प और कितनी भयानक स्थिति है कि भारतीय समाज के उपनिवेशीकरण जैसे जटिल और दूरगामी अनुभव को दो सरलीकृत, सुपरिभाषित सांस्कृतिक छवियों के मुखामुखम में तब्दील कर दिया गया है। एक है, ब्रिटिश=यूरोपीय=ईसाई। इसी ढर्रे के यांत्रिक अनुसरण पर है दूसरी छवि—भारतीय=हिंदू। इस सरलीकरण का आशय स्पष्ट है। जैसे—यूरोपीय छवि में ग़ैर-इसाई या प्राक्-इसाई तत्त्व या तो ग़ायब हो गया, या जबरन अपने में मिला लिया गया। वैसा ही कुछ भारत में भी शायद हुआ हो। न हुआ हो, तो अब हो जाना चाहिए। यूरोप के जवाब में भारतीयता को रखने के पवित्र उत्साह की क्या अजब परिणति है कि भारतीयता की परिभाषा अपने ऐतिहासिक अनुभवों को समेटने वाली न होकर यूरोप की परिभाषाओं का प्रतिबिम्ब-भर हो। 'भारतीयता' की समकालीन राजनीति का सार यही है कि वह वास्तविक अनुभवों की उपेक्षा कर बनावटी परिभाषाएँ आरोपित करती है, ताकि अन्याय जारी रह सके। यह काम किया जाता है—'भारतीयता' के नाम पर, लेकिन असल में इसकी रणनीति, पद्धति, विचारधारा सब-कुछ मिथ्या होने के साथ-साथ विलायती भी है। निर्मल जी के विगत दसेक बरसों के लेखन को ग़ौर से देखने पर यह बात सर्वथा स्पष्ट हो जाती है कि इन दिनों उभर आयी उनकी भारत-विह्वलता असल में यूरोप-विरह-व्याकुलता का ही भावानुवाद है।

यह न तो संयोग है और न भोलापन कि भारतीय सांस्कृतिक छवि के संदर्भ में निर्मल जी 'शक्ति' का उल्लेख तक नहीं करते, बल्कि वे भारतीय 'धर्म' को यूरोपीय 'शक्ति' का प्रतिवाचक बना देते हैं। 'मनुष्य को ही विकास का अंतिम

चरण' माननेवाली 'शक्ति' की यूरोपीय अवधारणा में निहित 'यूरोपीय मनुष्य की आत्म-मोहग्रस्त छवियाँ' सर्वसत्तावादी विचारधाराओं में परिणत होती हैं। इन आत्मछवियों में 'पदानुक्रम' अनिवार्यतः निहित है। किस खूबी से भुलाया जा रहा है कि दैवीय पदानुक्रम का एक रूप हिंदू आत्म-बोध को भी परिभाषित करता है। हिंदू आत्म 'अन्यों' के प्रति उदासीन रहा है, तो ठीक इसी कारण कि उसे अपनी दैवनिर्धारित सर्वोच्चता पर अटूट विश्वास है। 'मोक्ष की तलाश' करने वाली उसकी धर्म की अवधारणा में निहित शक्ति-संघर्ष और वर्चस्व के तंत्र से मुँह चुराना क्या अपने प्रति ईमानदार रहते हुए संभव है ?

वर्चस्व के इस तंत्र का सबसे ठोस रूप है—वर्णाश्रम। जो सिर्फ समाज के कुछ तबकों को 'नीच जाति' कहकर ही संतुष्ट नहीं, बल्कि जो तथाकथित 'उच्च जाति' स्त्रियों को भी अंततः दूसरा ही दर्जा देता है। जाति एक सांस्कृतिक जीवन-दृष्टि को व्यक्त करने वाली व्यवस्था है। 'धर्म की मोक्षकामी अवधारणा' का अनिवार्य अंग होने के कारण यह लौकिक व्यवस्था, अलौकिक और दैवीय समर्थन हासिल कर इतनी दीर्घजीवी साबित हुई है। इसी अलौकिकता और दिव्यता के कारण जाति के शिकार को शिकार बनाए रखने के लिए प्रत्यक्ष बल-प्रयोग और हिंसा की ज़रूरत कम ही पड़ती है। असल में तो काम दलितों द्वारा वैचारिक वर्चस्व के आत्मसातीकरण के ज़रिए ही चल जाता है। प्रेमचंद की कहानी 'सद्‌गति' इस आत्मसातीकरण का भीषण दृष्टांत पेश करती है। इसमें दुःखी चमार की निगाह में अंत तक वह स्वयं ही अनधिकार चेष्टा का अपराधी, पूर्वजन्म का पापी है और निष्ठुर पुरोहित पूर्वजन्म के सुकृतों का देहधारी रूप ! इतनी जटिल व आभ्यंतरीकृत व्यवस्था को केवल विश्वव्यापी सामंतवाद का भारतीय रूप-भर मानने की असफलता अब काफी स्पष्ट हो चली है। असल में आज तक यह हमारे सामाजिक अंतर्विरोधों का सबसे सघन रूप है। इसी कारण इसके प्रति दृष्टिकोण-विशेष का सवाल अपने खुद के अनुभवों और सामाजिक सह-अनुभूति से जा जुड़ता है। आखिर 'गुण-ज्ञान-हीना' होने के बावजूद जो पूज्य रहना चाहते हैं, और 'सकल गुन प्रवीना' होने के बावजूद जो अपूज्य ही ठहराए जाते हैं, उनके नज़रिए में फ़र्क तो होगा ही। या कि 'मोक्ष की तलाश' स्वयं सब समस्याओं से मोक्ष पा चुके शून्य में की जाती है ?

भारतीय समाज की पितृ-सत्ता का अनुशासन भी जाति-व्यवस्था से जुड़ा है। 'वर्णाश्रम'—यह शब्द इसी दोहरे अनुशासन का वाचक है। मनुष्य का सामाजिक ही नहीं, आध्यात्मिक अस्तित्व भी इस अनुशासन के दायरे में है। इस कारण वर्णाश्रम असल में ब्रह्माण्डव्यापी सर्वसत्तावाद है। इतनी सूक्ष्मता से जुड़े हैं इसके तार कि यदि शूद्र 'मोक्ष की तलाश' करने लगे, तो ब्राह्मण का बेटा अकाल मृत्यु का ग्रास बन जाता है और शूद्र के मोक्ष की तलाश मर्यादा पुरुषोत्तम की तलवार की धार

पर जाकर ही संपन्न होती है। यहाँ जोर देकर कहने की ज़रूरत है कि सामाजिक या राष्ट्रीय अस्मिता का सरोकार सिर्फ अन्य के बरक्स स्वयं को परिभाषित करने तक सीमित नहीं है। कोई भी समाज स्वयं अपने किसी अंश के साथ क्या सलूक करता है–यह अस्मिता के संदर्भ में गहरे अन्वेषण का सवाल है। इस लिहाज़ से, एक ऐसे कवि के परिभाषा-बोध को परखना दिलचस्प होगा, जिनका हिंदू 'आत्म' उन्नीसवीं सदी के बौद्धिक की तरह उपनिवेशीकृत नहीं हुआ था। बात है, तुलसीदास की। कोई नीतिवाक्य याद करने की ज़रूरत नहीं, हम उनकी नितांत निजी प्रार्थना का ही स्वर देखें। वह भी बस एक पंक्ति, 'विनय-पत्रिका' के पद-क्रमांक 106 से : "कोल, खस, भील, जवनादि खल राम कहि नीच है ऊँच पद को न पायो।" राम-नाम की महिमा तो अपनी जगह, देखने की बात यह है कि कवि के परिभाषा-बोध में–कोल, खस, भील और यवनादि–पूरे-के-पूरे समूह खल और नीच मान लिए गए हैं–कितने सहज रूप से, कैसे अनायास भाव से !

ध्यान देने की बात यह है कि तुलसीदास के कोण से देखें तो समस्या को देखने का यह ढंग ही अप्रासंगिक है। उनके भाव-बोध के अनुसार अहिंदू वंश, मनुष्येतर योनि, स्त्रीरूप और नीच जाति में जन्म लेना ही नीच या 'खल' कहलाने के लिए पर्याप्त है। व्यक्तिगत पड़ताल की ज़रूरत ही नहीं, क्योंकि इस जन्म में किसी का ब्राह्मण और किसी का भील होना कोई संयोग नहीं, बल्कि जन्म-जन्मांतर तक जारी कर्म-फल-चक्र का एक पड़ाव है। इस भाव-बोध के कारण आप बेचैन चाहे जितने हों, लेकिन इस पर तर्क की आंतरिक असंगति का आरोप नहीं लगाया जा सकता। पुनर्जन्म और कर्म-फलवाद से वर्णाश्रम को अद्भुत रूप से सुसंगत, तार्किक आधार प्राप्त होता है; और यही सुसंगति सर्वाधिक भयावह है। इस भयावहता का सबसे करुण रूपक है, कबीर जैसे प्रखर व्यक्तित्व तक के मन में यह टीस (भले ही वह क्षणिक हो) कि, 'पूरब जनम हम बांभन होते, ओछे क़रम तप हीना। रामदेव की पूजा चूका, पकरि जुलाहा कीना।' इस भयावह सुसंगति में मूर्त होते सर्वसत्तावाद और सामाजिक-आध्यात्मिक उपनिवेशीकरण पर पर्दा डालते हुए आत्म-बोध या राष्ट्रीय अस्मिता के गीत गाना दरअसल सारे विवेचन को संदर्भच्युत करना है। अस्मिता की प्रामाणिक चर्चा के लिए यूरोप द्वारा भारत के उपनिवेशीकरण का संदर्भ जितना आवश्यक है; उतना ही आवश्यक है–वर्णाश्रम के आधारभूत ब्रह्माण्डीय सर्वसत्तावाद द्वारा किए गए आंतरिक उपनिवेशीकरण का संदर्भ !

अफसोस की बात है कि नेकनीयत बौद्धिक भी अस्मिता-विवेचन के संदर्भ में आंतरिक उपनिवेशीकरण पर पर्याप्त ध्यान नहीं दे पाते। यह बात सही है कि 'हम कौन थे, क्या हो गए' की उलझन से सभी औपनिवेशिक समाजों की चेतना आहत रही है। इस दृष्टि से, डॉ. नामवर सिंह का यह आग्रह सर्वथा उचित है कि 'प्रति-उपनिवेशीकरण' को बीसवीं सदी के भारतीय साहित्य के मूल्यांकन का

अनिवार्य परिप्रेक्ष्य माना जाए। ('बीसवीं शताब्दी का भारतीय साहित्य : नयी चुनौतियाँ', साहित्य अकादमी व्याख्यान, फरवरी, 1991)। इसी व्याख्या में नामवर जी ने 'गोरा' को 'प्रति-उपनिवेशीकरण के अनिवार्य संदर्भ में 'अस्मिता की खोज का राष्ट्रीय रूपक' बतलाया है, जिसमें कि 'अंततः भारतीय होने की विवशता' गोरा को 'गर्वीला और स्वदेशी स्वर' दे जाती है। लेकिन यह विचित्र बात है कि गोरा के आत्म-संघर्ष के प्रसंग में, नामवर जी आंतरिक उपनिवेशीकरण से उसकी व्यथापूर्ण मुठभेड़ का नोटिस तक नहीं लेते। जबकि रवीन्द्रनाथ ठीक इसी मार्मिक सत्य का उद्घाटन कर रहे थे कि देहात का व्यापक समाज अंग्रेजी सत्ता और देशी भद्रलोक के दोहरे उपनिवेशीकरण का शिकार है। वे यह भी पूरी निर्ममता से दिखा रहे थे कि गोरा का 'अपना समाज' (अर्थात कलकत्ते का भद्रलोक) देहाती समाज के साथ अपने औपनिवेशिक संबंध से मुँह चुराते हुए अंग्रेजों के साथ अपने संघर्ष में इस देहाती समाज का सिर्फ इस्तेमाल कर रहा है। जिसे नामवर जी अनंतमूर्ति के उपन्यास 'संस्कार' के प्राणेशाचार्य की 'कातर स्वतंत्रता' के विपरीत गोरा का 'गर्वीला स्वर' कहते हैं, उसका स्रोत क्या है ? उत्पीड़ितों के उत्पीड़न और उनकी निश्चेष्टता को महिमामंडित करने, खुद अपनी भद्रलोकीय, औपनिवेशिक भूमिका से निगाहें चुराने और फिर उन्हीं उत्पीड़ितों की अस्मिता की लड़ाई लड़ने के पाखंड से प्रयत्नपूर्वक मुक्ति ही गोरा की तेजस्विता का स्रोत है। भावुकता के इसी इंद्रजाल को काटकर गोरा अस्मिता के सवाल को सामाजिक-सांस्कृतिक शक्ति-संघर्ष के संदर्भ में रखने में सफल होता है। उसकी यही सत्यनिष्ठा उसे प्रखर तेज और उचित गर्व प्रदान करती है।

आज की चुनौती भी सार-रूप में, इसी सत्य-निष्ठा को अर्जित करने की है। वर्तमान सामाजिक विक्षोभ, हिंसा, अलगाव और अजनबीयत का वातावरण सिर्फ राज्य-तंत्र की अपर्याप्तता और विभिन्न राजनीतिक संस्थाओं, दलों आदि की असफलता भर को सूचित नहीं कर रहा है। इसका संबंध विगत दो शताब्दियों में अर्जित किए भारतीय अस्मिता-बोध की सीमाओं और समस्याओं से है। ज़रूरत ऐसे भारतीय आत्म-बोध की है, जिसमें 'हम' की आकांक्षाओं को ही नहीं, 'सब' की व्यथाओं को भी धारण करने की सामर्थ्य हो। जातीय स्मृति और मिथक का ऐसा संस्कार संभव करने की ज़रूरत है, जो न तो शक्ति की पारंपरिक भारतीय अवधारणा से मुँह चुराए और न समकालीन चुनौतियों से। शक्ति की अवधारणा कोई बनी-बनायी इकहरी वस्तु नहीं है। वर्णाश्रम में निहित जातिगत दमन, नारी का शोषण, 'राष्ट्रहित' के नाम पर विभिन्न समुदायों, स्थानीय संस्कृतियों और परम्पराओं का दमन, विभिन्न रंगों की साम्प्रदायिकता में व्यक्त होता राक्षसीकरण—ये पारंपरिक समाज-सत्ता और आधुनिक राजसत्ता के बीच आवा-जाही कर रही 'शक्ति' की अवधारणा के ही कुछ पहलू हैं। इस शक्ति-विमर्श से टकराए बिना अस्मिता

का प्रामाणिक विवेचन या प्रासंगिक पुनराविष्कार असंभव है। इस टकराव से आविष्कृत अस्मिता इकहरे अतीत में शरण नहीं खोजेगी, उसका लक्ष्य व्यक्ति और समाज के चित्त का पुनर्संस्कार होगा। ऐसा पुनर्संस्कार, जो यह समझ सके कि एकलव्य, शंबूक, सीता और जाबाला की स्मृतियाँ भी हमारी अपनी हैं, और इन मिथकों में रूपायित वेदना भी। भारतीयता की यह वह पहचान होगी, जो उनके प्रति हुए अत्याचारों को उचित ठहराने के बहाने खोजने की जगह, सीता और शंबूक का हृदय से सम्मान करेगी।

तब हम उपनिवेशवादियों और उनके भारत-व्याकुल-मानसपुत्रों के कैनवास पर उकेरे गए अद्भुत, विस्मयकारी, चमत्कारिक 'भारतीय' नहीं; अपनी परम्पराओं से सहज रूप से विकसित होते सोलह आने भारतीय होंगे।

संदर्भ

1. पूर्वग्रह–97 (भोपाल)–पृ. 11.
2. 'गोरा'–साहित्य अकादमी, नयी दिल्ली, 1984, पृ. 414–16.
3. पूर्वग्रह–97, पृ. 14-15.

प्रामाणिक भारतीयता की खोज

कुछ लोग बड़े जोशोखरोश के साथ नारा लगाते हैं : 'गर्व से कहो हम हिंदू हैं'। प्रतिवाद में कुछ लोग ढीले-से स्वर में कहते हैं : 'गर्व से कहो हम भारतीय हैं'। लगता है कि भारतीयता और हिंदूपन में कोई अंतर्विरोध है। गर्व करने के लिए भारतीय होना पर्याप्त नहीं, हिंदू होना ज़रूरी है। या फिर भारतीय होने के लिए अपने हिंदूपन की उपेक्षा करनी ज़रूरी है। क्या वाकई हिंदू और भारतीय एक साथ नहीं हुआ जा सकता ? यह सवाल कुछ लोगों को बड़ा संतोष देगा। वे कृपया यह सवाल भी अपने-आप से पूछें : क्या मुस्लिम और भारतीय एक साथ नहीं हुआ जा सकता ? जब हिंदू होने का गर्व भारतीयता के आड़े नहीं आता, तो मुसलमान होने का फ़ख्र कैसे आ जाता है ? उत्तर दिया जा सकता है, इस्लाम अभारतीय हैं; मुसलमानों ने भारतीय समाज में केवल विध्वंस और अत्याचार किया है, इसलिए मुस्लिम होने का फ़ख्र भारतीयता के आड़े आता है। यह भी कहा जा सकता है कि मुसलमानों की 'पुण्यभूमि' भारत से अलग है; उनकी चेतना 'पुण्यभूमि' और 'जन्मभूमि' के बीच बँटी हुई है। एकदम निकट अतीत को ही देखें, तो श्री शैलेश मटियानी के शब्दों में, "पाकिस्तान भारतीय मुसलमान का सबसे बड़ा नैतिक खोखल है।"

तो, हिंदूपन और भारतीयता का संबंध सहज है, इस्लाम और भारतीयता का असहज ! ज़रा इसी तर्क का विस्तार करें। कैलाश-मानसरोवर इस समय चीन के भूगोल का अंग है। जो पुण्य-लाभ के लिए वहाँ जाते हैं, उनका हिंदूपन भारतीयता के आड़े आता है या नहीं ? जो बौद्ध एशिया-भर से अपनी पुण्यभूमि भारत आते हैं, वे क्या सांस्कृतिक अर्थ में भारतीय हैं ? इन प्रश्नों का सकारात्मक उत्तर देना हास्यास्पद होगा। स्पष्ट है कि भारतीयता की पहचान को वर्तमान भौगोलिक-राजनीतिक यथार्थ तक सीमित नहीं किया जा सकता। 'भारतीय संस्कृति', 'भारतीय परम्परा', 'भारतीय नारी' सरीखे पदों में 'भारतीय' शब्द का प्रयोग केवल सूचनात्मक ढंग से नहीं किया जा सकता। यहाँ 'भारतीय' शब्द एक विशेष मूल्य-बोध और भाव-भूमि की व्यंजना करता है। इस विशेषता की पहचान क्या है ? उस पहचान का इतिहास क्या है ? अन्य पहचानों (धर्म, जाति, भाषा, लिंग आदि) से भारतीयता का रिश्ता

क्या है ? भारतीयता विभिन्न पहचानों के आपसी रिश्तों, मनुष्य और समाज के संबंध को प्रशस्त करने वाला भावनात्मक सूत्र है; या फिर ऐसी चट्टान जो बाकी तमाम पहचानों को कुचलकर ही अपनी पहचान बनाए रख सकती है ?

पूछते-पूछते ही इन प्रश्नों के अपेक्षित उत्तर मानस-पटल पर उभरने लगते हैं। जिस भारतीयता बोध से ये उत्तर उपजते हैं, उसमें निहित समझ कुछ इस प्रकार है, भारतीयता की विशेषता है समन्वय और सहिष्णुता। भारतीय संस्कार का गठन महाभारत-काल तक हो चुका था। कुछ लोग और पीछे जाकर भारतीयता का असली सार वैदिक युग में ही खोज लेते हैं, तो कुछ लोग उदारतापूर्वक आगे बढ़कर इस्लाम के आगमन के पहले-पहले भारतीयता का गठन हो चुका मान लेते हैं। ख़ैर ! भारतीय संस्कार से उपजी संस्कृति सनातन काल से ही धर्माधारित रही है, जबकि अन्य संस्कृतियों के केंद्र में है–शक्ति (पावर) की अवधारणा। अन्य संस्कृतियाँ भौतिकता के पीछे पागल हैं, इसीलिए दमन और अत्याचार उनका स्वभाव है। भारतीय संस्कृति मोक्ष की खोज करती है, इसलिए उसमें निहित धर्म-भावना दूसरों के प्रति अपने कर्तव्यों, दायित्वों का निर्वाह करने में मूर्त रूप लेती है। भारतीय इतिहास में दमन और अत्याचार का सिलसिला शुरू होता है–इस्लाम से। उसके पहले युद्धकालीन अत्याचार, किसी सत्ताधारी की व्यक्तिगत बुराई से उत्पन्न हिंसा हो, तो हो, लेकिन विभिन्न सामाजिक समूहों पर निरंतर अत्याचार नहीं होता था।

भारतीयता के जिस आत्म-बोध से उपरोक्त सोच उपजती है, वह महापंडितों से लेकर जनसाधारण तक के बीच अत्यधिक मान्य है। सो, क्या इसी कारण इसे प्रामाणिक भी माना जाये ? जब कोई व्यक्ति या समाज अपनी सारी समस्याओं, विडम्बनाओं के लिए अन्य को दोषी ठहराने लगे, तो माना जाता है कि वह आत्म-मुग्धता का शिकार है। आम तौर से, आत्म-मुग्धता का कवच अपने मन की हीनता-ग्रंथि से टकराने के लिए धारण किया जाता है। हीनता-ग्रंथि और आत्म-मुग्धता, दोनों ही उपजती हैं–दुर्बल विवेक से। जब कोई समाज अपनी सचाइयों से मुँह चुराए या उन्हें परमार्थिक-व्यावहारिक सत्य में बाँटकर सहन करना सिखाए, तो वह दुर्बल विवेक का परिचय दे रहा होता है। भारतीयता का प्रचलित आत्म-बोध कुछ इसी प्रकार का परिचय देता है। लेकिन ऐसा मानना भ्रामक होगा कि भारतीयता की यह आत्म-मुग्ध अवधारणा हमारे समाज के ऐतिहासिक अनुभवों की अपरिहार्य परिणति है। वास्तविकता यह है कि यह भारतीयता भारत में विकसित हुए आधुनिक राष्ट्रवादी विचार के आत्मसंघर्ष की कई संभाव्य परिणतियों में से एक है। एक परिणति प्रचलित हो गयी। इसका यह अर्थ नहीं कि अन्य संभावनाएँ थीं ही नहीं, या अब नहीं हैं।

सवाल यह है कि उपलब्ध परम्पराओं की व्याख्या का जो ढाँचा भारतीयता के नाम से गढ़ा गया, वह क्या जताता है, और क्या छुपाता है ? इस ढाँचे के

गढ़े जाने की प्रक्रिया क्या थी ? क्या सचमुच दमन, शक्ति-संघर्ष, विभिन्न सामाजिक पहचानों के संकट—ऐसी चीज़ें भारतीय अस्मिता के लिए परायी हैं ? क्या सचमुच भारतीय इतिहास के सतयुग या स्वर्णयुग के शानदार रंग-मंच के पीछे नृशंसताओं का कोई नेपथ्य नहीं है ? भारतीय अस्मिता का गठन महाभारत-काल अथवा इस्लाम के आगमन से पहले हो चुका था, या स्वयं यह विचार बाद में गढ़ा गया है ?

प्रामाणिकता के संदर्भ में ये बुनियादी जिज्ञासाएँ हैं। इनका विवेचन ठोस उदाहरणों के ज़रिए करना चाहिए, क्योंकि संस्कृति का मतलब सांस्कृतिक कार्यक्रम नहीं होता। संस्कृति जिन मूल्यों, मर्यादाओं को समाज में अनुकरणीय बनाती है, वे सामाजिक सत्ता, सामाजिक आत्म-बोध और उसके विकास (अथवा पतन) की दशा-दिशा को सूचित करते हैं। जब हमें हिंदूपन या भारतीयता पर गर्व करने का निर्देश दिया जाता है, तब तो यह और स्पष्ट है कि संकेत कुछ विशेष मूल्यों, मर्यादाओं की तरफ है। 'भारतीयता' ऐतिहासिक अनुभवों की संचित स्मृतियों और विशेष सामाजिक मर्यादाओं के समुच्चय का नाम है। कहने की आवश्यकता नहीं कि इसकी प्रामाणिकता का मानदंड यही है कि इसके ज़रिए ऐतिहासिक अनुभवों का सत्य किस हद तक व्यंजित हो रहा है, और इसके द्वारा प्रतिपादित मर्यादाएँ किस हद तक सामाजिक न्याय-चेतना के अनुकूल हैं।

इस मानदंड को सामने रखकर देखने से मालूम पड़ेगा कि जो लोग आज तक इस्लाम को अभारतीय घोषित करते हैं, वे सिर्फ अज्ञान या मूर्खता व्यक्त नहीं कर रहे होते। इस्लाम के प्रति प्रचलित भारतीयता की यह चिढ़ बड़े ग़ैर-इरादतन रूप से भारतीय इतिहास में इस्लाम के दूरगामी योगदान के एहसास को ही अभिव्यक्त करती है। चिढ़ इस बात की नहीं है कि इस्लाम ने हिंदुत्व के धार्मिक रूप को चोट पहुँचाई, बल्कि इस तथ्य पर है कि इस्लाम ने ब्राह्मणवादी सामाजिक संगठन जाति-व्यवस्था का एक विकल्प प्रस्तुत किया। जो लोग समझते हैं कि सारे मुसलमान विदेशी हैं या मार-मारकर बनाए गए हैं, वे सच्चे दिल से अपनी कल्पना जन्म से ही नीच, अधम और अछूत ठहराए गए मनुष्य के रूप में करें। तब शायद उन्हें मध्यकालीन भारत के 'नीच जाति समूहों' के 'थोक-के-थोक मुसलमान बन जाने' का रहस्य समझ में आ जाएगा। इस्लाम में सामूहिक धर्मांतरण उन इलाकों और जातियों में सबसे ज़्यादा हुआ, जिनमें नाथपंथ सरीखे मतों का प्रभाव अधिक था और जो इस्लाम के आगमन के पहले से ही वर्ण-व्यवस्था के प्रति उपेक्षा का रवैया अपनाने लगे थे। भारतीय संस्कृति में इस्लाम का सबसे महत्त्वपूर्ण योगदान यह है कि इसने दलित जाति-समूहों के सामने शोषण और आत्मगौरव-विलोपन से मुक्ति पाने की एक संभावना प्रस्तुत की। इस्लाम ने भारतीय जनमानस में सदियों से घुमड़ रही बेचैनी को ठोस रूप देने और ब्राह्मणवाद के राजनीतिक-सामाजिक तथा विचारधारात्मक प्रभुत्व को चुनौती देने का क्रांतिकारी काम किया। समतावादी

होने के साथ-साथ इस्लाम राजसत्ता का धर्ममत भी था। इस कारण कम-से-कम सिद्धांत में इस्लाम के अनुयायी को लौकिक-पारलौकिक, दोनों तरह की सुरक्षा हासिल थी। इसी कारण सामूहिक रूप से इस्लाम कबूल करना जाति-व्यवस्थागत दमन के विरुद्ध विद्रोह और जन्म से ही थोप दी गई नीचता से मुक्ति का अत्यंत लोकप्रिय माध्यम बन गया। इस्लाम के पहले जाति-व्यवस्था की सिर्फ आलोचना की जा सकती थी, जाति के वैचारिक औचित्य-प्रतिपादन का मज़ाक उड़ाया जा सकता था। अधिक-से-अधिक वैरागी बना जा सकता था। लेकिन इस्लाम के बाद एक सामाजिक-धार्मिक-व्यवस्था छोड़कर दूसरी को चुना जा सकता था।

बहुत पहले एक संभावना बौद्ध-मत ने प्रस्तुत की थी, लेकिन अत्यंत सीमित। नहीं भूलना चाहिए कि बौद्ध संघ में न सैनिक शामिल हो सकते थे, न दास, न स्त्रियाँ शामिल हो सकती थीं, न वे कृषक, जिन पर किसी भी प्रकार का ऋण हो। जिस समाज में, बीसवीं सदी के उत्तरार्द्ध में लाखों बँधुआ मज़दूर ऋण के रस्से से बँधे हों, वहाँ ढाई हज़ार साल पहले कितने किसान ऋण-मुक्त रहे होंगे? स्वाभाविक था कि बौद्ध-मत जल्दी ही स्वयं प्रभु वर्ग के लिए सिर्फ आध्यात्मिक मुक्ति और सामाजिक पलायन का माध्यम बनकर रह गया। लेकिन इस्लाम ने भारत में बहुस्तरीय और परस्पर-विरोधी सामाजिक उथल-पुथल पैदा की। एक तरफ तो इसने परम्परागत भद्रलोक को चुनौती दी, और दूसरी तरफ, धीरे-धीरे उसके साथ समझौता भी किया। इस्लाम भारत में आते-आते स्वयं एक सामंती सत्ता-तंत्र के अनुकूल ढल चुका था। इस सत्ता-तंत्र ने भारतीय जाति-व्यवस्था के साथ सह-अस्तित्व की भावना बहुत जल्दी पैदा कर ली। इस्लाम सिद्धान्ततः समतावादी धर्ममत है। इस लिहाज़ से भारत के मुस्लिम शासक यदि केवल इस्लाम का प्रचार करने आए थे, तो उन्हें जाति-व्यवस्था पर तीव्र आघात करने चाहिए थे। हुआ एकदम उल्टा। जाति-व्यवस्था के शिखर पर बैठे ऊँची जाति वालों का नए शासकों से ताल-मेल हो गया। गाँव के चौधरी पहले 'नरेश' को मालगुज़ारी पहुँचाते थे, अब सुल्तान को पहुँचाने लगे। बनिये ख़जाना सँभालने लगे, और ब्राह्मण "दिल्लीश्वरो वा जगदीश्वरो वा" के गीत गाने लगे।

भारतीय इतिहास में इस्लाम की इस जटिल भूमिका के कारण व्यापक जनमानस में दो तरह की प्रतिक्रिया हुई। निहित स्वार्थ और उनके सिद्धांतकार इस्लामी राजसत्ता से मिलकर आनंद भी करते रहे और मन-ही-मन उससे चिढ़ते भी रहे। दूसरी ओर आम जनता के जीवन-व्यवहार में हिंदू धर्म और इस्लाम–दोनों ही के सत्तापरक शास्त्रीय रूप से आवा-जाही करते हुए वैकल्पिक धर्म-चेतना और ज्ञान की मीमांसा का विकास हुआ। यह भारतीय परम्परा में आदिकाल से चले आ रहे लोकधर्म की संवेदना का ही विस्तार था। यह 'परम्परा के नैरंतर्य में विस्फोट' था, जिसके बाद न तो वैष्णव मत ही वह रह गया और न इस्लाम ही वह रह

गया, जो पहले था। परम्परा के नैरंतर्य में हुए इस विस्फोट का मूर्त्त रूप व्यक्त हुआ—भक्ति की संवेदना में। भक्ति-काव्य अखिल भारतीय घटना है। यह पहला अवसर है, जबकि हमारे समाज के उत्पीड़ित—शूद्र, स्त्री—अपनी भावना को ही वाणी नहीं दे रहे हैं, बल्कि 'भगवान' तक की नयी प्रतिमा गढ़ रहे हैं। ज्ञान की नयी परिभाषा और जीवन की नयी दृष्टि को व्यक्त करने के लिए छटपटा रहे हैं। यह केवल गदगद् और विस्मित हो जाने की बात न उन्नीसवीं सदी में थी, न आज है। भक्ति की यह लोकधर्मी संवेदना आधुनिक भारतीयता का नाभिक तब भी हो सकती थी, आज भी हो सकती है। वजह यह कि यह संवेदना इतिहास में व्यतीत नहीं हो गई है, यह भारतीय जन-साधारण के चित्त में अब भी वर्तमान है। कैसा लगता है यह सोचकर कि लोकधर्मी संवेदना आधुनिक भारतीयता का नाभिक ठीक इसी कारण नहीं बन सकी, क्योंकि इसका संबंध समकालीन जनसाधारण से उन्नीसवीं सदी में भी था, आज भी है।

उलटबाँसी सरीखे लगते उपरोक्त वाक्य को समझा जा सकता है, यदि आधुनिक भारतीयता के गठन का परिवेश ध्यान में रहे। हमारे समाज में आधुनिकता अपनी परम्परा की सहज फलश्रुति न होकर औपनिवेशिक हस्तक्षेप की परिणति बनकर आयी। आधुनिकता का सबसे बड़ा सांस्कृतिक योगदान है—धर्म, जाति, देश आदि से परिभाषित होने वाले मनुष्य की मूलभूत मनुष्यता का रेखांकन। और कुछ भी होने के पहले मनुष्य मनुष्य है—यह बोध एक विशिष्ट रूप में भक्ति-संवेदना के भी केंद्र में था। आधुनिक बोध से इस संवेदना की विशिष्टता के दो पहलू थे। एक, भक्ति-संवेदना में यह बोध मुख्यतः ईश्वरोन्मुख था। सामाजिक-राजनीतिक संस्थाओं के बरक्स यह आग्रह बहुत व्यवस्थित रूप नहीं ले सका था। दूसरी ओर ऐन इसी ईश्वरोन्मुखता के कारण भक्ति-संवेदना इस भीषण अहंकार से बची रही कि 'मनुष्य प्रकृति का स्वामी है।' उसने इकहरे ढंग से 'मनुष्य को सभी चीजों का प्रतिमान' नहीं माना, बावजूद मानुष सत्य को सबसे बड़ा सत्य मानने के। उसके लिए 'सभी चीजों का प्रतिमान' तो ईश्वर और मनुष्य का संबंध ही था, जो मनुष्य और मनुष्य के संबंध को भी एक सर्वथा नयी दीप्ति से भर देता था। तार्किक रूप से तो भक्ति-संवेदना में निहित यह बोध आधुनिक आत्म-बोध का स्वाभाविक आधार बनना चाहिए था। 'भारतीयता' को अपना संबंध भक्ति-संवेदना से जोड़ना चाहिए था। लेकिन ऐसा हुआ नहीं। क्यों नहीं हुआ ? आधुनिक भारतीयता में भक्ति की प्रशस्त मानवीय संवेदना की बजाय संकीर्णता का स्वर क्योंकर प्रबल होता गया ?

परम्परा-विच्छिन्न आधुनिकता का सबसे दूरगामी परिणाम यह हुआ कि भारत के आधुनिक बुद्धिजीवी की चेतना में एक दरार पैदा हो गई। उसकी अपनी समकालीन आत्म-सजगता और परिवेश-चेतना एक तरफ, परम्परा दूसरी तरफ।

यह फाँक उन्नीसवीं सदी के प्रबोधन-काल से लेकर आज तक बनी हुई है। उन्नीसवीं सदी का मध्यवर्गीय बौद्धिक अपने ही व्यापकतर समाज के साथ अंगांगीभाव से संबंधित नहीं था। औपनिवेशिक स्थिति के सांस्कृतिक दबाव के बरक्स उसे भारतीयता की अस्मिता खोजनी थी और परम्परा भी। राजनीतिक पराधीनता से भी कहीं अधिक व्यथापूर्ण यह अहसास था कि हम बतौर एक समाज के दुर्बल और खंडित हैं। भावात्मक एकता के सूत्र से गुँथकर समाज औपनिवेशिक सत्ता के समक्ष कम-से-कम सांस्कृतिक इकाई के रूप में तो स्वाभिमान के साथ खड़ा हो सके—चुनौती यह थी। दिक्कत यह हुई कि स्वाभिमान की धारणा परिभाषित हो रही थी—औपनिवेशिक सत्ता की प्रतियोगिता में। नतीजा यह कि 'हम' या तो औपनिवेशिक सत्ता की शान-शौकत से जुड़ेंगे या फिर उससे भी कहीं ज़्यादा शान-शौकत अतीत के किसी सुदूर स्वर्णयुग में खोज निकालेंगे। उन्नीसवीं सदी के 'हम' गोया उस सुदूर स्वर्णयुग के ही वारिस थे, तब से लेकर नवजागरण तक का इतिहास केवल पतन और पराजय का इतिहास था। 'भारतीयता' की यह इकहरी, सामाजिक अनुभवों से असंबद्ध अर्थात् अप्रामाणिक धारणा उस भारतीय राष्ट्रवाद के साथ ही विकसित हुई, जो भारतीय समाज की अपनी समस्याओं से कतराना चाहता था। राष्ट्रवाद की यह समस्या-निरपेक्षता किसी हद तक उस वक़्त की मज़बूरी भी थी। लेकिन जल्दी ही यह मज़बूरी एक आत्म-प्रवंचना में बदल गई। ऐसी आत्म-प्रवंचना, जो 'भारतीयता' के ज़रिए इतिहास में निहित शक्ति-संघर्ष को नकारना चाहती थी। पूरी-की-पूरी सामाजिक अस्मिताओं—शूद्र, आदिवासी, स्त्री—के उत्पीड़न को नकारती ही नहीं, उस पर 'गर्व' करती थी। तमाम अवैदिक संस्कृति धाराओं को भटकाव मानती थी, चाहे वह बौद्ध-धर्म हो, चाहे इस्लाम। 'उग्र राष्ट्रवादी' कहे जाने वाले बाल गंगाधर तिलक इस बात पर 'गर्व' करते थे कि सुदूर अतीत में आर्य जाति ने अन्य जातियों को या तो बलपूर्वक अपने में मिला लिया, या उनका सफाया कर दिया। यह आकस्मिक नहीं, तार्किक है कि तिलक बाल-विवाह के पक्के समर्थक थे, और कांग्रेस अधिवेशनों के साथ-साथ सोशल रिफॉर्म कॉन्फ्रेंस करने का चलन उन्हीं के दबाव में समाप्त हुआ। इधर 'भारतीयता' के एक और नायक स्वामी दयानंद सरस्वती के अनुसार कबीर तो ख़ैर, 'निरक्षर जुलाहा' थे ही, तुलसीदास की रचनाएँ तक उसी तरह त्याज्य हैं, जैसे 'विषयुक्त अन्न'। स्वामी जी सती-प्रथा के विरोधी थे, लेकिन स्त्री को संतानोत्पत्ति का माध्यम-भर मानने वाली नियोग प्रथा के समर्थक ! स्त्री की अस्मिता महत्त्वपूर्ण नहीं थी, महत्त्वपूर्ण था हज़ारों वर्ष पहले का वैदिक आदर्श; लोक-जीवन और तत्प्रसूत विवेक महत्त्वपूर्ण नहीं था, महत्त्वपूर्ण था शास्त्र का वचन।

'सत्यार्थ प्रकाश' इस मायने में समग्र ग्रंथ है कि इसमें अनुयायियों के सोच को ही नहीं, रोज़मर्रा के जीवन-क्रम तक को अनुशासित करने का प्रयत्न किया

गया है। इसी सिलसिले में ग्रंथ के तृतीय समुल्लास में "ब्रह्मचर्य, पठन-पाठन व्यवस्था, सत्यासत्य ग्रंथों के नाम और पढ़ने-पढ़ाने की रीति बतायी गई है। प्रश्नोत्तर शैली में यह बात पूरे छह बार रेखांकित की गई है कि कुछ ग्रंथ 'परित्याग के योग्य', 'जालग्रंथ', 'कपोल-कल्पित मिथ्या ग्रंथ' हैं। इनमें यदि थोड़ा-बहुत सत्य है भी, तो वह वेद का और असत्य इनके घर का है, इसलिए इन असत्यमिश्रित ग्रंथों को उसी तरह त्याग देना चाहिए, जैसे विषयुक्त अन्न को। सत्य का ग्रहण तो वेदादि शास्त्रों से हो ही जाता है, फिर इस मिथ्याजाल को क्यों गले लिपटाया जाए ?" (यह सारी शब्दावली स्वयं स्वामी जी की है।)[1] अब ज़रा इन 'विष के समान परित्याग के योग्य ग्रंथों' में से दो-चार के नाम देखें, "सब पुराण, सब उप-पुराण, तुलसीदास-कृत भाषा रामायण, रघुवंश, माघु, किरातार्जुनीय, धर्मसिंधु, अमर-कोश..." (सूची लंबी है, नमूने इतने ही काफी हैं।) स्वामी जी के अनुसार तो 'सर्वभाषाग्रंथ' जाली हैं। इस शब्द का अर्थ स्वामी जी के भक्त शायद न समझें, हाँ, अल्पज्ञानी अध्येता यह जानते हैं कि स्वामी जी सारी आधुनिक भारतीय भाषाओं को 'भाषा' संज्ञा से पुकारते थे, और प्रामाणिक मानते थे केवल 'देवभाषा' संस्कृत के ग्रंथों को। इसीलिए सारे-के-सारे भक्ति आंदोलन के प्रति उनका रवैया नकारात्मक था, क्योंकि उनके अनुसार सच्चे ज्ञान की एक ही गंगोत्री थी-'वेद' और एक ही माध्यम था 'संस्कृत' ! उनके इन वाक्यों पर ग़ौर करें, "वेदादि सत्य शास्त्रों के स्वीकार में सब सत्य का ग्रहण हो जाता है। जो कोई इन मिथ्या ग्रंथों से सत्य का ग्रहण करना चाहे, तो मिथ्या भी उसके गले लिपट जावे।"

किसी महान् विभूति का ऋण स्वीकारने का तरीका आँखें मूँदकर ताली पीटना नहीं होता। किसी विचार या आंदोलन का मूल्यांकन उसके घोषित इरादों-भर से नहीं, बल्कि सचाई, परम्परा तथा अन्य लोगों के प्रति उसके रवैये के आधार पर किया जाना चाहिए। इस प्रसंग में कबीर के बारे में स्वामी दयानंद सरस्वती के सुभाषित का पारायण किया जाए, "किसी पण्डित के पास संस्कृत पढ़ने गया, उसने उसका अपमान किया। कहा कि-'हम जुलाहे को नहीं पढ़ाते'। इसी प्रकार कई पण्डितों के पास फिरा, परंतु किसी ने न पढ़ाया। तब ऊट-पटाँग भाषा बनाकर जुलाहे आदि नीच लोगों को समझाने लगा। तंबूरे लेकर बजाता था, भजन बनाता था। विशेष पंडित, शास्त्र, वेदों की निंदा किया करता था। कुछ मूर्ख लोग उसके जाल में फँस गए।"[2]

दयानंद जी के प्रति व्यक्तिगत सम्मान के बावजूद; चिंता इस मनोवृत्ति को लेकर है, जो सत्य को एक जिंस समझती है, और वेद को उस जिंस का संदूक ! सत्यनिष्ठा, ईमानदारी और देश-प्रेम को अपना बँधुआ मज़दूर मान लेने वाली मानसिकता, तात्कालिक धूमधाम चाहे जितनी कर ले, दूरगामी परिणामों की दृष्टि से अपने ही समाज के लिए सर्वाधिक घातक होती है। दयानंद जी की अतुलनीय

प्रतिभा की करुण ट्रैजेडी ऐन इसी बात में है कि उनके इरादे बहुत नेक थे, लेकिन तर्क-पद्धति, जीवन-दृष्टि और अन्यों के प्रति उनका रवैया भयावह रूप से इकहरा था। इस इकहरेपन पर जो टिप्पणी दयानंद जी के समकालीन भारतेंदु हरिश्चन्द्र ने की थी, उससे अधिक सटीक, संक्षिप्त और मार्मिक टिप्पणी संभवतः आज तक नहीं की गयी है। भारतेंदु के शब्दों में, दयानंद सरस्वती ने, "...पहले केवल भागवत का खण्डन किया, फिर सब पुराणों का। फिर कई ग्रंथ माने, कई छोड़े, अपने काम के प्रकरण माने, अपने विरुद्ध को क्षेपक कहा।...भाष्य में रेल, तार आदि कई अर्थ ज़बर्दस्ती किए। इसी से संस्कृत विद्या को भली-भाँति न जानने वाले ही प्रायः इनके अनुयायी हुए। जाल को छुरी से न काटकर दूसरे जाल ही से काटना चाहा, इसी से दोनों आपस में उलझ गए और परिणाम–गृह-विच्छेद उत्पन्न हुआ।"[3]

बहरहाल, नवजागरण की वर्चस्वशाली धारा में बहुत जल्दी ही शास्त्र लोक को जाँचने की कसौटी बन गया। कारण यह कि नवशिक्षित मध्यवर्ग औपनिवेशिक सत्ता के बरक्स हीनता-ग्रंथि से ग्रस्त था और अपने समाज के बरक्स आत्म-मुग्धता से। उसे अपने समकालीन जन-जीवन से गहरी वितृष्णा थी। इस जन-जीवन की संस्कृति और जीवंत परम्परा से मध्यवर्गीय बौद्धिक का प्रामाणिक संबंध बन ही नहीं पाया। जन-जीवन की संस्कृति, उसमें व्याप्त धर्म-बोध, परम्परा–सब उसे 'अशुद्ध' और लज्जास्पद लगता था। उसकी खोज थी, 'विशुद्ध' की। जीवन-प्रवाह में वस्तुतः जीवित वही रहता है, जो 'अशुद्ध' होने को तैयार रहे। समस्या-निरपेक्ष राष्ट्रवाद ने अपने सांस्कृतिक आधार के लिए सुदूर अतीत में 'विशुद्धता' की खोज की, और उसके बाद के हज़ारों साल के इतिहास को, स्वयं अपने पूर्वजों को पतन का रूपक मान लिया। समाज के सारे दोषों के लिए 'अन्य' को बलि का बकरा बना दिया गया। स्त्री की दुर्दशा का कारण ? इस्लाम। जातिबंधनों के कठोर होने का कारण ? इस्लाम। सामाजिक तनाव का कारण ? पहले मुसलमान और फिर अंग्रेज़ी सत्ता। अर्थात् भारतीय उर्फ़ हिंदू उर्फ़ वैदिक संस्कृति में तो सिर्फ उदात्त विचार हैं, उदार व्यवस्थाएँ हैं, आदर्श संस्थाएँ हैं। वहाँ कोई उत्पीड़न नहीं है, कोई नृशंसता नहीं है। जब यह सब है ही नहीं, तो प्रतिवाद क्योंकर हो ? अत्याचार है ही नहीं, तो प्रतिकार काहे का ? पिछले हज़ारों सालों में जिस-जिस ने यह सब नहीं समझा, वह या तो असुर था या फिर विदेशी प्रभाव से दूषित ! कहा जा सकता है कि अपनी समस्या-निरपेक्ष कल्पना के ज़रिए भारतीय समाज के प्रभु-वर्ग ने सामाजिक-सांस्कृतिक इतिहास के धरातल पर यह मानने और मनवाने का बीड़ा उठा लिया कि जो दिखता है, वह सत्य नहीं, माया है। सत्य वह है, जो 'हम' बतलाएँ। 'ब्रह्म-सत्य जगन्मिथ्या' के मायावाद का यह सामाजिक-ऐतिहासिक अनुवाद था। उत्पीड़ितों और उत्पीड़कों–दोनों के लिए भयावह परिणतियों वाली

आत्मप्रवंचना थी यह !

इस आत्मप्रवंचना ने केवल समकालीन भारतीय आत्म-बोध को संदिग्ध ही नहीं बनाया, परम्परा के साथ खिलवाड़ भी किया। भद्रलोक के अपने बौद्धिक परिवेश में परम्परा की जीवंत उपस्थिति क्षीणतर होती जा रही थी, और जन-जीवन की 'अशुद्धता' से उसे विरक्ति थी। परिणामस्वरूप, न केवल परम्परा को मनमाने ढंग से 'शुद्ध' कर लिया गया, बल्कि उसे मनोरंजक रूप से 'आधुनिक' भी बनाया गया। यही नहीं कि पुष्पक विमान बोइंग का पूर्वज था, बल्कि यह भी कि आधुनिक राष्ट्रवाद, लोकतंत्र आदि भी 'शुद्ध' अतीत में मौजूद थे। इधर के विकट 'भारतीय' सीरियल 'चाणक्य' पर विश्वास करें, तो आतंकवाद और बोफोर्स स्कैण्डल तक ! परम्परा से जीवंत संबंध के टूटने की चिंताजनक परिणतियों को रवींद्रनाथ ठाकुर ने इस मार्मिक बिंब में व्यक्त किया है, "उस काल के विचारस्रोत, भावस्रोत और प्राणस्रोत की आदिगंगा सूख गई है। बस, उस नदी की तलहटी में जहाँ-तहाँ पानी रुक गया है। वह किसी बहती हुई आदिम धारा से परिपुष्ट नहीं। उसका कितना पानी पुराना और कितना पानी आधुनिक लोकाचार की दृष्टि से संचित है, कहना कठिन है।" परम्परा की शुद्धतावादी खोज की नियति यही है।

ऐसा नहीं है कि समस्या-निरपेक्ष राष्ट्रवाद और उसकी सहगामिनी पवित्रपावन भारतीयता की अप्रामाणिकता को किसी ने लक्ष्य ही नहीं किया। भारतीयता को उत्पीड़न का आवरण बनाने की कोशिशें की गयीं, तो इसका प्रतिवाद भी हुआ। शास्त्र को तानाशाह मिजाज़ का प्रतिमान बनाया गया, तो 'शास्त्र को लोकचिंता की अपेक्षा में देखने' की– सिफ़ारिश भी की गयी। नवजागरण का अर्थ यदि 'शुद्ध' हिंदू अतीत या 'शुद्ध' मुस्लिम अतीत की सुरक्षा में लौट जाना समझ लिया गया, तो सन् 1939 में यह सटीक टिप्पणी भी गाँधी जी ने की, "उन्नीसवीं सदी के नवजागरण ने जनजीवन के भेदों को दूर करने की बजाय उन्हें बढ़ावा दिया। लोगों में मौजूद एकता को इसने कमज़ोर किया। भारतीय होने के बजाय हिंदू और अधिक हिंदू हो गए, मुसलमान और अधिक मुसलमान।"

यह टिप्पणी गाँधीजी करें, यह स्वाभाविक था। उतना ही स्वाभाविक यह भी था कि गाँधीजी 'सत्यार्थ प्रकाश' को 'एक महान् प्रतिभा द्वारा लिखी गई परम निराशाजनक और सतही पुस्तक' बताएँ। उनके लिए न तो परम्परा लोकजीवन की छूत से 'शुद्ध' वस्तु थी और न भारतीयता हज़ारों साल पहले ही बाँधकर रख दी गई पोटली। उनके आत्म-बोध में भारतीयता ऐसी चट्टान भी न थी, जो अन्य सारी पहचानों को कुचलकर ही अपनी पहचान बनाए। अपने समाज से सहज संबद्ध होने के फलस्वरूप उनमें यह नैतिक साहस था कि धार्मिक सद्भाव और छुआछूत के सवालों को राजनीतिक स्वाधीनता के सवाल के ठीक बराबर महत्त्व दे सकें। प्रार्थना-सभा गाँधीजी के लिए रणनीति नहीं थी, और न ही वे धर्म का

'इस्तेमाल' करते थे। उनकी भारतीयता संकीर्ण तथा अप्रामाणिक नहीं थी, और न ही उनका राष्ट्रवाद समस्या-निरपेक्ष था। इस सबका मूलभूत कारण यही था कि वे लोक के सामने शास्त्र को नहीं अड़ा देते थे, बल्कि मनुष्य के सहजात, विकासमान नैतिक विवेक को 'सब चीज़ों का प्रतिमान' मानते थे। इस विवेक के विशिष्ट भारतीय रूप अर्थात् भक्ति-संवेदना से गाँधीजी की सांस्कृतिक चेतना निरंतर सहज भाव से जुड़ी रही। उनकी 'भारतीयता' का नाभिक 'विशुद्ध वैदिक अतीत' अथवा गर्वोद्धत हिंदुत्व नहीं था। उन्होंने सचमुच 'अविशुद्ध' लोकधर्मी-भक्ति-संवेदना को आधुनिक आत्म-बोध में पल्लवित करने की चेष्टा की। इस चेष्टा की सफलता-असफलता का विश्लेषण अलग मुद्दा है, लेकिन इतना स्पष्ट है कि प्रामाणिक भारतीयता की खोज के प्रसंग में यह चेष्टा अब भी एक संभावना है। कारण यह कि इस चेष्टा की 'भारतीयता' उत्पीड़न की कड़वी सचाई से आँखें चुराने की बजाय उससे टकराती है। मनमानी परम्परा गढ़ने की बजाय जनजीवन के संस्कारों में व्याप्त जीवंत परम्परा को न्याय के संकल्प से पुनः ऊर्जस्वित करती है। ख़ैर ! यह स्पष्ट है कि हमारे समाज का भद्रलोक एक विचित्र, असंवेदनशील अहमन्यता को ही 'भारतीयता' मानता-मनवाता आया है। इसकी खोज में निकले शुद्धता-प्रेमियों, अतीत-प्रेमियों के रथों ने जिन्हें घास की तरह कुचल दिया, उनकी चीत्कार को कभी पाखंड कह दिया गया, तो कभी 'राष्ट्रवाद' के विरुद्ध विदेशी सत्ता का समर्थन करने का पाप। संयोग नहीं कि ऐसे आरोप सिर्फ मुस्लिम नेताओं पर ही नहीं, जोतिबा फुले, अंबेडकर से लेकर रामास्वामी नायकर तक पर लगाए गए। आरोप लगाने वालों को यह पूछने की ज़रूरत शायद ही कभी महसूस हुई कि उनकी 'भारतीयता' में आख़िर ऐसी क्या बात है, जो करोड़ों भारतवासी—अल्पसंख्यक, दलित, आदिवासी, स्त्री—उसके प्रति प्रेम नहीं, आतंक अनुभव करते हैं। विडंबना तो यह है कि सामाजिक न्याय के लिए प्रतिबद्ध लोगों में भी ऐसे बहुत-से हैं, जो तमाम नेक इरादों के बावजूद 'भारतीयता' की अवधारणा की पड़ताल और उसके विकल्प की ज़रूरत महसूस नहीं कर पाते। प्रभु वर्ग द्वारा प्रतिपादित भारतीयता की अवधारणा को ही उन्होंने भी आत्मसात कर लिया है। वे अन्याय का विरोध करते हैं, लेकिन यह मानते हुए कि भारतीय-संस्कृति और परम्परा में प्रतिवाद का कहीं कोई स्वर नहीं है। प्रभु वर्ग की भारतीयता का ऐसा प्रतिवाद भी ठीक इसी कारण अनजाने ही अप्रामाणिक हो जाता है कि इसमें भी ऐतिहासिक अनुभवों और संचित स्मृतियों की वैसी ही एकांगी उपेक्षा की जा रही है। विलायत-प्रेरित भारत-व्याकुल कहें कि 'भारतीयता' में शक्ति-संघर्ष और अस्मिताओं का उत्पीड़न है ही नहीं, यह तो समझ में आता है, लेकिन राजेन्द्र यादव यह कहें कि सिर्फ उत्पीड़न है, कोई प्रतिवाद है ही नहीं, तो चिंता होती है। लोकधर्मी भक्ति-संवेदना को 'एप्रोप्रिएट' करने की अब तक जारी प्रभुवर्गीय कोशिशों के संदर्भ में राजेंद्र

यादव की यह टिप्पणी सचमुच चिंतित करती है, "अपने हर तरह के अत्याचारों, नृशंसताओं और क्रूर शोषण के जस्टिफिकेशन के लिए ही नहीं, बल्कि उससे पैदा होने वाली मानसिक अशांति के शमन और प्रायश्चित्त–दोनों के लिए, जो भगवान की शरण में जाते रहे–उनके मूल्य आज की दुनिया में आदर्श कैसे हो सकते हैं ?"[4]

ऐसे लोगों के मूल्य तो वाकई आदर्श नहीं हो सकते, लेकिन क्या 'भगवान की शरण' में सिर्फ़ ऐसे ही लोग जाते रहे हैं ? क्या भक्ति-संवेदना की भूमिका सिर्फ इतनी थी और है कि उसे जस्टिफिकेशन के लिए एप्रोप्रिएट किया जा सके ? ऐसी समझ सिर्फ़ एकांगी होने के कारण ही चिंताजनक नहीं है, बल्कि ज़्यादा महत्त्वपूर्ण बात यह है कि ऐसी समझ हमारे देश के परिवर्तनकामियों का संस्कार बन गयी है। बात व्यक्ति की नहीं, प्रवृत्ति की है। ऐसा मान लिया गया है कि भारतीयता की पहचान बज़ाते-ख़ुद कोई समस्या है ही नहीं। यह भुला दिया गया है कि ऐसी किसी भी पहचान में सामाजिक संबंधों और सत्ता का एक विशेष रूप निहित होता है। मिथकों, स्मृतियों और संस्कृति के ज़रिए यह विशेष रूप जनसंस्कार में जड़ें जमा लेता है। समाज को भावनात्मक संगठन प्रदान करता है। यह भी भुला दिया गया है कि मनुष्य की परिभाषा ही यह है कि वह सिर्फ रोटी के लिए नहीं जीता, सिर्फ सुपरिभाषित हित के लिए नहीं मरता। सामाजिक न्याय और समता की दिशा में परिवर्तन का संकल्प तभी एक भौतिक शक्ति का रूप लेता है, जबकि उसका वास्ता मनुष्य की भावनात्मक समग्रता से हो, केवल तर्क-बुद्धि से नहीं। सांस्कृतिक पहचान और परम्परा का बोध इसी भावनात्मक समग्रता के सामाजिक पहलू को व्यक्त करता है। इसीलिए न्यायकारी तथा समताप्रेमी जन पहचान और परम्परा की उपेक्षा नहीं कर सकते। यह भी अहम्मन्यता का ही एक रूप है कि आप समूची संस्कृति और परम्परा में प्रतिवाद का कोई स्वर ही न सुन पायें। भारतीयता की प्रचलित अवधारणा भी तो यही मनवाना चाहती है कि उस अतीत में कोई द्वंद्व, प्रतिवाद या संघर्ष नहीं था। यदि सच यही है, तब तो परिवर्तनकामियों को कोरे काग़ज़ से शुरुआत करनी होगी। लेकिन क्या कोई भी संस्कृति किसी भी ऐतिहासिक बिंदु पर कोरे काग़ज़ की तरह सपाट होती है ?

यह यक्ष प्रश्न है। भारतीयता और न्याय-चेतना, दोनों ही की प्रामाणिकता के लिए जीवन-मरण का प्रश्न। इस द्वंद्वात्मक प्रश्न से पर्याप्त मुठभेड़ न कर पाने का फल यह हुआ है कि समतावादी राजनीति अपने आपको भारतीय संस्कृति और परम्परा की स्वाभाविक फलश्रुति बनाने में असफल रही है। उसकी स्थिति परिवार के सदस्य की होने के बजाय बाहर से आए अतिथि की हो गई है। अतिथि देवता भले ही हो, परिवार की समस्याओं में उनका हस्तक्षेप स्वागत के योग्य नहीं माना जाता। संस्कृति के अतिथि-सा व्यवहार करने वाले समतावादी विचार की अपनी

प्रामाणिकता संदिग्ध ही रहेगी।

होना तो यह चाहिए कि मनुष्य के सहज नैतिक विवेक और न्याय-चेतना को भारतीयता की अपनी विशिष्ट परम्परा के साथ संबद्ध किया जाय। इस संबद्ध भाव के साथ पूछा जाए कि हमारे संस्कार में व्याप्त 'भारतीयता' में क्या मुक्तिकारी है और क्या उत्पीड़नकारी ? यह ऐसा यक्ष प्रश्न है, जिससे मुँह चुराने का नतीजा है–आत्मदाह ! चिंतन और राजनीति जब संस्कृति के यक्ष प्रश्नों से मुँह चुराने लगें, तो वे प्रश्न प्रेत बनकर समाज के चित्त में पैठ जाते हैं, और सामाजिक व्यवहार सन्निपात के लक्षण दिखाने लगता है। वर्तमान के प्रयोजन साधने के लिए अतीत की कड़वी सचाइयों पर लीपा-पोती करना, या अतीत में कौंधती संभावनाओं की पूर्णतया उपेक्षा करना–ये दोनों अर्द्धसत्य हैं। अर्द्धसत्य हमेशा असत्य से कहीं अधिक चोट पहुँचाते हैं। हमारे भीषण वर्तमान का भी सीधा संबंध उन अर्द्धसत्यों से है; जिन्हें उन्नीसवीं सदी में गढ़ी गई भारतीयता ने आत्मसात् कर लिया था। और, जिनके कारण उसकी प्रामाणिकता आज तक संदिग्ध बनी हुई है !

मूल्य-बोध और भाव-भूमि के तौर पर परम्परा की वह अवधारणा निश्चय ही अप्रामाणिक है, जो सामाजिक संबंधों में निहित शक्ति-संघर्ष, अन्याय और दमन के सवालों पर जान-बूझकर परदा डालने की राजनीति अख़्तियार करती है। यह अवधारणा उतनी ही अप्रामाणिक है, जितनी कि औपनिवेशिक तंत्र को दैवीय इच्छा या ऐतिहासिक अपरिहार्यता मानने वाली लोकतांत्रिक चेतना। दोनों ही प्रत्यक्ष की भाषण नृशंसता पर वाग्जाल का आवरण डालती हैं। दोनों ही मूल्यपरक शब्दों का दुरुपयोग कर उन्हें संदिग्ध बना डालती हैं, और इस तरह मनुष्य की चेतना का उपनिवेशीकरण कर डालती हैं।

इसलिए परम्परा से रिश्ता विवेकपूर्ण जुड़ाव का होना चाहिए, राजनीतिक उपयोगितावाद या कोरे भावुक प्रेम का नहीं। किसी भी समाज के वर्तमान को उसके अतीत से विच्छिन्न करके नहीं समझा जा सकता। परम्परा के प्रामाणिक बोध में, अतीत को सतत वर्तमान बनाने की चिंता उतनी नहीं होती, जितनी कि परम्परा और समकालीन अनुभव–दोनों के धरातल पर मनुष्य के लिए प्रशस्त अवकाश अर्जित करने की। ऐसी प्रशस्तता का कोई प्रयत्न संस्कृति-विशेष की विलक्षणताओं की उपेक्षा नहीं कर सकता। वैयक्तिक और सामाजिक न्याय परम्परा के बाहर खड़े होकर 'दिया' नहीं जाता, इसे परम्परा का संधान करते हुए अर्जित करना होता है। घर को सुधारना हो, तो आप अतिथि नहीं बने रह सकते। परम्परा में सार्थक हस्तक्षेप करना हो तो आप उसकी समस्याओं और संभावनाओं की उपेक्षा नहीं कर सकते। इस लिहाज से देखें तो भारतीय परम्परा में मनुष्य और प्रकृति के बीच मूल्याश्रित विभेद जिस धरातल पर नहीं मिलता, उसे वही परम्परा पारमार्थिक कहती है और जिस धरातल पर भेद-ही-भेद

मिलते हैं, उसे व्यावहारिक। दोनों ही सत्य हैं, इसलिए परस्पर अविरोधी हैं, इसलिए चींटी को आटा खिलाना भी धर्म है, तो किसी मनुष्य को अछूत मानना भी।

इस द्वैत को स्वाभाविक मानने की आदत हमारी परम्परा और संस्कृति का हिस्सा है, तो इससे संघर्ष के प्रयास भी परम्परा के ही अंग हैं। इसी मायने में गाँधी जी परम्परा के विस्तार थे, लेकिन ऐसा विस्तार जिसकी मौलिकता असंदिग्ध है। कबीर, नरसी मेहता, तुकाराम जैसे संतों ने अपने ढंग से पारमार्थिक और व्यावहारिक के द्वैत को तोड़ा था। यदि सभी मनुष्य ब्रह्म का ही रूप हैं, यदि ईश्वर ही जग-जीवन है, तो छुआछूत क्यों ? यदि ईश्वर प्रेमस्वरूप है, तो जगत् के सामाजिक संबंध इतने विद्वेषरंजित क्यों ? यदि परखा हुआ सत्य ही धर्म है, तो संसार में पाखंड का ऐसा पसारा क्यों ? ये सवाल संतों ने पूछे थे। इसी अर्थ में गाँधीजी कहते थे, "सत्य और अहिंसा के सिद्धांत उतने ही पुराने हैं, जितनी कि यह सृष्टि।" लेकिन ऐसे सवाल सिर्फ भक्त को नहीं, सारे समाज को भी पूछने चाहिए–यह गाँधीजी का अपना योगदान था। जाति-प्रथा से लेकर विदेशी शासन तक दासता के हर स्रोत की पहचान और आलोचना का स्वाभाविक परिणाम होना चाहिए–संगठित प्रतिरोध। सत्य केवल आंतरिक खोज का ही नहीं, सामाजिक खोज का भी विषय है; इसलिए सत्याग्रह सिर्फ़ आत्म-शुद्धि का ही नहीं, समाज-शुद्धि का भी माध्यम है–यह परम्परा में गाँधीजी का अपना हस्तक्षेप था–विनम्र और सशक्त हस्तक्षेप। ऐसा हस्तक्षेप वे नहीं कर सकते, जो जगत्-गुरु होने के अभिमान में कूपमंडूक बने बैठे रहें। ऐसे हस्तक्षेप के मर्म को वे समझ भी नहीं सकते, जो गाँधीजी के विचार और व्यवहार की पारस्परिकता की उपेक्षा कर उन्हें केवल उद्धरणों के एक पुंज की तरह पढ़ना चाहें। परम्परा और आस्था पर गर्व यदि आलोचनात्मक विवेक से संपन्न न हो, तो वह समूची परम्परा को अंधों के हाथी, बल्कि कभी-कभी जानलेवा चट्टान में भी तब्दील कर देता है। परम्परा से गाँधी जी का रिश्ता ऐसे खोखले गर्व का नहीं, सच्चे जुड़ाव से दर्द का रिश्ता था। सतही प्रेम का नहीं, गहरे विवेक का रिश्ता। स्वदेशी के संदर्भ में रवींद्रनाथ ठाकुर से बहस करते हुए गाँधीजी ने लिखा था–

"हमें अपना विवेक किसी के हवाले नहीं कर देना चाहिए। प्रेम के सामने अंधसमर्पण बहुधा तानाशाह के सामने किए गये समर्पण से ज़्यादा नुकसानदेह होता है। ताकत के ग़ुलाम के लिए तो थोड़ी बहुत उम्मीद फिर भी है, प्रेम के गुलाम के लिए कोई नहीं !"

उपरोक्त उद्धरण में प्रेम की जगह परम्परा रख दें, तो बात समकालीन संदर्भ में और भी प्रखर और प्रेरणाप्रद हो उठती है।

संदर्भ

1. देखें 'सत्यार्थ प्रकाश', दयानंद संस्थान, नयी दिल्ली, सं. 2031 वि., पृ. 52-53
2. वही, पृ. 238
3. 'स्वर्ग में विचारसभा का अधिवेशन'–भारतेंदु के निबंध, बनारस, सं. 2008 वि., पृ. 113
4. 'इन्द्रप्रस्थ भारती', जुलाई-सितंबर, 1991, पृ. 8

इस माहौल में विवेकानंद

विवेकानंद का नाम सुनते ही औसत हिंदू दिमाग में क्या तस्वीर उभरती है ? गेरुआ वस्त्रधारी, सुदर्शन, तेजस्वी संन्यासी, जिसने सितम्बर, 1893 की शिकागो धर्मसंसद में हिंदू धर्म की महानता और मनीषा के झंडे गाड़ दिए। हिंदू होने पर शरमाने की बजाय गर्व करना सिखाया और साबित किया कि हम किसी से कम नहीं। यह तस्वीर असत्य नहीं, अर्द्धसत्य है। इसकी व्यापक लोकस्वीकृति का कारण भी असल में इसका अधूरापन ही है। अपने धर्म पर गर्व विवेकानंद अवश्य करते थे। इस गर्व का, राजनीतिक रूप से पराधीन समाज के लिए, अर्थ भी बहुत ज़्यादा था। मामला राजनीतिक पराधीनता के बावजूद सांस्कृतिक स्वाभिमान बनाए रखने का था। लेकिन विवेकानंद का स्वाभिमान कूपमंडूकों के आत्मविश्वास से तो भिन्न था ही; उन पक्षियों के आक्रामक गर्व से भी अलग था, जिनकी सभा में दोपहर अँधेरी होती है।

विवेकानंद की समग्र चिंता और गतिविधि को एक अधूरी तस्वीर तक सीमित भी तो वे ही लोग करना चाहते हैं, जो तीखे सवालों की चिलकती धूप के अस्तित्व तक से इंकार करने के इच्छुक हैं। ऐसे विवेकानंद उनके काम के हैं, जो हिंदुत्व पर गर्व करना सिखाएँ। लेकिन शूद्रराज और समाजवाद की बातें करने वाले विवेकानंद ? कर्मयोगी की नैतिकता का आधार आस्तिकता को नहीं, सामाजिक न्याय के संघर्ष को मानने वाले विवेकानंद ? वे तो झंझट पैदा करेंगे। सो, उनकी अधूरी तस्वीर को ही सब कुछ मानो। संन्यासी की तेजस्विता पर गर्व करो, लेकिन उस आत्म-संघर्ष और आलोचनात्मक विवेक से कोई वास्ता न रखो, जिससे तेजस्विता संभव हुई। विवेक की जीवंत उपस्थिति को जड़ प्रतिमा बना दो और चुनिंदा तारीखों पर फूलमाला अर्पित कर दो। यही नहीं, इस प्रतिमा के ज़रिए, ऐसे सवालों का मुँह बंद कर दो, जिनसे विवेकानंद तब टकराए और सौ बरस बाद आज भी टकराते। परम्परा के अपहरण की इस राजनीति के शिकार विवेकानंद अकेले नहीं हैं। इसीलिए सवाल सिर्फ उनका न होकर सारी सांस्कृतिक विरासत को समझने और उसे मुक्ति की दिशा में विकसित करने का है। स्वयं विवेकानंद के शब्दों में, "ताकत के बूते निर्बल की असमर्थता का फायदा उठाना धनी-मानी वर्गों का विशेषाधिकार

रहा है, और इस विशेषाधिकार को ध्वस्त करना ही हर युग की नैतिकता है।"[1]

विवेकानंद धार्मिक व्यक्ति थे, राजनीतिक नहीं। राजनीति से उनकी विरक्ति तो "खबरदार, मुझे छूना मत" किस्म की थी। इसीलिए यह और भी ध्यान देने की बात है कि वे नैतिकता की परिभाषा विशेषाधिकार पर आधारित सत्तातंत्र के ख़िलाफ़ संघर्ष के रूप में करते हैं। तो क्या विवेकानंद धर्म का सिर्फ इस्तेमाल कर रहे थे ? जो व्यक्ति यह कहे कि "भूखे के सामने भगवान पेश करना उसका अपमान है", वह कैसा धार्मिक व्यक्ति था ? जो व्यक्ति यह पूछे कि "धर्म को सामाजिक नियमों से क्या प्रयोजन ?" और फिर कहे कि "धर्म को कोई हक नहीं कि समाज के नियम गढ़े। उसे चाहिए कि अपनी हद में रहे।" उसे क्योंकर धार्मिक माना जाये। ख़ास कर आज के माहौल में, जबकि 'साधु-संत' खुले आम राजनितिक उठा-पटक में लगे हुए हैं। आख़िर विवेकानंद के लिए धार्मिक होने का मतलब क्या था ? उनकी कठोर सामाजिक आलोचना और सक्रियता का धार्मिकता से किस प्रकार का संबंध था ? ऐसे सवालों के संदर्भ में विवेकानंद का अर्थ समझने के लिए रामकृष्ण परमहंस को समझना अनिवार्य है। साथ ही उस परिवेश के बुनियादी सवालों को भी, जिसकी बेचैनी विवेकानंद के धर्म में वाणी पा रही थी। ऊपर से देखें तो गुरु-शिष्य दो विपरीत छोरों पर थे। विवेकानंद सुदर्शन, बलिष्ठ युवक थे, तो परमहंस क्षीणकाय। विवेकानंद अंग्रेज़ी पढ़े-लिखे भद्रलोक थे, तो रामकृष्ण दक्षिणेश्वर मंदिर के साधारण शिक्षित पुजारी। विवेकानंद संशयवादी, बुद्धिवादी थे, तो परमहंस आस्थावान साधक।

रामकृष्ण की साधारणता ही उनकी असाधारणता थी। वे बहुत सहज रूप से विवेकानंद (जो तब तक नरेंद्र ही थे) के सीधे सवाल का सीधा जवाब दे सकते थे, "हाँ, मैंने ईश्वर को देखा है। ऐसे ही, जैसे इस वक़्त तुम्हें देख रहा हूँ।" बँधे-तुले धर्म और महीन तर्क के प्रति उदासीन निजी अनुभव पर आधारित यह आत्म-विश्वास रामकृष्ण परमहंस को मध्यकालीन भक्तों की परम्परा से जोड़ता है। रूढ़िवादी शास्त्र-धर्म के विरुद्ध जो लोकधर्म भक्तों की बानी में रचा-बसा है, रामकृष्ण परमहंस का व्यक्तित्व उसी लोकधर्म का मूर्त रूप था। साधना के नितांत निजी धरातल तक परमहंस ने हर धर्म–हिंदू, इस्लाम, ईसाई–को अपनाया था। वे संवादी सबके थे, अन्धानुयायी किसी के नहीं।

भक्ति-संवेदना की विलक्षणता यही है कि उसने प्रेम को ही आधार माना–भक्त और भगवान् का संबंध हो या मनुष्य और मनुष्य का। रामकृष्ण परमहंस के व्यक्तित्व में इस विलक्षणता ने प्रामाणिक और समकालीन अर्थ पाया तथा विवेकानंद के कर्म में व्यावहारिक विस्तार। विवेकानंद जब नारायण को दरिद्र में देखते थे, दरिद्र नारायण की सेवा को ही धर्म का सार कहते थे, तो वे उनके अपने शब्दों में "गुरु के उपदेश को जीवन में उतारने की चेष्टा" ही कर रहे थे। यह उपदेश

बहुत गहरे अहसास के रूप में मिला था, युवक नरेंद्र को। जब उन्होंने निर्विकल्प समाधि पाने की साधक-सुलभ इच्छा प्रकट की, तो गुरु ने उन्हें झिड़क दिया, "धिक्कार है तुम्हें। मैं समझता था, तुम असंख्य आत्माओं के वटवृक्ष बनोगे, तुम केवल अपना स्वार्थ विचार रहे हो।"[2]

परमहंस केवल नरेंद्र को धिक्कार रहे थे या उस समूचे बोध को, जिसके लिए धार्मिक होने का अर्थ था—सामाजिक यथास्थिति का सहायक होना या फिर केवल अपने मोक्ष की चिंता करना। यह धिक्कार नरेंद्र के लिए इस सचाई का साक्षात्कार बना कि मुक्ति अकेले को नहीं मिला करती। वे धर्म को किसी राजनीतिक प्रोजेक्ट के लिए इस्तेमाल नहीं कर रहे थे, वे निस्संदेह धर्म को जी रहे थे, लेकिन उसे नया अर्थ देते हुए। जड़ता के स्थान पर संघर्ष से धर्म को परिभाषित करते हुए। विवेकानंद उन भाग्यवानों में से नहीं थे, जिन्हें हर सवाल के तैयार जवाब मिल जाते हैं, वे उन अभागों में से भी नहीं थे, जो ऐसे रेडीमेड जवाबों को जीवन, धर्म और संस्कृति का सार मान बैठते हैं। उन्होंने न तो धर्म की प्रचलित अवधारणा स्वीकारी, न देश का चालू विचार। उन्होंने सचमुच भारत की खोज की—पूरे दो बरस देश के कोने-कोने में घूमकर उन्होंने भारतीय समाज की ताकत और कमज़ोरी को परखा। इस परख के ही क्रम में वे स्वयं को भी परख सके। जो लोग समझते हैं कि विवेकानंद को सारा बोध कन्याकुमारी के तट पर एक ही रात में हासिल हो गया, वे विवेकानंद की आंतरिक-बाह्य खोज के मर्म को समझ ही नहीं सकते।

सन् 1891 में पैर में चक्कर लेकर निकले तेजस्वी संन्यासी विवेकानंद ने सब कुछ त्याग दिया था। सब कुछ त्याग देने का नुकसान भी होता है। वह यह कि व्यक्ति स्वयं को बहुत ऊपर समझने लगता है। 'पवित्र' होने के नाते उसे उन सबसे घृणा का अधिकार प्राप्त हो जाता है, जिन्हें वह स्वयं अपवित्र मानता हो। अप्रैल, 1891 में स्वमी विवेकानंद खेतड़ी नरेश के अतिथि थे। एक दिन ऐसा हुआ कि एक वेश्या को गाना सुनाने के लिए तलब किया गया। पवित्र संन्यासी क्षुब्ध होकर कमरे से चले गए। दुनियादार लोगों की वासना और तिरस्कार की आदी स्त्री को पवित्र संन्यासी का यह तिरस्कारपूर्ण रवैया बहुत गहरे चुभा और यह चुभन उसने व्यक्त की, सूरदास के पद में, "प्रभु मोरे अवगुन चित न धरो।"—यह विवेकानंद के पवित्रतावादी अहंकार के विगलन का क्षण था।[3] उसके बाद वे कभी लांछितों, वंचितों और दलितों के प्रति सामाजिक तिरस्कार में हिस्सा नहीं बँटा सके। बल्कि इन लोगों के लिए उनकी करुणा समाज के 'पवित्र' भद्रलोक की कठोरतम आलोचना में व्यक्त हुई।

विवेकानंद संभवतः अपने समय के अकेले सवर्ण कुलोत्पन्न विचारक थे, जिन्होंने भारत के उच्च वर्ग और सवर्ण समाज को बतौर सामाजिक समूह के ऐसी लगती हुई बातें कहीं, "शुद्ध आर्य रक्त का दावा करने वालो, दिन-रात प्राचीन

भारत की महानता के गीत गाने वालो, जन्म से ही स्वयं को पूज्य बताने वालो, भारत के उच्च वर्गो, तुम समझते हो कि तुम जीवित हो ! अरे, तुम तो दस हज़ार साल पुरानी लोथ हो···तुम चलती-फिरती लाश हो···मायारूपी इस जगत् की असली माया तो तुम हो, तुम्हीं हो इस मरुस्थल की मृगतृष्णा···तुम हो गुज़रे भारत के शव, अस्थि-पिंजर···क्यों नहीं तुम हवा में विलीन हो जाते, क्यों नहीं तुम नये भारत का जन्म होने देते ?"[4]

विवेकानंद समकालीन राजनीति से दूर ही रहते थे, लेकिन उनका धर्म सामाजिक सत्ता के सवाल से लगातार टकराता था। यही कारण है कि राजनीति से कोई वास्ता न रखने वाले स्वामी विवेकानंद बार-बार राजनीतिकर्मियों के प्रेरणास्रोत बने, और यही कारण है कि शोषणकारी समाजसत्ता को बनाए रखने के इच्छुक लोग विवेकानंद को हथियाने की कोशिश बार-बार करते रहे और अब भी कर रहे हैं, ताकि उनकी प्रखर सामाजिक चेतना को छद्म राष्ट्रवाद के हित में इस्तेमाल किया जा सके। इस ख़तरे का अहसास स्वयं विवेकानंद को था। इसीलिए उन्होंने कहा था, "लोग देश-भक्ति की बातें करते हैं। मैं देश-भक्त हूँ, देश-भक्ति का मेरा अपना आदर्श है।···सबसे पहली बात है, हृदय की भावना। क्या भावना आती है आपके मन में, यह देखकर कि न जाने कितने समय से देवों और ऋषियों के वंशज पशुओं-सा जीवन बिता रहे हैं ? देश पर छाया अज्ञान का अंधकार क्या आपको सचमुच बेचैन करता है ?···यह बेचैनी ही देश-भक्ति का पहला कदम है।"[6]

ग़रीबी, शोषण और अज्ञान के अहसास से बेचैन होना ही देश-भक्ति का पहला प्रमाण है–पिछले सौ साल में इस कसौटी की प्रासंगिकता बढ़ी ही है। इस माहौल में, जबकि सामाजिक न्याय और देश-भक्ति को अलग-अलग किया जा रहा है, जबकि राष्ट्रवाद को आक्रामकता और घृणा का पर्याय बनाया जा रहा है, तब यह क़सौटी सच्ची देश-भक्ति और छद्म-राष्ट्रवाद के बीच अंतर करने के लिए बहुत ज़रूरी है। इन असली सवालों को राजनीतिक एजेंडा से ग़ायब ही कर देने को जो लोग राष्ट्रवाद कहते हैं, और फिर विवेकानंद के नाम की माला जपते हैं, वे सचमुच धन्य हैं और धन्य है पाखंड कर सकने की उनकी क्षमता।

विवेकानंद के समय को हम नवजागरण का समय कहते हैं। उनके परिवेश की बुनियादी समस्या यही थी। भारतीय समाज का सामाजिक-सांस्कृतिक नवजागरण। कैसे यह महादेश अपनी सांस्कृतिक पहचान फिर से प्राप्त करे ? कैसे यह विराट् जनसमुदाय सामाजिक स्पंदन प्राप्त करे ? कौन-सी बाधाएँ हैं इस संभावना के रास्ते में ? कौन-सा सामाजिक तबका हटा पाएगा इन बाधाओं को ? हमारे अपने समय में भी ये सवाल अप्रासंगिक नहीं हो गए हैं, बल्कि पिछले सौ साल के अनुभवों ने कुछ नए सवाल और खड़े कर दिए हैं। विकास का अर्थ

और उसकी कसौटी क्या है ? भारतीयता की पहचान क्या है ? दलितों, स्त्रियों की कोई हिस्सेदारी सामाजिक सत्तातंत्र में होनी चाहिए या नहीं ? यदि हाँ, तो कैसे ? यदि नहीं, तो क्यों नहीं ? धर्म की मनुष्य के अंतर्जगत् तथा सामाजिक जीवन में क्या भूमिका है ? हम अपने समाज की किस बात पर गर्व करें और किसके ख़िलाफ़ संघर्ष ? ये सवाल हमारे वर्तमान को गहरे में मथ रहे हैं। इस मंथन के माहौल में हम विवेकानंद की बेचैनी से क्या हासिल कर सकते हैं ? उनकी भावनाओं तथा विचारों की हमारे वक़्त में दिशा कौन-सी हो सकती है ? परम्परा को समझने के असली सवाल ये ही हैं, और इन्हीं को भुलाने की कोशिश वे लोग करते हैं, जो विवेकानंद जैसी बेचैन मेधा को एक अधूरी तस्वीर में बदलने का अनुष्ठान कर रहे हैं।

'कर्मयोग का आदर्श' नामक प्रसिद्ध व्याख्यान में विवेकानंद ने कर्मयोग की विलक्षण परिभाषा की, "इस प्रकार कर्मयोग निःस्वार्थ सद्कर्मों द्वारा मुक्ति प्राप्त करने का नैतिक और धार्मिक प्रयत्न है। कर्मयोगी के लिए ज़रूरी नहीं कि वह किसी सिद्धांतविशेष का अनुगमन करे, आत्मा आदि के सवालों पर विचार करे। भगवान में विश्वास करना तक कर्मयोगी के लिए अपरिहार्य नहीं है।"[6] यह इस कारण, क्योंकि विवेकानंद के अनुसार जीवन का मूल प्रतिमान आस्तिकता नहीं, बल्कि नैतिकता है, और नैतिकता का सार है—स्वतंत्रता के लिए संघर्ष, शोषण को विशेषाधिकार मानने वाली व्यवस्था के विनाश के लिए संघर्ष।

विवेकानंद ने हिंदू समाज के संदर्भ में इन सारे सवालों पर विचार किया। दासता का स्रोत, उनके अनुसार, कूपमंडूकता और जाति-प्रथा में निहित था। वे अपने समाज से सच्चा प्यार करते थे। इसलिए झूठे गर्व के ज़रिए लोगों को भरमाने की बजाय ताकत और कमज़ोरी को ठीक-ठीक पहचानने का प्रयत्न करते थे। कूपमंडूकता और जाति-प्रथा के ज़रिए समाज की छाती पर सवार उच्च वर्ग को धिक्कारते हुए विवेकानंद राष्ट्रीय पुनर्निर्माण के लिए बने-बनाये राष्ट्रवाद की पोटली उठा लाने के लिए नहीं दौड़ पड़ते थे। वे जानते थे कि राष्ट्र दरिद्रनारायण में निवास करता है, और उसे "जागना है—हलधर किसान के झोंपड़े से, मछुआरे की कुटिया से, नीची जातियों के बीच से···राष्ट्र को जागना है—कारख़ानों और बाज़ारों से, जंगलों और पहाड़ों के निवासियों के बीच से। इन साधारण लोगों ने हज़ारों बरस अत्याचार सहे हैं, और इसी कारण उन्हें रक्तबीज जैसी विलक्षण जीवनी-शक्ति प्राप्त हो गई है···उन्हें आधी रोटी भी मिल जाए, तो ऐसी ऊर्जा उपजेगी उनके बीच, जो सारी दुनिया को हिलाकर रख देगी। भारत के उच्च वर्गो, अतीत के अस्थिपिंजरों। ये जनसाधारण ही हैं आने वाले भारत के भाग्यविधाता।"[7]

इस आने वाले भारत की व्यवस्था की कल्पना विवेकानंद शूद्रराज के रूप में करते थे। शूद्र शब्द का प्रयोग भी वे केवल जातिवाचक अर्थ में नहीं, शोषित

वर्ग के अर्थ में करते थे। उन्होंने उपनिवेशवाद के बारे में कहा था कि "इसके कारण समूचे-के-समूचे राष्ट्र शूद्र दशा में पहुँच गए हैं।" वे इतिहास को ब्राह्मण राज, क्षत्रिय राज, और अपने समकालीन समय को वैश्यकाल के रूप में देखते हुए आने वाले समय में शूद्रराज, अर्थात् दलितों, शोषितों के राज को अपरिहार्य मानते थे। विवेकानंद संभवतः पहले भारतीय थे, जिन्होंने स्वयं को सामाजिक-आर्थिक अर्थ में 'समाजवादी' कहा, बेशक इस सावधानी के साथ कि–"भले ही समाजवाद आदर्श व्यवस्था न हो, लेकिन न कुछ से तो बेहतर ही है।"

विवेकानंद का विरोधाभास यह था कि वे जनसाधारण को ग़ैर-राजनीतिक रखना चाहते थे, जो कि संभव ही नहीं था। सामाजिक-सांस्कृतिक दासता के स्रोत पर चोट ही तो असली राजनीतिक कार्यवाही है। जो यह चोट करना चाहे, वह स्वयं राजनीति से कितना ही दूर भागे, राजनीति उसे कहाँ भागने देगी ? इस बात को ध्यान में रखते हुए सोचना चाहिए कि इस वर्तमान में विवेकानंद के विचारों की दिशा क्या हो सकती है ?

विवकोनंद कवि भी थे। अपने अंतर्द्वंद्वों से वे कई बार कविता में ही टकराते थे। वे सच्चे धार्मिक व्यक्ति थे, सो कई बार उनके मन में नितांत वैयक्तिक साधना की इच्छा बलवती हो उठती थी। दरिद्रनारायण की सेवा के गुरुमंत्र और वैयक्तिक साधना के इस द्वंद्व से विवेकानंद बार-बार टकराते दीखते हैं–कविताओं में, व्यक्तिगत पत्रों में, यहाँ तक कि सार्वजनिक लेखों, भाषणों तक में। इस सारे आत्मसंघर्ष के बाद हम उनके जीवन में अंततः वही सचाई उभरती देखते हैं, जिसे रोमाँ रोलाँ ने ये शब्द दिए हैं : "हाँ, विवेकानंद जैसा कवि बार-बार इस नर्क में लौटने को बाध्य है। यह उसकी नियति ही है, जीने का एकमात्र तर्क ही है–बार-बार जन्म लेना, इस नर्क की ज्वाला से संघर्ष करना, उससे झुलसते जनों में प्राण फूँकना, उन्हें बचाने के लिए स्वयं अपनी आहुति दे देना ही उसका धर्म है।"[8] 'धर्म' की इस समझ के कोण से देखें, तो विवेकानंद वहाँ नहीं हैं, जहाँ खोखले, आक्रामक 'गर्व' की टकसाल में हिंदू राष्ट्र का खोटा सिक्का ढाला जा रहा है। बल्कि वे वहाँ हैं, जहाँ उनकी कल्पना के शूद्रराज की संभावनाएँ टटोली जा रही हैं। विवेकानंद उन लोगों के साथ कैसे हो सकते हैं, जो 'इस नर्क की ज्वाला' में और ईंधन डाल रहे हैं ? कैसे हो सकते हैं वे उनके साथ, जो करोड़ों वंचितों को आपस में लड़ाकर धर्म और देश-भक्ति का नाम लेने का दुस्साहस करते हैं ? हमारे माहौल में दासता के स्रोत क्या हैं ? उसके नए-नए रूप कौन-से हैं ? मुक्ति की संघर्ष-यात्रा किस रास्ते चलेगी ? जो ये सवाल सच्चे मन से पूछे, विवेकानंद की परिभाषा पर खरे उतरने वाले देश-भक्त और कर्मयोगी वही हैं। ऐसे लोग विवेकानंद के प्रतिमा-पूजक हों या न हों, उनके विचारक्रम में हमराही अवश्य हैं। इस माहौल में विवेकानंद के सच्चे उत्तराधिकारी महंत, मठाधीश और राजमाताएँ नहीं, शंकर

गुहा नियोगी और मेधा पाटेकर सरीखे लोग हैं। वे किसान, मज़दूर, दलित, स्त्रियाँ तथा नौजवान हैं, जो शोषण-मुक्त समाज की स्थापना और मानवीय गरिमा की प्रतिष्ठा के लिए इस नर्क की ज्वाला से जूझ रहे हैं।

संदर्भ

1. स्वामी विवेकानंद, 'कम्पलीट वर्क्स' मायावती संस्करण, कलकत्ता, 1950, खंड-1, पृ. 434-35.
2. सत्येंद्रनाथ मजूमदार, 'विवेकानंद चरित', नागपुर, 1967. पृ. 161.
3. रोमाँ रोलाँ, "दि लाइफ ऑफ विवेकानंद एण्ड दि यूनिवर्सल गॉस्पेल", कलकत्ता, 1965, पृ. 24-25. तथा मजूमदार, पूर्वोक्त, पृ. 313-4.
4. स्वामी विवेकानंद, 'कम्पलीट वर्क्स' (खण्ड-7), पृ. 354.
5. विनय रॉय द्वारा उद्धृत, 'सोशियो पॉलिटिकल व्यूज़ ऑफ विवेकानंद'–पी. पी. एच., नयी दिल्ली, 1983, पृ. 54-55.
6. 'सेलेक्शंस फ्रॉम स्वामी विवेकानंद', कलकत्ता, 1957, पृ. 30.
7. 'कम्पलीट वर्क्स', (खण्ड-7), पृ.–309-10.
8. रोमाँ रोलाँ, 'विवेकानंद' लोकभारती, इलाहाबाद, 1993, पृ. 105.

सीता, शंबूक और हम

सीता और शंबूक के भाग्य की याद एक साथ क्यों आए ? सीता तो मर्यादा पुरुषोत्तम राम की जीवनसंगिनी, पूज्या राजरानी, बल्कि देवी थीं, और शंबूक तुच्छ शूद्र ! सीता भारतीय जीवन के सशक्त प्रतीक चरित्रों में से एक हैं। हर हिंदू स्त्री से उम्मीद की जाती है कि वह सीता-सावित्री के चरण-चिह्नों पर चले। दूसरी ओर हमारे समाज का प्रभु वर्ग शंबूक का नाम तक भुलाने की कोशिश करता आया है। इस दौर में भी, जबकि रामानंद सागर से लेकर लालकृष्ण आडवाणी तक अपने-अपने उल्लू सीधे करने के लिए राम-भक्त बनने की कोशिश कर रहे हैं, ऐसा नहीं लगता कि शंबूक की फिक्र किसी को हो। शंबूक का वध स्वयं मर्यादा पुरुषोत्तम के कर-कमलों से हुआ था, क्योंकि वह मर्यादा का उल्लंघन कर रहा था। शूद्र होकर भी मोक्ष-प्राप्ति की कामना से तपस्या करने की जुर्रत ! इसी कारण तो राम-राज्य में यह अनर्थ हुआ कि ब्राह्मण शिशु अकाल मृत्यु का ग्रास बन गया। गुरु वशिष्ठ की आज्ञा से राम ने 'शूद्रमुनि' का सर तलवार से उड़ा दिया और अनर्थ टल गया। ब्राह्मण शिशु जी उठा, रामराज्य की मर्यादा फिर से स्थापित होकर ही रही।

सीता के साथ शंबूक का भाग्य इसी मर्यादा के धागे से जुड़ता है। आजकल इसे 'राष्ट्रीय गौरव', 'समाज की इज़्ज़त', 'बिरादरी की नाक', 'पंचायत का फ़ैसला' सरीखे नामों से भी पुकारा जाता है। श्रेष्ठ पुरुष इसी के लिए सब-कुछ करते हैं। सीता को शायद खुशफ़हमी थी कि राम ने रावण से युद्ध प्रेम के कारण किया, लेकिन युद्धोपरांत मर्यादा पुरुषोत्तम ने संदेह की कोई गुंजाइश नहीं छोड़ी। वाल्मीकि के शब्दों में, उन्होंने स्पष्टतः कहा कि "युद्ध मैंने कुल-मर्यादा की रक्षा के लिए किया था। तुम अब स्वतंत्र हो। चाहो तो लक्ष्मण के साथ रहो, चाहो तो किसी और के साथ। रावण की बंदिनी रहने के कलंक के बाद मुझे तुमसे क्या मतलब ?" देवताओं के त्राहि-त्राहि करने पर राम ने सीता को अपना तो लिया, लेकिन उनके पतिव्रत धर्म की अग्नि-परीक्षा लेने के बाद ही। अयोध्या लौटने पर राम को मालूम पड़ा कि उनकी जगहँसाई हो रही है, क्योंकि अग्नि-परीक्षा अयोध्यावासियों ने अपनी आँखों तो देखी नहीं थी। अब अनिवार्य था कि आग में परखी गयी सीता को

घर से निकाल दिया जाए। सो, जीवन-भर स्वप्न में भी परपुरुष की कल्पना न करने, रावण के आतंक और प्रलोभन–दोनों की उपेक्षा करने का पुरस्कार सीता को मिला–लांछन, कलंक और वनवास ! यह और बात है कि नोट और वोट की राम-भक्ति के इस युग में टी. वी. रामायण के महर्षि ऐसा जताएँ, जैसे कि सीता स्वयं इस अपमान के लिए व्याकुल थीं। सचाई यही है कि वनवास के निर्णय की सूचना तक सीता को वन में ही ले जाकर लक्ष्मण ने दी थी, और आहत सीता कुररी चिड़िया की तरह बिलख उठी थीं।

सीता और शंबूक अलग-अलग संदर्भों में मर्यादा के लिए चुनौती बन गए थे। संदर्भ अलग थे, लेकिन कारण असल में एक ही था। दोनों ने अपने-आप को 'स्त्री' और 'शूद्र' भर नहीं, मनुष्य समझना चाहा। एक ने बतौर 'स्त्री' के अपने प्रेम पर विश्वास किया, अपनी पवित्रता सिद्ध करने की कोशिश की। दूसरे ने बावजूद 'शूद्र' होने के, तपस्या करने की जुर्रत की। दोनों ही अपराध व्यक्तिगत न होकर परिभाषागत थे। सरल शब्दों में कहें, सीता और शंबूक, दोनों का अपराध था–अपनी औकात से बाहर जाना। सीता स्वेच्छा से रावण के साथ नहीं गयी थीं–लेकिन स्त्री की 'पवित्रता' तो ऐसी चीज़ है जिसे तय करने और जाँचने का काम करना है सामाजिक सत्ता को। उस सत्ता को, जो स्त्री को देवी कहकर छलता है और उसके शरीर, मन और व्यक्तित्व पर उसका कोई अधिकार स्वीकार नहीं करता। शंबूक कोई चोरी-डकैती करता नहीं मारा गया था, लेकिन शूद्र होकर पुण्यात्मा बनने के सपने देख रहा था। औकात भूलने के इसी अक्षम्य अपराध के धागे से सीता और शंबूक का भाग्य जुड़ा हुआ है। विडंबना यह है कि मर्यादा और परिभाषा के इस खेल में राम की औकात भी कठपुतली की ही है, खेल के धागे उनके भी हाथ में नहीं हैं।

सीता और शंबूक के भाग्य का यह जुड़ाव त्रेतायुग के साथ समाप्त नहीं हो गया, और न ही समाप्त हुई है राम की विडंबना। परिभाषाओं पर एकाधिकार रखने वाली सत्ता की निगाह में अभी भी स्त्रियों और कमेरों की क्या हैसियत है, सो हम जानते हैं। बीच-बीच में कोशिशें ज़रूर हुई हैं कि परिभाषा करने का सवर्ण पुरुष का एकाधिकार टूटे। दरअसल इन्हीं कोशिशों का नाम इतिहास है। और इन कोशिशों को ज़ारी रखने का मतलब है–सतत आत्मावलोकन। परम्परा से सत्ता आयी है–सवर्ण पुरुष-प्रधान तंत्र के हिस्से और मर्यादा की जिम्मेवारी आयी है–शूद्र और स्त्री के हिस्से। सीता और शंबूक की संतानों के लिए असली संघर्ष सत्ता के सार और स्वरूप को फिर से परिभाषा करने का ही है।

यह संघर्ष हमेशा ही संगठित और प्रत्यक्ष रूप से विचारपरक हो, ऐसा नहीं है। कई बार तो इस संघर्ष के नायक-नायिकाओं को परास्त होने तक यह ज्ञात ही नहीं हो पाता कि उनकी ट्रैजिडी केवल व्यक्तिगत नहीं, परिभाषागत है। किशोर

वय का प्रेम एक ऐसा ही संघर्ष है। या कम-से-कम सामाजिक सत्ता द्वारा निर्मित 'कॉमनसेंस' के ख़िलाफ़ एक विद्रोह तो अवश्य है। इसीलिए असफल होकर यह 'लरिकाई को प्रेम' कविता के जरिए सांस्कृतिक स्मृति में सुरक्षित रखा जाता है, लेकिन सफल होकर वह स्वयं परिभाषाओं में आत्मसात् कर लिया जाता है। सत्ता, परिभाषा, मर्यादा और प्रेम के इसी तनाव का नतीजा है कि मर्यादा की संस्थाएँ प्रेम के मामले में बहुत सजग-सावधान रहती हैं।

बहुत-से लोग मानते हैं कि 'पंचों के मुँह से परमेश्वर बोलते हैं।' प्रेमचंद ने अलगू चौधरी और जुम्मन शेख को यही अनुभव कराया था। लेकिन पंचों के मुँह से ज़्यादातर तो सत्ता के ही परमेश्वर बोलते हैं। कभी मीठे बोल, तो कभी यमराज का बुलावा, जैसे–कुछ ही समय पहले (मार्च, 1991) मेहसाना के पंचों के मुँह से बोले। मेहसाना के पंच बोले और उनके बोलने पर देश के पंच मौन रहे। इस बोलने और चुप हो जाने के आपसी रिश्ते को समझना ज़रूरी है।

पंद्रह साल की एक जाट लड़की रोशनी प्रेम करने लगी, किसी जाट लड़के से ही। दोनों गाँव से भाग लिए। इसमें उनकी मदद की दो जाटव लड़कों ने। पंचायत बैठी। बावजूद लड़की की तमाम गुहारों के, जाट लड़का तो तस्वीर से ग़ायब कर दिया गया। अपराधी माने गए स्त्री और शूद्र। इन्हीं ने गाँव की नाक कटाई है। इन्हें फाँसी पर लटका दिया जाए–पंचों ने फैसला सुनाया। पंचायत का फैसला, परमेश्वर की आवाज़। मर्यादा को चुनौती देने वाले तीनों पापियों को अंततः प्राण देने ही पड़े। और वह जाट लड़का ? उसे समझा-बुझा देंगे, वैसे भी 'समरथ को नहिं दोष गुसाईं।'

मनुष्य की व्यक्तिगत और संस्थाबद्ध क्रूरता कोई अनहोनी बात नहीं है। मर्यादा के आग्रहों के साथ मिलकर तो यह क्रूरता एक तरह की नैतिकता ही बन जाती है। लेकिन परिभाषाओं का जो संघर्ष इतिहास में चलता रहता है, उसके कारण मर्यादा के सवालों पर समाज में बार-बार आलोड़न होता रहता है। हमारे समाज की विशिष्ट ऐतिहासिक स्थिति के कारण हमारे यहाँ तो यह आलोड़न और भी प्रखर रहा है। इसकी अभिव्यक्ति सामाजिक सुधारों के आंदोलनों, सांस्कृतिक प्रयत्नों और अंततः राजनीतिक कार्यवाहियों के रूप में होती रही है। उन्नीसवीं सदी में ही, जोतिबा फुले ने ब्राह्मणवादी 'रामराज्य' की कल्पना के बरक्स 'बलिराज्य' के नाम से दलितों का यूटोपिया पेश किया था। गाँधी के लिए 'रामराज्य' का अर्थ ही था कि आख़िरी आदमी की आँख का आँसू पोंछा जाए। अभी कुछ ही साल पहले दिवराला की 'सती' ने कैसे हमारे सामाजिक मानस को झकझोरा था, सो आपको याद ही होगा।

फिर, मेहसाना पर ऐसी चुप्पी क्यों ? जो सामाजिक सत्ता के सार व स्वरूप के रूपांतरण के लिए प्रतिबद्ध हैं, वे इस बार क्यों चुप रहे ? यह सवाल बहुत

पीड़ादायी है और बहुत ज़रूरी भी। जहाँ तक राजनेताओं का सवाल है, उनकी 'समझदार' चुप्पी तो समझ में आती है। दिवराला की घटना ने ही उन्हें सिखा दिया कि सती केवल सामाजिक कुप्रथा का मसला नहीं है, वह राजपूत समुदाय की 'आन-बान' का सवाल भी है। 'हिंदू आस्था' का सवाल भी है। इन सवालों को बड़ी आसानी से समुदाय की पहचान का सवाल बनाया जा सकता है। ध्यान रहे कि 'पहचान' के सवाल के विकृतीकरण इतने ताकतवर इसीलिए हो पाते हैं, क्योंकि सबको नाम-रूपहीन बना देने वाली 'आधुनिकता' और उससे उपजी सामाजिक धारणाओं से इस वक़्त भारत ही नहीं, सारा संसार त्रस्त है। सती के समर्थन में नारे लगाते हज़ारों लोग हों या ईरान के मुल्लाओं को रहनुमा मानते लोग–सब-के-सब जाने-अनजाने नाम-रूपहीन आधुनिकता को रद्द करने के लिए व्याकुल हैं। इसी व्याकुलता को विकृत कर पारंपरिक सत्ता बार-बार नवजीवन पाती है। सो राजनेता के सामने दो विकल्प हैं। या तो वह परिभाषाओं के मूलगामी संघर्ष में अपनी जगह तय करे, या फिर ऐसे सवालों को दरी के नीचे खिसका दे, जो किसी भी समुदाय की 'आन-बान' के सवालों के रूप में उछाले जाने की संभावना रखते हों। जहाँ तक हमारे राजनीतिज्ञों का सवाल है, उनकी भावप्रवणता और कल्पनाशीलता की तो क्या कहें, लेकिन उनकी व्यावहारिक चतुराई पर किसको संदेह होगा ? सो, मेहसाना के भयानक काण्ड पर कोई राजनेता दो शब्द भी नहीं बोलेगा। वे भी नहीं बोलेंगे, जो नया समाज रचना चाहते हैं, और वे भी नहीं, जो संस्कृति के ज़रिए, राम के नाम पर देश को जोड़ना चाहते हैं। स्थिरता देने वाले भी चुप रहेंगे और दिवराला तक पदयात्रा ले जाने वाले भी। चुनाव सर पर न होते, तो शायद कोई बोलता भी। लेकिन चुनावी महासमर के महीना भर पहले तो ऐसे सवाल पर चुप्पी ही भली, जिसे हरियाणा से लेकर भरतपुर तक कई सीटों का भाग्यनिर्धारण करने वाली बिरादरी की नाक का सवाल बनाया जा सकता हो ! जनजागरण वहीं तक ठीक है, जहाँ तक वह चुनावी जोड़-तोड़ को प्रभावित न करे।

रहे प्रगतिशील-उदारपंथी बुद्धिजीवी। उनकी समस्या का एक पहलू तो यही है कि वे स्वभाव से ही 'मुद्दों' को रेखांकित करने का काम नहीं कर पाते, केवल प्रतिक्रिया व्यक्त कर सकते हैं। दिवराला कांड के संदर्भ में भी अधिकांश बुद्धिजीवियों को जोश सती-समर्थक संपादकीय के बाद ही आया था। लेकिन ज़्यादा गहरी समस्या यह है कि हमारे बुद्धिजीवी हमारे व्यापकतर समाज के लिए अप्रासंगिक ही हैं–प्रभाव की दृष्टि से भी और जुड़ाव की दृष्टि से भी। उनका अस्तित्व ही सामाजिक अलगाव से परिभाषित होता है। उनकी चिंताएँ अलग किस्म की, मुहावरा भिन्न प्रकार का। जनसाधारण से उनका रिश्ता ज़्यादातर या तो कौतूहल का है, या चकाचौंध का। फिर उनमें से अधिकांश तात्कालिक राजनीति और यहाँ–अभी के बोध से

ऐसे गहरे जुड़े हैं कि दीर्घकालीन राजनीति की समस्याओं को समकालीन सत्ता-संघर्ष के मुद्दों से जोड़ने में या तो समर्थ नहीं हैं, या फिर उनके पास वक़्त नहीं है।

मेहसाना की घटना असल में हमारे समाज के मूलभूत द्वंद्वों का मार्मिक रूपक है। जाति-प्रथा पर आधारित पुरुषप्रधान समाज में उत्पादक मनुष्यों--यानी कमेरों और स्त्रियों–की दुर्दशा का रूपक। यही नहीं, नाम-रूपहीन आधुनिकता के दबाव के कारण पारंपरिक समाज में पैदा हो जाने वाले विकट शून्य का रूपक। अस्मिता के वैध सवालों की उपेक्षा करने वाले राष्ट्रवाद की भयानकता और इन पर लीपा-पोती करने वाली राजनीति की धूर्तता का रूपक। कितने बेचैन करने वाले अर्थ हैं–सीता और शंबूक के भाग्य के जुड़ाव को एक बार फिर से रेखांकित करने वाली इस घटना के।

सवाल सिर्फ यह है कि इस भाग्य से सीता और शंबूक मिलकर कैसे टकराएँ, और जो संवेदनशील जन स्वयं न तो सीता हैं, न शंबूक–वे इस टकराव से रिश्ता किस तरह बनाएँ।

अमीना का अपराध

कुछ समय पहले पालम हवाई अड्डे पर 61 वर्षीय अरब शेख याहया सगीश को गिरफ़्तार कर लिया गया था। वह हैदराबाद से ग्यारह साल की बच्ची अमीना को बाकायदा 'ब्याह' कर लाया था और दिल्ली से अपने देश उड़ जाने वाला था। हैदराबाद से दिल्ली की उड़ान में यात्रियों और विमान कर्मचारियों को अमीना के रोने-बिलखने से गड़बड़ की गंध आयी और उन्हीं की पहलकदमी से मामला पुलिस तक पहुँच गया। अब स्थिति यह बन गयी कि सगीश को न्यायिक हिरासत में रखा गया और अमीना को नारी-निकेतन में। 'जनवादी महिला समिति' और 'राहेली' नामक संस्थाओं के प्रयासों के फलस्वरूप अमीना को बाल-संरक्षण गृह में पहुँचाने के आदेश दिए गए; वरना पुलिस तो उसे अदालत में पेश करने के लिए जब लायी, तो अमीना को सारा दिन अदालत के उसी पिंजरे में बिताना पड़ा था, जहाँ पक्के अपराधी अपनी पेशी का इंतज़ार कर रहे थे।

अमीना केवल एक प्रतीक है। उसका भाग्य कि उसका मामला चर्चा का विषय बन गया। वरना सचाई यह है कि पिछले बीस साल से हैदराबाद कम उम्र की लड़कियों को ख़रीदने के लिए अरब शेखों की प्रिय मंडी बना हुआ है। करोड़पति शेख आते हैं, माल पसंद करते हैं, (माल के मुताबिक माता-पिता या रिश्तेदार को) दाम देते हैं और माल उनका हो जाता है। खुद अमीना के घर सगीश उसकी बड़ी बहन को परखने आया था। वह मिली नहीं, अमीना घर पर ही थी। चलो, कोई बात नहीं। एक की जगह दूसरी चीज़ वाज़िब दामों में मिल जाए, तो क्या हर्ज़ ? छह हज़ार रुपए में अमीना अपने से छह गुनी उम्र के बूढ़े की ऐयाशी का सामान बन गयी—बाकायदा निकाहनामे के साथ। कई वर्ष पहले धौलपुर की स्त्री-मंडी से कमला को खोजी पत्रकार अश्विनी सरीन ने दो हज़ार रुपए में ख़रीदा था। जी हाँ, यही भारत देश है मेरा, जहाँ नारी मातृ-शक्ति है, पूज्या है, माँ है—और है··· बिकाऊ माल।

किसी ज़माने में सोने की चिड़िया रह चुका भारत देश आज बहुत ग़रीब है। इसे विदेशी मुद्रा चाहिए, किसी भी कीमत पर। 'स्टैंडर्ड ऑफ लिविंग' बढ़ना चाहिए, किसी भी तरह। इसीलिए कुछ वर्ष पहले आंध्र की एक स्वनामधन्य महिला

मंत्री ने फरमाया था कि अगर हैदराबाद से लड़कियों को अरब ले जाते हैं, तो हर्ज़ ही क्या है ? वे वहाँ सुखी रहती हैं और उनके अभिभावक उनके बदले में प्राप्त धन से यहाँ सम्पन्न हो जाते हैं। दोहरा फ़ायदा यह कि सम्पन्नता रोज़-रोज़ अवमूल्यित होते रुपए के रूप में नहीं, पेट्रोल की सुगंध से महकती विदेशी मुद्रा के रूप में आती है।

अमीना को विदा करते हुए उसकी माँ बहुत रोई थी। उसने दुआएँ दी थीं कि अमीना सुखी रहे। उसने अमीना को आसीसा कि उसकी वज़ह से बाकी पाँच बहनों को थोड़े आराम की ज़िंदगी मयस्सर होगी। अमीना के अब्बा स्कूटर चलाते हैं। महानगर के स्कूटर चालक भूखे नहीं मर सकते। अमीना की बिक्री से ही रोटी मिल सकती थी, ऐसा तो था नहीं। लेकिन सवाल है सुरक्षा का, समाज में बेहतर स्थिति का, थोड़ा-सा बेहतर जीवन-स्तर पाने का, वह भी तत्काल। वह स्कूटर चालक जिस हवा में साँस ले रहा है, उस हवा में ही क्या जल्दी-से-जल्दी ज़्यादा-से-ज़्यादा कमा लेने की आपा-धापी नहीं भरी है ? जिसे जो रास्ता सबसे निकट दीखता है, वह उसी पर चल पड़ता है। यही नयी नैतिकता है। इसमें मूल्य उपलब्धि का है, बस। तुर्रा यह कि छह हज़ार में बेटी बेच देने वाले को वे लोग गला फाड़कर पापी कहेंगे, जो नए साल के स्वागत में 'डांस' करने के वास्ते इतने रुपए में दो टिकट खरीदते हैं। छह हज़ार में बेटी बेचने वाला बाप तो पापी है, लेकिन एक रात के समारोह का मात्र टिकट तीन हज़ार में ख़रीदने वाले 'अभिजन' हैं।

पाँच तारों की संस्कृति और अमीना की क़िस्मत के सितारों के बीच कहीं कोई रिश्ता नहीं है। जो इस रिश्ते की बात करे, वह प्रगति का दुश्मन है, उसे आधुनिक अर्थ-व्यवस्था की समझ नहीं है, वह रूढ़िवादी है, कूढ़मग़ज है। आख़िर हम दक्षिण कोरिया और सिंगापुर जैसे देश होने जा रहे हैं। उम्मीद करनी चाहिए कि जल्द ही सम्पन्न देशों के विकृत, विलासी व्यापारियों के सामने हैदराबाद और दूसरे हिंदुस्तानी शहर ठीक उसी रूप में परोसे जाएँ, जिस रूप में आज सिंगापुर, क्वालालंपुर और मनीला को परोसा जाता है। "आइए साहबान, अपनी हर सेक्स फैंटेसी को तृप्त कीजिए। कम उम्र लड़कियाँ ही नहीं, लड़के भी हासिल कीजिए। ब्लू फिल्म ही नहीं, स्नफ़ फिल्मों का भी आंनद लीजिए।" प्रसंगवश 'स्नफ़ फिल्में' कम उम्र बच्चों के साथ यौन अत्याचार की फिल्में होती हैं। ये फिल्में 'अर्द्धसभ्य' अरब शेखों से भी ज़्यादा 'परम सभ्य' यूरोपियनों और 'पूर्वी सभ्यता' के ध्वजाधारक जापानियों में लोकप्रिय हैं। सिंगापुर, मलेशिया और फिलीपीन्स की उदार, निर्यातोन्मुख अर्थ-व्यवस्थाएँ बाल-वेश्यावृत्ति को बाक़ायदा 'रेगुलेट' करती हैं, क्योंकि लक्ष्य है अर्थ-व्यवस्था को 'नई विश्व-व्यवस्था' की शर्तों पर गतिशील बनाए रखना।

किसी भी समाज में तुरंत भौतिक समृद्धि की संस्कृति का तर्क मूलतः एक ही है। अभिजन ऐयाशी में धनी-से-धनी देश के अभिजन से होड़ करें, समाज की

फिज़ा को इस हवा से भर दें कि जीवन का एकमात्र लक्ष्य है : आँखें मूँदकर लक्ष्मी की साधना। जब इस फिज़ा में साँस लेता हाशिए का आदमी ठीक इसी के अनुरूप व्यवहार करे, तो उस व्यवहार को राष्ट्रहित में 'रेगुलेट' किया जाय, ऐयाशी की आवा-जाही बनाए रखने के लिए पूरी-की-पूरी पीढ़ी को वेश्या बना दिया जाए। वह भी इस सफाई से कि खुद को, खुद की संतानों को बेचते लोग अमीना के माता-पिता सरीखी स्थिति में फँस जाएँ, तो खुद को ही नैतिक और कानूनी, दोनों अर्थों में अपराधी मानें। अमीना के माता-पिता ने कोई शिकायत नहीं की–यह शेख सगीश के वकील का सबसे बड़ा तर्क था। वे शिकायत करते भी कैसे ? जिन अदृश्य शक्तियों ने उनकी किस्मत लिखी है, वे किसी को इस लायक छोड़ती ही कहाँ हैं ? उन्होंने पैसे के बदले बेटी ही नहीं दी, ज़बान भी दी थी। ज़बान तोड़ने पर खुदाबंद क़रीम उन्हें जहन्नुम की आग में नहीं झुलसा देता ? वैसे ही, जैसे 'सवा सेर गेहूँ' का शंकर ब्राह्मण देवता के कुल सवा सेर गेहूँ जिंदगी-भर गुलामी करके नहीं चुकाता, तो उसे धर्मराज के दरबार में हिसाब देना पड़ता।

अमीना को दुआएँ देती, असीसती और रोती माँ स्त्री-सुलभ सहजबोध से ही यह जानती है, (और इसीलिए रोती है) कि, "कत विधि सृजी नारि जग माहीं। पराधीन सपनेहुँ सुख नाहीं।" अमीना का सबसे बड़ा अपराध यह है कि वह अब तक बच्ची ही है। पराधीनता और सपने में भी सुख की कामना न करने की आदत उसे अभी पड़ी नहीं। 'नारी' बनने की उसकी ट्रेनिंग पूरी नहीं हो पायी।

शेख़ सगीश के वकील का दूसरा तर्क यह था कि अमीना को ख़रीदा नहीं गया है। बाकायदा निकाह हुआ है। इस्लामी शरीअत के मुताबिक रजोदर्शन की आयु नौ वर्ष निर्धारित की गई है। यानी ग्यारह वर्ष की अमीना अबोध बच्ची नहीं, शादी के लायक औरत है। इस तरह मामला मुस्लिम पर्सनल लॉ का बना दिया गया। इस सिलसिले में याद रखना चाहिए कि कोई सौ साल पहले "स्वीकृति की आयु" संबंधी तीखी बहस में हिंदू राष्ट्रवाद के प्रेरणा-पुरुषों में से एक, लोकमान्य तिलक की राय लगभग वही थी, जो इस वकील की है, लेकिन हिंदू समाज के ही भीतर उनका तीव्र प्रतिवाद करने के लिए अगरकर भी थे और जोतिबा फुले भी। हिंदू समाज के इस आत्म-मंथन का ही रूपक था यह तथ्य कि गोलवलकर के घोर विरोध और राजेंद्रप्रसाद की तीव्र अनिच्छा के बावजूद नेहरू सरकार 'हिंदू कोड बिल' के तहत हिंदू स्त्रियों के अधिकारों की रक्षा का एक ढाँचा पेश कर सकी। सामाजिक सवालों पर हिंदू कट्टरपंथ को कई बार परास्त होना पड़ा है। सवाल यह है कि ऐसी गतिशीलता मुस्लिम समाज में क्यों नहीं आ पायी ?

इसके दो कारण हैं, परस्पर गुँथे हुए। एक तो बतौर धर्म के इस्लाम का अत्यंत रक्षणशील (कंज़रवेटिव) रूप और हर समय, हर स्थिति के लिए सत्य का

अंतिम रूप होने का आत्म-बोध। दूसरा और ज़्यादा महत्त्वपूर्ण है, हमारे देश की विशेष स्थिति, जहाँ पिछले सौ साल से मुस्लिम समुदाय एक तरह के घेराव और सतत असुरक्षा की स्थिति में जीने के लिए विवश है। इन दोनों कारणों के गुँथाव ने मुस्लिम समुदाय को अपनी अस्मिता के प्रति अत्यंत संवेदनशील बना दिया है। इस तरह से एक दुश्चक्र चल पड़ा जिसमें पिसता है—आम मुसलमान। बहुसंख्यक साम्प्रदायिकता की ताकतें उसके असुरक्षा-बोध को दिनोंदिन बढ़ाती चली जा रही हैं। इस असुरक्षा की वज़ह से वह अपनी पहचान से और चिपकता है, लेकिन इस पहचान की व्याख्या वे नेता करते हैं, जिनकी निगाह में हर समस्या का हल चौदह सौ वर्ष पीछे लौट जाने में ही है। आम मुसलमान अन्य लोगों की निगाह में कट्टरपंथी मान लिया जाता है और उसकी अस्मिता के वाज़िब सवालों के प्रति भी असंवेदनशील रवैये को ठीक माना जाने लगता है। मलियाना-भागलपुर नरसंहारों की कोई सुनवाई नहीं होती, बाबरी मस्जिद तोड़ देने को 'राष्ट्र-प्रेम' का प्रमाण कहा जाने लगता है। मुसलमान की इस भयानक विडम्बना के लिए तथाकथित मुस्लिम नेताओं का कछुआ-धर्म भी कम ज़िम्मेदार नहीं है।

सैयद शहाबुद्दीन कहते हैं, "बाबरी मस्ज़िद मुसलमानों के वकार (आत्माभिमान) का प्रतीक है।" बात एकदम सही है। लेकिन क्या अमीना की नियति मुस्लिम समुदाय के 'वकार' को कोई चुनौती नहीं देती ? क्या ग्यारह साल की यह बच्ची मुसलमान नहीं है ? इमाम बुखारी ने सलमान रुशदी के ख़िलाफ खुमैनी के फ़तवे की ताईद की थी। बहुत-से मुस्लिम नौजवान रुशदी को दंडित करने के लिए व्यग्र थे, अभी भी होंगे। क्या अमीना की क़िस्मत उनमें-से किसी का खून नहीं खौलाती ? सैयद साहब के मुताबिक 'सैटेनिक वर्सेज' पर प्रतिबंध की माँग करने से पहले उसे पढ़ना तक ज़रूरी नहीं था, क्योंकि मामला मुस्लिम समुदाय के आत्माभिमान का था। लेकिन जब एक कामुक करोड़पति की बुढ़भस को न्यायोचित ठहराने के लिए उनका वकील शरीअत का हवाला देता है, तो चुप्पी क्यों साध ली जाती है ? इसीलिए न कि अमीना भले ही मुसलमान हो, लेकिन औरत है, और अस्मिता के हर साम्प्रदायिक तर्क में उसकी हैसियत इंसान से एक दर्ज़ा नीचे की है।

लेकिन अमीना सिर्फ मुसलमान ही तो नहीं। वह भारतीय नारी भी तो है। संजय गाँधी की मृत्यु के बाद हुई इंदिरा-मेनका गृहकलह में 'उत्पीड़ित बहू' मेनका गाँधी के पक्ष में जुलूस निकालने वाली श्रीमती विजया राजे सिंधिया को अमीना का उत्पीड़न क्यों नहीं दिखाई पड़ता ? या कि भारतीय नारी होना पर्याप्त नहीं, कुछ और भी शर्तें हैं—'मातृ-शक्ति' का दरज़ा पाने की। अमीना आंध्र प्रदेश की है। 'तेलुगु अस्मिता' की राजनीति करने वालों को अमीना और उसके जैसी सैकड़ों हैदराबादी लड़कियों की बदक़िस्मती क्यों नहीं झकझोरती ?

सब कुछ के बाद अमीना औरत है। एक ग़रीब औरत। भारतीय मुस्लिम,

तेलुगु–किसी भी अस्मिता के गणित में उसकी हैसियत औरतपन से और गरीबी से ही निर्धारित होगी। रूपकँवर को ज़िंदा जला देने वाले, रोशनी को फाँसी पर लटका देने वाले, कमला को खरीदकर भुला देने वाले समाज में अमीना और क्या उम्मीद कर सकती है ?

यह घटना राष्ट्रीय शर्म की घटना है। बशर्ते ऐसी कोई चीज़ बाकी बची हो। इसके बहाने राष्ट्र और अस्मिता के सवालों की असलियत पर सोचा जा सकता है। खासकर मुस्लिम समाज के लिए यह विकट आत्म-मंथन की चुनौती है। मुस्लिम समाज और उसके नेताओं को अमीना के बहाने ऐसे सवालों से दो-टूक टकराना ही होगा, अन्यथा व्यापकतर भारतीय समाज में उनकी प्रामाणिकता भी संदिग्ध होगी और अस्मिता की जायज़ चिंताएँ भीं।

यह संयोग नहीं है कि अमीना के पक्ष से हस्तक्षेप वामपंथी-जनवादी रुझानों के महिला संगठनों ने ही किया। न तो इस्लाम के ठेकेदारों को उसकी चिंता है, न भारतीयता के ध्वजाधारकों को। यह एक प्रतीक है, इस बात का कि अगर 'राष्ट्र' और 'अस्मिता' के सारस्वरूप की पुनर्परिभाषा सीता, शंबूक, रोशनी, दुःखी चमार और अमीना के कोण से की जाए, तो कौन कहाँ खड़ा होगा ! अमीना का अपराध है–औरत होना। लेकिन यही उसकी सबसे बड़ी ताकत भी है। लड़ाई बहैसियत औरत के अपनी शख़्सियत हासिल करने की है–अमीना से लेकर रोशनी तक के लिए।

सूद्र-पसु-नारी

"ढोल गँवार सूद्र पसु नारी। सकल ताड़ना के अधिकारी।।"

तुलसीदास की यह प्रसिद्ध चौपाई एक लोकोक्ति की हैसियत रखती है। पंडित रामनरेश त्रिपाठी और अन्य विद्वानों ने इस बात पर बार-बार बल दिया है कि उपरोक्त कथन गर्ग मुनि के एक नीति-श्लोक का रूपांतर-मात्र है। इस तरह कम-से-कम इस चौपाई के प्रसंग में तुलसीदास नारी-विद्वेष के आरोप से बरी कर दिए जाते हैं। वैसे भी यह चौपाई दर्प-दलित समुद्र के मुँह से एक ऐसी लोकोक्ति के रूप में कहलायी गयी है, जो लगभग सर्वस्वीकृत सामाजिक मान्यताओं को अभिव्यक्त करती है। इसीलिए तो समस्या एक व्यक्ति तुलसीदास के नारी-विद्वेषी होने या न होने की नहीं है, समस्या उन सामाजिक मान्यताओं तथा उस सामाजिक 'कॉमनसेंस' की है, जो सामाजिक मर्यादा का रूप लेता है और समाज की नैतिक अपेक्षाओं को व्यक्त करता है।

क्या कहती है यह चौपाई ? ढोल का काम है बजना। लेकिन जब तक उसकी पिटाई न की जाए, वह बजता नहीं है। इसी प्रकार गँवार, शूद्र, नारी और पशु से काम लेने के लिए उनकी पिटाई अथवा ताड़ना आवश्यक है। पिटाई, ताड़ना का स्थूल रूप है, जो सूक्ष्म रूपों के असफल हो जाने पर इस्तेमाल करना पड़ता है। ताड़ना स्थूल हो या सूक्ष्म, आवश्यक है। गँवार के लिए, शूद्र के लिए, पशु के लिए और शूद्र हो या सवर्ण—नारी-मात्र के लिए । जाहिर है कि यह सामाजिक मान्यता जिस मर्यादा को व्यक्त कर रही है, उसका कर्ता-धर्ता सवर्ण पुरुष है। उसी को दुनिया चलानी है और दुनिया चलाने के लिए शूद्र, गँवार और नारी से उसी तरह काम लेना है, जैसे ढोल और पशु से लिया जाता है। यह चौपाई सवर्ण-पुरुष के सामाजिक-सांस्कृतिक वर्चस्व से उपजी मर्यादा की इस समझ को दो-टूक ढंग से व्यक्त करती है कि जो वर्ग समाज को चलाए रखने के लिए उत्पादन करते हैं, रचना करते हैं, वे सतत प्रताड़ना के बिना काबू में नहीं रखे जा सकते। इस प्रताड़ना का सबसे भीषण रूप है, स्वयं इन उत्पादक और उत्पीड़ित वर्गों के मन में यह बैठा देना कि वे उसी सलूक के लायक हैं, जो उनके साथ हो रहा है। इसीलिए वर्चस्वशाली सत्ता उत्पीड़ितों को सतत धिक्कार की हृदयहीन

धुंध में रखती है।

ऐसी धुंध का अत्यंत विकराल उदाहरण पुनः तुलसीदास से–रावण सीता का अपहरण कर ले गया है। राम और लक्ष्मण उन्हें खोज रहे हैं। इस क्रम में व्याकुल राम के मुँह से सामाजिक मान्यताओं को प्रतिबिम्बित करते अनेकों वाक्य निकलते हैं। यह स्वाभाविक ही है और तुलसीदास तो मार्मिक क्षणों की अचूक पहचान वाले कवि के रूप में उचित ही विख्यात हैं। सो, इस मार्मिक क्षण में राम की वेदना अधिकाधिक सटीक ढंग से व्यक्त हो सके, इसके लिए वे ऐसी उपमाएँ और तुलनाएँ प्रस्तुत करते हैं, जो उनके पाठक के भाव-जगत् में एकदम सटीक प्रभाव उत्पन करें। ऐसे कथन, ऐसे उदाहरण, जो लोगों को अपने अनुभवों से भी जुड़े हुए लगें और शास्त्र-ज्ञान की महिमा से मंडित भी। इसीलिए ऐसे कथन फिर से केवल तुलसीदास की नहीं, सामाजिक मर्यादा-मात्र की समस्या बन जाते हैं। पत्नी के विरह में व्याकुल तुलसी के राम कहते हैं–

"राखिअ नारि जदपि उर माहीं।
जुबती सास्त्र नृपति बस नाहीं।।"

सवाल यह नहीं है कि उपर्युक्त चौपाई तुलसी और उनके राम की जिस मानसिकता और मनोदशा को व्यक्त कर रही है, उसमें औरत की क्या हैसियत है, बल्कि सवाल यह है कि मर्यादा सहजबोध और मान्यताओं को धारण करने वाली भाषा में औरत की क्या हैसियत है ? उसका क्या चरित्र है ? जिस तरह राजा और शास्त्र को वश में रखना कठिन है, जिस तरह उनके व्यवहार के बारे में कुछ अनुमान करना कठिन है, उसी तरह का स्वेच्छाचारी स्वभाव नारी का है। एक स्त्री को राक्षस ज़बरन उठा ले गया है, उसका पति सच्चे मन से दुःखी है, संवेदनशील कवि इस दुःख का चित्रण कर रहा है और इस चित्रण की भाषा स्त्री-मात्र को स्वेच्छाचारिणी मानकर चल रही है। दूसरे शब्दों में, जैसे–सीता का अपहरण उनकी विवशता का नहीं, उनके नारी-स्वभाव का परिणाम है। कोई पंद्रह बरस पहले इंग्लैंड के एक न्यायमूर्ति ने फ़तवा दिया था कि स्त्री की प्रकट या अप्रकट इच्छा के बिना बलात्कार संभव ही नहीं है। वर्णाश्रम की मर्यादा के रक्षक और लोकतंत्र की आधुनिकता के प्रहरी, दोनों की नारी-स्वभाव-संबंधी दृष्टि की यह समानता न केवल रोचक है, बल्कि इसके गहरे सांस्कृतिक अर्थ हैं।

ऊपर चर्चित दोनों चौपाइयाँ एक समग्र बोध को व्यक्त करती हैं। इस बोध के परस्पर निर्भर दो पहलू गौरतलब हैं। एक तरफ स्त्री और शूद्र को पशु के समकक्ष मानते हुए उनके लिए प्रताड़ना की व्यवस्था और दूसरी तरफ इस प्रताड़ना को उचित ठहराने के लिए नारी के विकट स्वेच्छाचारी स्वभाव की कल्पना। यह शब्दशः एक कवि-न्याय (पोएटिक जस्टिस) ही है कि यह बात भी तुलसीदास की

ही एक नारी-पात्र कहे : "कत विधि सृजी नारि जग माहीं। पराधीन सपनेहुँ सुख नाहीं।।" जहाँ तुलसीदास के मर्यादा-प्रेम पर उनकी मानवीय संवेदना भारी पड़ जाती है, वहाँ वे नारी की जन्मजात पराधीनता का दर्द महसूस करते हैं। दर्द के इस अहसास के बावजूद मर्यादा की शुचिता बनाए रखना अपरिहार्य है। अपहृता सीता की मुक्ति के प्रंसग में मर्यादा की विकट अपरिहार्यता एकदम स्पष्ट हो उठती है।

अपहरण करने के लिए आए हुए रावण को वाल्मीकि की सीता जिस भाषा में धिक्कारती है, वह केवल कर्तव्यजनित पतिव्रत धर्म और मर्यादा की नहीं, बल्कि अपने पति से गहरे प्रेम और उस प्रेम पर गर्व की भाषा है। इसी गर्व के कारण वे कह पाती हैं कि "इन्द्र की भार्या शची का अपहरण करके बचना भी संभव है, किंतु राम की भार्या मुझको ले जाकर तुम्हें चैन प्राप्त नहीं होगा।" ('वाल्मीकि रामायण', 3/48/23)। डॉ. सुकुमारी भट्टाचार्य के शब्दों में—"यह बात उस अहंकार की है, जो अहंकार राम को लेकर है, यानी राम के शौर्य और पत्नी-प्रेम के विश्वास से जो अहंकार जन्म लेता है। इस सहज अनुभूति के महत्त्व को उस धार्मिक एवं सामाजिक विधान ने, जो इस महाकाव्य में यत्र-तत्र प्रक्षेप के रूप में मिला हुआ है, बार-बार क्षीण किया है।"[1]

सहज अनुभूति के महत्त्व को क्षीण करने के अलावा भी प्रक्षेपों का विशिष्ट सांस्कृतिक अर्थ होता है। प्रक्षेप करने वाला पण्डित-वर्ग और उसे स्वीकार करने वाला पाठक-समुदाय एक अलिखित सांस्कृतिक समझौते के तहत ही प्रक्षेपों को स्वीकार करते हैं। इस तरह प्रक्षिप्त अंश सहज अनुभूति और पाठ की प्रामाणिकता को भले ही क्षीण करे, लेकिन वे उस सांस्कृतिक 'फंक्शन' की पूर्ति ही करते हैं, जो कोई समाज किसी परम्परा या रचना से हासिल करना चाहता है। उदाहरण के लिए रामायण या महाभारत में हज़ार तरह के प्रक्षेप स्वीकार करने वाला समाज ऐसा कोई प्रक्षेप स्वीकार नहीं करेगा कि सीता रावण से प्रेम करती थीं। वज़ह स्पष्ट है, वही प्रक्षेप स्वीकृत होता है, जो रचना की मूल संवेदना, रचनाकार के संभावित अभिप्राय और पाठक/श्रोता समुदाय की सांस्कृतिक विचारणा के अनुकूल पड़ता हो।

बहरहाल एक तरफ है, सीता का यह प्रेम और गर्व और दूसरी तरफ़ है राम की दो-टूक, बल्कि निष्ठुर मर्यादा। सीता समझती रहीं कि युद्ध उनकी मुक्ति के लिए हुआ है। राम इस खुशफ़हमी की कोई गुंजाइश नहीं छोड़ते : यह जो युद्ध किया, विजय प्राप्त की, यह—"न त्वदर्शम् मयाकृतः—तुम्हारे लिए नहीं किया।" और इसके बाद वाल्मीकि के राम के मुख से बोलती हुई सवर्ण पुरुष की मर्यादा सीता को उनकी हैसियत बता देती है, "क्या कोई अच्छे वंश में जन्मा तेजस्वी पुरुष ऐसी नारी को, जो दूसरे के घर में रह आयी हो, मैत्री के लोभ में पुनर्वार

ग्रहण करेगा ? रावण की अंक-कलंकिता तथा उसकी दुष्ट दृष्टि से दूषिता तुम जैसी नारी को मैं अपने महान् वंश को दूषित करके किस प्रकार दूसरी बार ग्रहण करूँगा ? जिस कारण मैंने तुम्हारा उद्धार किया है, वह उद्देश्य मेरा सिद्ध हो गया–तुममें अब मेरी कोई आसक्ति नहीं। जहाँ इच्छा हो, चली जाओ !" (वाल्मीकि रामायण, 6/115/19-21)। महाभारत के रामोपाख्यान में राम का कथन और भी हृदय-विदारक है, "अब तुम सच्चरित्र या दुश्चरित्र, जो भी हो, मैथिली ! मैं तुम्हारा परिभोग नहीं कर सकता, तुम कुत्ते के द्वारा चाटे गए घी की तरह हो, जिसका उपयोग संभव नहीं।" (महाभारत, 3/275/13)।

उपरोक्त उद्धरण देने की ज़रूरत इसलिए पड़ी कि नोट और वोट की राम-भक्ति के इस ज़माने में बहुत से विद्याधरों के लिए राम-कथा का प्रामाणिक पाठ वाल्मीकि या व्यास का नहीं, बल्कि महर्षि रामानन्द सागर का है, जिनकी सीता स्वयं अपमानित होने के लिए व्याकुल थी। इन उद्धरणों में व्यक्त मर्यादा-बोध में स्त्री की हैसियत कुल मिलाकर एक प्रतीक की है। परिवार की पवित्रता और समाज की शुचिता का प्रतीक है–स्त्री। उसकी यह प्रतीकात्मकता ही सर्वाधिक महत्त्वपूर्ण है। उसका अपना व्यक्तित्व वहाँ तक मायने रखता है, जहाँ तक वह इस प्रतीकात्मकता के आड़े न आए। सीता का अपराध यही था कि वह बतौर व्यक्ति के प्रेम कर रही थी और बतौर स्त्री के उस प्रेम पर गर्व। मर्यादा ने उसे बताया कि उसका व्यक्तित्व, उसका नारीत्व उसकी प्रतीकात्मकता से अधिक महत्त्वपूर्ण नहीं है। प्रतीकात्मकता का यही तर्क स्त्री से अपेक्षा करता है कि वह पुरुष की चिता पर सती हो जाए और आक्रान्ता के सामने बजाए व्यक्ति के तौर पर मुकाबला करने के, सामूहिक आत्मदाह कर ले। ठीक इस तरह, जैसे पराजय की आशंका से सेनाएँ अपने हथियार नष्ट कर देती हैं, पुल तोड़ देती हैं, खेत जला देती हैं, ताकि ये अब शत्रु को उपलब्ध न हो सकें; उसी तरह मर्यादावादी सोच पद्मिनी जैसे चरित्रों को आदर्श बताता है। तर्क वही है, उत्पादन का हमारा साधन, आत्म-सम्मान का हमारा प्रतीक शत्रु के हाथ पड़े, इससे बेहतर है कि नष्ट हो जाए। स्त्री को निर्जीव प्रतीक बना देने का यह उपक्रम महिमा-मंडन का अनोखा अनुष्ठान है। देवी, कुलवधू और परिवार तथा समाज की इज़्ज़त के प्रतीक के रूप में स्त्री के महिमामंडन का लक्ष्य यही है कि उसे व्यक्तित्व की गरिमा से वंचित कर दिया जाए।

उपरोक्त विश्लेषण से मैं यह नतीजा नहीं निकालना चाहता कि सवर्ण-पुरुष की सत्ता हर पल, हर क्षण स्त्री और शूद्र के साथ केवल क्रूर प्रताड़ना का ही व्यवहार करती है। सवाल प्रसंग विशेष में व्यक्ति विशेष के साथ संभावित व्यवहार का है ही नहीं। प्रश्न है–मर्यादा की अवधारणों में व्यक्त होने वाले भावतंत्र का। इसीलिए सीता और शंबूक के प्रति लगाव व्यक्त करने का यह अत्यन्त फूहड़ तरीका होगा कि आप राम को गरियाने लगें। इससे भी फूहड़ यह होगा कि 'क्षत्रिय'

राम को निर्दोष ठहराकर ब्राह्मण वशिष्ठ और विदेशी कैकेयी को ही राम-कथा की सारी त्रासदी का दोषी ठहरा दिया जाए—जैसा कि भगवान सिंह अपने उपन्यास 'अपने-अपने राम' में करते हैं। असली सवाल परिभाषा और मर्यादा के उस सूक्ष्म तंत्र से टकराने का है, जिसके शिकार सीता और शंबूक के साथ-साथ राम भी हुए हैं। सीता और शंबूक की मुक्ति में ही राम की मुक्ति है। नयी मर्यादा के गठन में ही मर्यादा पुरुषोत्तम का भी उद्धार है। भारतीय समाज ही नहीं, सारी दुनिया की समाज-व्यवस्थाओं और परम्पराओं ने आधी दुनिया के जीवन को निरानंद बनाकर बाकी बची अर्थात् पुरुष की अपनी दुनिया के जीवन को भी निरानन्द, कुण्ठाग्रस्त और हिंसक बना दिया है। स्त्री के व्यक्तित्व का रेखांकन और स्वीकार स्वयं पुरुष के आनन्दित, अकुंठ और प्रेमपूर्ण जीवन की पहली शर्त है।

मेहनत करने वाला आत्म-सम्मान से शून्य हो, ज़िन्दगी-भर उन गुनाहों का हिसाब चुकाए, जो उसने पिछले जन्म में किए। जन्म से ही नीच, कमीना और अस्पृश्य मान लिया जाए। ये जाति-व्यवस्था में अभिव्यक्ति महान भारतीय संस्कृति के चंद पहलू हैं। मज़ा यह है कि इसके शिकार को ताउम्र समझ में नहीं आता कि वह गुस्सा हो तो किस पर, संघर्ष करे तो किसके ख़िलाफ़ और किस तरह ? इसी महा-भयानक परिपूर्णता के कारण समाजशास्त्री बैरिंग्टन मूर ने जाति-व्यवस्था को 'काफ्का के भीषण संसार का प्रचण्ड व्यंग्य-चित्र' कहा है।

सृजनात्मक और उत्पादक श्रम के प्रति विकृत घृणा पर आधारित इस व्यवस्था के लिए यह स्वाभाविक ही है कि इसमें स्त्री मात्र (सवर्ण-समेत) शूद्र के समकक्ष रखी गयी है। उसी तरह वंचित, शोषित और उपहासास्पद। यह संयोग नहीं, व्यवस्था के अस्तित्व का तर्क है कि वेदपाठ का अधिकार न स्त्री को है, न शूद्र को। अपने शरीर और मन पर अधिकार न स्त्री को है, न शूद्र को। स्त्री की प्राकृतिक सृजनात्मकता यानी प्रजनन-क्षमता तक का निर्धारक तत्त्व उसकी इच्छा-अनिच्छा नहीं है, बल्कि सामाजिक सत्ता की माँग है। जब राजघराने को पुत्र की ज़रूरत हो और नियोग के लिए ऋषि को आमंत्रित किया गया हो, तो स्त्री का कर्तव्य है निर्लज्ज समर्पण। अहंकार और संकोच के मारे अभागी स्त्री की आँखें मुँद जाएँ, तो वह स्त्री जन्म-भर अंधे की माँ कहलाने के लिए अभिशप्त है। लज्जा के कारण यदि वह पीली पड़ जाए, तो पुत्र-जन्म से ही पीलिया का मरीज़ होता है। स्त्री का इस मर्यादा में अपने आप पर कोई अधिकार नहीं है। न अपने आकर्षक सौंदर्य पर और न अपनी आहत आत्मा पर।

इधर के कुछ प्रचण्ड भारतीयता-प्रेमी परम मौलिकता का अभिनय करते हुए संस्कृति को वास्तविक जीवन-संघर्षों से सर्वथा निर्लिप्त और समस्या-निरपेक्ष रूप में प्रस्तुत करने के लिए उन्नीसवीं सदी के अंग्रेज़ कवि और संस्कृति-चिंतक मैथ्यू आर्नल्ड के तर्कों को शब्द-दर-शब्द राष्ट्रभाषा में उतार देते हैं। जाहिर है

कि बेचारे मैथ्यू आर्नल्ड को कोई श्रेय दिए बगैर। गोविन्दचन्द्र पाण्डेय संस्कृति को जन-जीवन के प्रत्यक्ष से नहीं, बल्कि शिष्ट चेतना द्वारा स्वीकृत मूल्यों और मर्यादाओं में देखने का आग्रह करते हैं। ठीक उस तरह, जैसे मैथ्यू आर्नल्ड संस्कृति को "द बेस्ट दैट इज़ थॉट एण्ड डन" कहकर परिभाषित करते थे। गोविन्दचन्द्र पाण्डेय और निर्मल वर्मा या विद्यानिवास मिश्र जैसे चिंतक राष्ट्रीय एकता और सामाजिक समरसता के नाम पर सामाजिक संरचना में निहित उत्पीड़न का ही नहीं, बल्कि आक्रामक फॉसिज़्म की राजनीति का भी समर्थन करते हैं। ठीक उस तरह, जैसे 'कल्चर एण्ड एनार्की' के लेखक मैथ्यू आर्नल्ड इंग्लैण्ड के सुदूर उपनिवेशों के जन-असंतोष के साथ-साथ इंग्लैण्ड के आन्तरिक जन-असंतोष के भी निर्मम दमन का समर्थन करते थे। जिस अराजकता से पीड़ित होकर मैथ्यू आर्नल्ड संस्कृति की महान् सनातन अवधारणाएँ पेश कर रहे थे, उसमें कुछ योगदान स्त्रियों के आंदोलन का भी था। मैथ्यू आर्नल्ड ऐसी अराजकता से उसी तरह कुपित होते थे, जैसे भारतीय परम्परा के अपने शक्ति-संघर्ष की चर्चा-भर से श्री गोविन्दचन्द्र पाण्डेय और श्री निर्मल वर्मा संतप्त हो उठते हैं।

यूरोप हो या भारत, हिंदू धर्म हो या इस्लाम, कोई भी परम्परा या संस्कृति आन्तरिक शक्ति-संघर्ष से गुज़रकर ही उच्चतर मानवीय मूल्यों को प्राप्त करती है। शक्ति-संघर्ष की उपेक्षा अबोधपन का भी परिणाम हो सकती है। ऐसे अबोधपन के ख़िलाफ़ संघर्ष स्वयं शक्ति-संघर्ष का ही एक रूप है। इससे भी ज़्यादा महत्त्वपूर्ण संघर्ष है, शक्ति-संघर्ष की वास्तविकताओं पर पर्दा डालने वालों की चतुराई के ख़िलाफ़। एशिया, अफ्रीका और लैटिन अमेरिका के उपनिवेशीकरण को उचित या स्वाभाविक मानने वाले यूरोपीय लोकतंत्र-प्रेमी की चेतना ऐसे संघर्ष का एक क्षेत्र है। ठीक उसी तरह, जैसे भारतीय समाज की आन्तरिक वेदनाओं की उपेक्षा करते भारतीय-प्रेमी की चेतना अपने आप में एक समस्या है। दिलचस्प बात यह है कि मर्यादा की भारतीय धारणा हो या 'सिविल एण्ड पोलाइट सोसाइटी' की यूरोपीय धारणा, दोनों ही असंतुष्ट श्रमिक और आत्मसजग स्त्री को अपना शत्रु मानते हैं। इसीलिए इन दोनों की नियति को असंबद्ध मानना या मनवाना वर्चस्वशाली वर्गों की सांस्कृतिक रणनीति का अनिवार्य अंग है। इस नियति की संबद्धता का कोई रेखांकन एक ऐसा सांस्कृतिक विक्षोभ उत्पन्न करता है, जिसके चलते सामाजिक मान्यताओं और सांस्कृतिक विमर्श की बहुत-सी समस्याएँ एकाएक सतह पर आ जाती हैं।

26 अप्रैल, 1991 के 'नवभारत टाइम्स' में मेरा लेख 'सीता, शंबूक और हम' जब प्रकाशित हुआ, तो पूरे एक महीने तक संपादक के नाम लिखे गए पत्रों में इस सांस्कृतिक विक्षोभ का एक ठोस रूप दिखता रहा। मुझे व्यक्तिगत रूप से भी अनेक पाठकों के पत्र प्राप्त हुए। इन विभिन्न पत्रों में कुछेक बातें साफ़

तौर से प्रतिबिम्बित होती थीं। एक तो यह कि, जो लोग हिंदू-आस्था को हिंदू राष्ट्रवाद की फासिस्ट राजनीति में बदलने के लिए कटिबद्ध हैं, वे किसी भी विचार का भीषण विकृतीकरण करने से बाज नहीं आएँगे। न केवल यह, बल्कि वह एक गहरी सांस्कृतिक व्यथा को घटिया स्कैण्डल में बदल देने का अश्लील सुख भी प्राप्त करेंगे। मैंने अपने लेख में शंबूक के वध और सीता के परित्याग को राम की व्यक्तिगत ग़लती नहीं, बल्कि उस मर्यादा की समस्या माना था, जो सीता, शंबूक और राम की स्थितियों को परिभाषित भी करती थी और एक विचारोत्तेजक त्रासदी के धागे में बाँधती भी थी। इस सूक्ष्म अन्तर पर पानी फेरते हुए श्री सूर्यकान्त बाली ने सवाल उछाला, "क्या जवाहरलाल नेहरू पर इसलिए तारकोल पोत दें, कि किसी लेडी के साथ उनके सम्बन्धों के किस्से प्रचलित हैं ? महात्मा गाँधी को क्या इसलिए गड्ढे में फेंक दें कि वे अपनी अंतिम अवस्था में सत्य या ब्रह्मचर्य के प्रयोग किया करते थे ? क्या महात्मा बुद्ध को इसलिए विस्मृति-गर्त में डाल देना चाहिए, कि उन्होंने ज्ञान की खोज में अपनी पत्नी का परित्याग कर डाला ? क्या ईसा मसीह इसलिए खारिज़ कर दिए जाएँ कि वे एक कुँआरी कन्या की संतान थे ?" (नवभारत टाइम्स, 14 मई, '91)।

इस चतुराई को समझने की ज़रूरत है, जो परिभाषागत विडम्बनाओं, व्यक्तिगत प्रयोगों और खुद के बस के बाहर की चीज़ों, जैसे कि जाति-विशेष के घर या अविवाहित स्त्री की कोख से जन्म के बीच घपला कर बहस के असली मुद्दे से ध्यान हटा देना चाहती है। इस चतुराई की चर्चा हम अभी फिर करेंगे, पहले 'सीता, शंबूक और हम' पर व्यक्त की गई प्रतिक्रियाओं के दो और पहलुओं की बातें करें। बड़ौत से श्री सीन. अलिफ. अली ने व्यक्तिगत रूप से मुझे लिखे गए एक पत्र में हिंदू धर्म के नारी-विद्वेष के बरक्स इस्लाम में निहित नारी के प्रति सम्मान और उसके साथ इंसानी सलूक को अत्यन्त उत्साहपूर्वक रेखांकित किया। दूसरी ओर नीमच के श्री अर्जुनलाल नरेला ने मेरे 'काँग्रेसी' होने का फ़तवा देते हुए परामर्श दिया कि मैं कुरान के सूरा नौ का अध्ययन करूँ, ताकि मुझे मालूम पड़ सके कि इस्लाम की तुलना में हिंदू धर्म स्त्रियों के प्रति कितना उदार है। इनमें सबसे ज्यादा मनोरंजक पत्र वे थे, जिनमें बताया गया कि सीता के प्रति राम के उद्गार राम-कथा में कहीं न होकर मेरे विकृत मन की उपज हैं, शंबूक ग़लत दिशा में ग़लत ढंग से दागी गई मिसाइल की तरह था, या उस उद्दण्ड चौकीदार की तरह, जो 'नवभारत टाइम्स' के सम्पादक की कुर्सी हथियाना चाहे, और इसीलिए वह दण्ड का भागी था। निस्संदेह इस बहस में कुछ पत्र ऐसे भी थे, जो सीता और शंबूक की नियति से जुड़ाव महसूस करते थे; लेकिन इनमें से अधिकांश राम को एक खलनायक के रूप में भी देखना चाहते थे। विडम्बना यह है कि परम्परा और संस्कृति की जटिल समग्रता की समझ के आड़े आनेवाली

ऐसी दृष्टि की न्यूनता का उपयोग सांस्कृतिक धरातल पर स्त्री और शूद्र को पशु के बराबर ठहराने वाली मर्यादा करती है और राजनीतिक धरातल पर हिंदू राष्ट्रवाद तथा ऐसी ही अन्य फासिस्ट विचारधाराएँ। किसी भी समाज में राजनीति वस्तुतः परिभाषाओं के संघर्ष को सतह पर दिखाने का ही काम करती है। इसी अर्थ में सीता और शंबूक का अपराध व्यक्तिगत नहीं, परिभाषागत था और राम का व्यवहार भी। इसीलिए सीता और शंबूक के ही सामाजिक अर्थ को नहीं, राम के भी सामाजिक अर्थ को नये बोध से भरने की ज़रूरत है। ऐसे प्रयत्न अभूतपूर्व भी नहीं हैं। कबीर के राम का सामाजिक, सांस्कृतिक और मनोवैज्ञानिक आशय तुलसी के राम से एकदम उल्टा है। तुलसी के राम जिस वर्णाश्रम धर्म के प्रतीक हैं, कबीर के राम ऐन उसी को चुनौती देने के माध्यम। इस सांस्कृतिक आत्ममंथन की परम्परा को समकालीन संदर्भ में सक्रिय रखना शब्द के बहुत गहरे अर्थ में राजनीतिक और सांस्कृतिक दायित्व है। तभी उस चतुराई को चुनौती दी जा सकेगी, जो हर बहस को सकैण्डल में तब्दील कर देना चाहती है। ऐसी चतुराई संस्कृति-बोध की पंगुता और दिमाग की तुच्छता से पैदा होती है।

इस चतुराई का संबंध उस सांस्कृतिक संवेदनहीनता से है, जो तमाम सांस्कृतिक प्रतीकों को जीवन्त चरित्र बनाने के बजाय तिजारती माल बनाकर बेचती हैं और ऐसी संवेदनहीन संस्कृति रचती है, जिसमें असत्य ही सत्य हो, घृणा ही प्रेम हो और युद्ध ही शान्ति हो। दोहरेपन और राम को वस्तु बनाने की इस रणनीति के पर्दाफाश से ही घृणा का वह ज्वार पैदा होता है—जिसकी लपेट में गाँधी, नेहरू तो क्या, ईसा और बुद्ध तक आ गए हैं। 'मर्यादा' के कारण सीता का निष्कासन हुआ और उसी के कारण शंबूक का वध। विडम्बना यह है कि मर्यादा और परिभाषा के जिस धागे से सीता और शंबूक का भाग्य बँधा था, उसी ने स्वयं मर्यादा पुरुषोत्तम को भी बाँध रखा था। निवेदन राम को ख़ारिज करने का नहीं, इस मर्मभेदी व्यथा को समझने का है कि यह ट्रेजेडी सीता और शंबूक से कहीं ज़्यादा स्वयं राम की है। उनके चरित्र का उपयोग तब भी शूद्रों और स्त्रियों से घृणा करने वाले यथास्थितिवादियों ने किया और अब भी कर रहे हैं। शूद्रों और स्त्रियों को एक दर्ज़ा नीचे का प्राणी मानने वालों के हाथों राम के इस 'वस्तुकरण' की पीड़ा आजकल के राजनीतिक रामभक्तों को तो भला क्यों सताएगी, लेकिन यह पीड़ा एकाएक 'सीता, शंबूक और हम' में व्यक्त हो गई हो, ऐसा भी नहीं है। भारतीय संस्कृति में इस पीड़ा के साक्षात्कार की परम्परा है और उस पर हमें गर्व है। भवभूति के 'उत्तररामचरित' नाटक में राम उस तरह बेधड़क शंबूक-वध नहीं कर देते, जैसे वाल्मीकि के राम कर देते हैं। बल्कि खड्ग चलाते उनका दाहिना हाथ काँप जाता है, तो मार्मिक व्यंग्य से कहते हैं, "गर्भवती सीता को घर से निकाल देने वाले दाएँ हाथ, तुझे करुणा से क्या काम ?" वध के बाद खीझकर कहते हैं, "कर

दिया राम जैसा कर्म, अब तो जी जाए ब्राह्मण का बालक।"

राम के मानवीय चरित्र और उन्हें वस्तु की तरह बरत रही व्यवस्था के बीच मौजूद तनाव से भवभूति टकराते हैं। इस टकराव की असहनीय व्यथा और राम का अदम्य आत्मविश्वास भवभूति के जिन अमर श्लोकों में परिणत हुआ है, उनका मेरे द्वारा किया गया रूपान्तरण इस प्रकार है :

"पड़ते हैं हृदय पर घन मार घन
टुकड़े-टुकड़े तब भी नहीं हुआ मन
काया चाहे अकुलाए बार-बार मोहवश
लेकिन मूर्च्छित नहीं है तब भी चेतन
एक अग्नि-सी फुँकती है सारी देह में
फिर भी भस्म नहीं हुआ यह तन
कितने ही प्रहारों से भेदे चाहे भाग्य
नहीं होता, नहीं होता, नहीं होता
नष्ट यह जीवन।"

भवभूति राम के चरित्र में जिस आत्म-संघर्ष का विधान करते हैं, उसे सामाजिक-सांस्कृतिक धरातल पर और स्पष्ट रूप देने की बजाए समूचे राम को खारिज़ करना उन्हीं शक्तियों के हाथ में खेलना है, जो राम के करुणा और व्यथा-भरे नाम में हिंसक संकीर्णता और अशिष्ट तुच्छता भर देना चाहती है। अपनी नयी पुस्तक 'कल्चर एण्ड इम्पीरियलिज़्म' में एडवर्ड सईद ने इलेक्ट्रॉनिक मीडिया द्वारा रचित अभूतपूर्व सर्वानुमति (कन्सेंसस) की विस्तार से चर्चा की है। उनके अपने शब्दों में—"पहले कभी ऐसी सर्वानुमति नहीं रही, जिसका विरोध करना इतना कठिन हो और जिसके आगे अवचेतन रूप से ही समर्पण कर देना इतना सरल और तार्किक रहा हो।"[2] यूरोप के उत्तर-आधुनिक समाजों की इस प्रचंड सर्वानुमति के अनेक उदाहरणों का विश्लेषण एडवर्ड सईद ने किया है। एशियाई और अफ़्रीकी मनुष्य को जन्म से ही अक्षम और आलसी मानने से लेकर सद्दाम हुसैन को सबक़ सिखाने की ज़रूरत तक। एडवर्ड सईद का आशय सर्वानुमति से वही है, जो हमारे संदर्भ में मर्यादा से व्यंजित होता है। शंका-समाधान चलते रहते हैं, लेकिन मर्यादा की मूल मान्यताएँ हर तरह की शंका से परे हैं। इन मूल मान्यताओं को सवाल करती निगाह से देखने वाला अमेरिका में 'अनअमेरिकन एक्टीविटीज़" का अपराधी है, तो हमारे यहाँ अभारतीयता अथवा हिंदू-द्वेष का।

लेकिन यह नहीं भूलना चाहिए कि विभिन्न ऐतिहासिक और सांस्कृतिक कारणों से हमारे समाज में अभी भी मर्यादा या सर्वानुमति की वैसी अभेद्य प्रचंडता नहीं बन पायी है, जैसी कि एडवर्ड सईद द्वारा विश्लेषित समाजों में बन चुकी

है। यहाँ सवर्ण पुरुष-सत्ता द्वारा रची गई भीषण मर्यादा के भीतर ही तीखी ज़िरह की प्रेरणाप्रद परम्परा भी है और समकालीन अनुभूति भी। मीराबाई कुल की कानि छोड़कर अकुण्ठ भाव से अपने व्यक्तित्व का रेखांकन करती हैं। आण्डाल अपने नैसर्गिक आवेगों को भक्ति में रूपान्तरित कर देती है। सूरदास की गोपियाँ अपने सहज प्रेम के बलबूते न केवल मर्यादा को धता बताती हैं, बल्कि शास्त्र-निपुण उद्धव की बोलती भी बन्द कर देती हैं। भक्ति-संवदेना से लिए गए इन उदाहरणों का निश्चित समकालीन सांस्कृतिक महत्त्व है। उपरोक्त कवियों की रचनागत संवदेना हमारे समाज में उस अर्थ में क्लैसिक नहीं बन गई है, जिस अर्थ में इंग्लैण्ड में शेक्सपीयर की संवेदना बन चुकी है। बल्कि वह एक ऐसा क्षेत्र है, जहाँ कि स्त्री-शूद्र-विरोधी मर्यादा को एक अधिक मानवीय जीवन-दृष्टि के सवालों और चुनौतियों का सामना करना पड़ रहा है। इस संवेदना से हमारा जन-जीवन आज भी सम्पृक्त है। इसीलिए भक्ति-संवेदना के प्रति मर्यादा के भाव-तंत्र में एक दुचित्तापन दृष्टिगोचर होता है। साहित्य के इतिहास में मीराबाई का स्थान सुरक्षित है, लेकिन सिसौदिया राजपूत उन पर गर्व कम, संकोच अधिक महसूस करते हैं। और वे ही क्यों, कुलवधू को मीरा के चरण-चिह्नों पर चलने की अनुमति मर्यादा में रचा-पगा कौन-सा परिवार दे सकता है ? सूरदास की गोपियों की वेदना और तीखी ज़िरह को अपने सांस्कृतिक प्रोजेक्ट में हथिया लेने की कोशिशें, मर्यादावादी बोध हर धरातल पर लगातार करता रहा है—मंदिरों में प्रचलित धार्मिक अनुष्ठानों से लेकर साहित्यिक आलोचना तक। इसलिए भी यह आज की मुक्तिकामी और समतापरक राजनीति की प्राथमिकताओं में से होना चाहिए कि वह पुरुषवादी मर्यादा के ख़िलाफ़ ज़िरह की इस परम्परा का सर्जनात्मक विकास करे।

सर्जनात्मक विकास का अर्थ यह कि स्वयं इस ज़िरह की परम्परा का अनावश्यक महिमा-मंडन करने की ज़रूरत नहीं है। इस परम्परा के अपने अन्तर्विरोध हैं, जिनसे टकराना उसके सर्जनात्मक विकास के लिए ज़रूरी है। फ़िलहाल एक ही उदाहरण लें। जाति-व्यवस्था के सबसे प्रखर और सुसंगत विरोधी कबीर भी स्त्री की संगति को साधक के लिए ख़तरनाक मानते हैं। मर्यादा की मान्यताओं को धारण करती हुई भाषा यहाँ भी अपना रंग दिखाती है :

"नारी की झाईं पड़त अन्धा होत भुजंग।
कबिरा तिनकी कौन गति जे नित नारी संग।।"

कितना रोचक है यह विरोधाभास कि यही कबीर जब परमात्मा के प्रति अपना प्रेम और समर्पण व्यक्त करना चाहते हैं, तो कविता में नारी बन जाते हैं, जैसे शरीर-रचना और समाज-रचना से प्राप्त पुरुषत्व का दर्प आत्मा के निश्छल प्रेम को वहन करने में असमर्थ हो। या फिर संभवतः यह विरोधाभास स्त्री और

पुरुष के मनोवैज्ञानिक ही नहीं, बल्कि सामाजिक फँक्शन के भी एक निश्चित विभाजन की सूचना देता है। ऐसा विभाजन, जिस पर निस्संदेह एक मनमानेपन की छाया है।

जो भी हो, इतना तो स्पष्ट है कि स्त्री-पुरुष का सहज, स्वतःस्फूर्त सम्बन्ध मर्यादा के विविध ढाँचों में चरमराहट ज़रूर पैदा करता है। प्रेमियों के सचेत प्रयत्न तो क्या, स्पष्ट अहसास तक के बिना यह नैसर्गिक आकर्षण मर्यादा की छाती में शूल बनकर गड़ने लगता है। प्रेम की ऐसी अदम्य ऊर्जा की उपेक्षा असंभव है, इसीलिए प्रेमी भले ही पतित मान लिए जाएँ, लेकिन उनका प्रेम लोककथाओं के रूप में सामाजिक स्मृति में सुरक्षित कर लिया जाता है। औसत व्यक्ति मीराबाई के व्यथित प्रेम के अँसुवन-जल से अपने हृदय में भी प्रेम की बेल को सींचता है, भले ही अपने घर में किसी मीराबाई के अस्तित्व की कल्पना तक उसके बर्दाश्त के बाहर हो।

परिवर्तनकामी राजनीति और संस्कृति अत्याचार के विरुद्ध घृणा से अपना रिश्ता बेधड़क जोड़ती है। क्या ऐसा ही बेधड़क रिश्ता मर्यादा को चुनौती देने वाले प्रेम से नहीं जोड़ा जा सकता ? क्या स्त्री-पुरुष के सहज और नैसर्गिक प्रेम, लोक-चित्त में संचित उसकी स्मृतियों और उसकी सर्जनात्मक अभिव्यक्तियों को नयी मर्यादा की रचना का प्रस्थान-बिन्दु नहीं बनाया जा सकता ? क्या सचमुच परिवर्तन सिर्फ वर्तमान का निषेध है ? यदि नहीं, तो क्या वैकल्पिक व्यवस्था सिर्फ आज के शोषित और शोषक की भूमिकाओं की परस्पर अदला-बदली पर टिकी रह सकती हैं ? क्या प्रेम सिर्फ दो व्यक्तियों का परस्पर संवेग-मात्र है ? क्या सचमुच स्त्री-पुरुष के प्रेम को सामाजिक परिर्वतन से जुड़े चिंता-जगत् में निश्चित जगह हासिल नहीं होनी चाहिए ?

ऐसे अनेकों सवाल मन में आते चले जाते हैं। इन तथा ऐसे अनेक सवालों का मूल संदर्भ एक ही है। सामाजिक सम्बन्धों की ऐसी पुनर्रचना, जो स्त्री और शूद्र को ही नहीं, बल्कि वर्चस्वशाली पुरुष को भी प्रतिशोध और हिंसा से भरे भाव-तंत्र से मुक्ति पाने में सहायता करे।

एक बात निस्संकोच कही जा सकती है। सभी परम्पराएँ और सभ्यताएँ स्त्री के संदर्भ में कहीं-न-कहीं गहरी हीनता-ग्रंथि और अपराध-बोध से ग्रस्त हैं। इसीलिए हिंदुत्व के ठेकेदार स्त्री की दुर्दशा के लिए इस्लाम को कोसते हैं और इस्लाम के मुज़ाहिद हिंदू धर्म को। और दोनों मिलकर धर्मनिरपेक्ष आधुनिकता को। उधर आधुनिकता के अलमबरदार तसलीमा नसरीन के लिए बेहद चिंतित होते हैं, लेकिन औद्योगिक सभ्यता में स्त्री के वस्तुकरण का जो विशिष्ट रूप प्रचलित है, उसे नैसर्गिक भी मानते हैं। कुल मिलाकर ऐसा लगता है कि स्त्री के व्यक्तित्व-अर्जन की समस्या किसी सभ्यता-परम्परा के उदार और सहिष्णु होने

अथवा न होने भर की समस्या है। स्वयं स्त्री तो हर हाल में निष्क्रिय है। वह पुरुषों द्वारा ही रची गई किसी अपेक्षाकृत उदार और सहिष्णु व्यवस्था की प्रतीक्षा करने के अलावा न तो कुछ कर सकती है और न उसे करना चाहिए। इस तर्क-पद्धति का सबसे ताज़ा उदाहरण तसलीमा-प्रसंग है। इस ठोस प्रसंग में तर्क इस प्रकार चलता है : अन्य धर्मों की तुलना में इस्लाम स्त्री के प्रति अत्यन्त उदार है। सातवीं-सदी में, जब कि स्त्री की दशा पशु से भी बदतर थी, इस्लाम ने स्त्री के प्रति मानवीय व्यवहार का उपदेश दिया। इस उपदेश को लागू करने की नैतिक और कानूनी व्यवस्थाएँ भी कीं। इसलिए इस्लाम पर स्त्री-विरोधी होने का आरोप लगाना अनर्थ है। चूँकि मामला इस्लाम का है, इसलिए ऐसा आरोप लगाने वाली तसलीमा नसरीन को प्राणदण्ड दे भी दिया जाए, तो कोई हर्ज़ नहीं। जो मुस्लिम बुद्धिजीवी इस तरह की फ़तवेबाज़ी का विरोध भी करते हैं, उनमें-से अधिकांश दर्जनों प्रकार के किन्तु-परन्तु लगाकर ही विरोध करते हैं।

बहुत लम्बे तर्क और शास्त्रार्थ में जाए बिना केवल इतना स्पष्ट करना ज़रूरी है कि किसी भी स्त्री के व्यक्तित्व का अधिकार किसी भी धर्म, सभ्यता या समाज-व्यवस्था की कृपा का परिणाम नहीं है। उलटे स्त्री के नैसर्गिक व्यक्तित्व का हनन हर सभ्यता का सबसे बड़ा नैतिक खोखल है। अपने स्त्रीत्व के प्रति जागरूक और आग्रहशील स्त्री-व्यक्तित्व की स्वीकृति ही स्वाभाविक स्थिति है, नैसर्गिक न्याय है। इसके विपरीत कोई भी स्थिति अन्याय है, जिसका प्रतिवाद न्याय-चेतस् व्यक्ति का कर्तव्य भी है और अधिकार भी। सातवीं-सदी में इस्लाम की भूमिका अपने ऐतिहासिक और भौगोलिक संदर्भ में निश्चय ही प्रगतिशील थी, लेकिन क्या आज भी हम सातवीं सदी के अरब में जी रहे हैं ?

तसलीमा नसरीन के प्रसंग में एक और महाभयानक विडम्बना उजागर हुई है। जो महान् बुद्धिजीवी 'पांचजन्य' के पन्नों पर तसलीमा के मौलिक अधिकारों के प्रति सहानुभूति की दरिया बहा रहे हैं, वे सूरत की सड़कों पर हुए बलात्कारों के संदर्भ में मौनी बाबा हैं और निखिल वागले तथा मणिमाला पर होने वाले हमलों के मामले में भी। मानव अधिकारों के सामान्य सवाल की ही तरह स्त्री की हैसियत का विशिष्ट सवाल भी अपने गिरेबान में झाँकने से बचने और दूसरे की तुलना में स्वयं को अधिक सभ्य सिद्ध करने का बहाना बना दिया गया है। दूसरे शब्दों में स्त्री का सवाल फिर से एक बार पुरुष-वर्चस्व के विभिन्न रूपों के बीच खेली जा रही शतरंज का मुहरा बना दिया गया है। 'लज्जा' लिखकर तसलीमा ने तो अपने नारीवाद को मानववाद से जोड़ने का प्रमाण दे दिया, लेकिन जो लोग सूरत की लज्जा से आँखें फेर ढाका की लज्जा को ही उछाल रहे हैं, वे खूब जानते हैं कि वे क्या कर रहे हैं। चूँकि वे जानते हैं, इसलिए उन्हें उनकी अपनी आत्मा भी शायद ही क्षमा कर पाए। दिसम्बर, 1992 में बाबरी मस्जिद के ढहा दिए जाने

के बाद सिर्फ बांग्लादेश में ही अल्पसंख्यकों की दुर्गति नहीं हुई थी, भारत में भी हुई थी और पाकिस्तान में भी। इसलिए सवाल हत्या से हत्या को उचित ठहराने का नहीं, हत्या की राजनीति से संघर्ष करने का है।

दुनिया में अगर न्याय का कोई एक विश्वव्यापी संघर्ष है, तो वह है नारी के लिए न्याय का संघर्ष। अगर किसी एक मुद्दे पर हर सभ्यता, हर परम्परा का दामन दाग़ों से भरा हुआ है, तो वह है स्त्री की अस्मिता का मुद्दा। इस न्यूनता का अहसास भी हर समाज के अवचेतन में मौजूद है। इसलिए अपने स्त्रीत्व के प्रति जागरूक और उसके प्रति आग्रहशील स्त्री से हर परम्परा डरती है, डरकर उसे गरियाती है। लेकिन नारी के लिए न्याय का संघर्ष भूमिकाओं की अदला-बदली का संघर्ष नहीं हो सकता। न ही यह समतापरक समाज के लिए ज़रूरी अन्य संघर्षों से असम्पृक्त हो सकता है। पुरुषवादी वर्चस्व की जो सत्ता स्त्री को हाशिए पर फेंकती है, वही सत्ता उपनिवेशीकरण के अपने समाज के भीतर और बाहर विविध रूप गढ़ती है। हमारे समाज का स्त्री-विरोधी, श्रम-विरोधी आन्तरिक उपनिवेशीकरण वर्णाश्रम की विचारधारा और जाति-व्यवस्था की संरचना में व्यक्त होता है। जाति-व्यवस्था ने एक तरफ महिमा-मंडन, दूसरी तरफ व्यक्तित्व के निषेध की चतुराई के ज़रिए ऐसा भाव-तंत्र गढ़ा है, जिसमें जीने वाली सवर्ण स्त्री स्वयं को शूद्र से नहीं, सवर्ण पुरुषवाद से जोड़ती है। दूसरी तरफ़ जाति-व्यवस्था के ख़िलाफ़ सामाजिक न्याय के विविध संघर्ष चलाने वाले लोग भी नारी-मुक्ति के सवाल को राजनीतिक एजेंडा पर लाने की ज़रूरत ही नहीं समझते उल्टे स्वयं इन लोगों तथा उनके राजनीतिक-सांस्कृतिक प्रतिनिधियों का व्यवहार और चिंतन रुग्ण पुरुषवाद से ग्रस्त होता है और इस तरह जाति-व्यवस्था के विरुद्ध संघर्ष करुण रूप से आधा-अधूरा रह जाता है।

समस्या का यह पहलू कबीर से लेकर आजतक बरकरार है। सामाजिक न्याय की शक्तियों की इस सांस्कृतिक न्यूनता का लाभ जाति-व्यवस्था के सांस्कृतिक वर्चस्व को बनाए रखने और उसे राष्ट्रवाद का मोहक नाम देने के लिए उठाया जाता है। पिछले कुछ वर्षों में हमारे समाज में जाति-व्यवस्था साफ तौर से राजनीतिक एजेंडा पर आती दिख रही है। परिणामस्वरूप जातिवादी यथास्थितिवाद और परिवर्तनकामी शक्तियों के बीच तीखा ध्रुवीकरण पैदा हो गया है। इसी कारण यथास्थितिवादी ताकतें पूरा ज़ोर लगा रही हैं कि राष्ट्रवाद दलितों, उत्पीड़ितों और स्त्रियों को कुचलने वाले जातिवादी सत्तातंत्र और भाव-तंत्र का आकर्षक मुखौटा बना रहे। दूसरी ओर परिवर्तनकामी शक्तियों का दूरगामी एजेंडा राष्ट्रीय आत्म-चेतना को जातिवाद-विरोधी सामाजिक न्याय के पक्ष में ढालने का है। इसके लिए ज़रूरी है कि नारी-मुक्ति के सवाल को सज़ग रूप से राजनीतिक एजेंडा पर लाया जाए। सामाजिक न्याय का संघर्ष राजनीतिक-सत्ता के संघर्ष तक सीमित नहीं है। यह

संघर्ष परम्परागत सांस्कृतिक वर्चस्व के ख़िलाफ़ है। स्त्री और शूद्र को पशु के समकक्ष रखने वाली मर्यादा का प्रतिवाद करते हुए मर्यादा की ऐसी अवधारणा गढ़नी है, जो पशु के साथ भी मानवीय व्यवहार करे। ऐसी मर्यादा प्रतिशोध के प्रस्थान-बिन्दु से नहीं, बल्कि प्रेम की गंगोत्री से आरम्भ होगी। प्रचलित मर्यादा के सांस्कृतिक वर्चस्व के विरुद्ध इस नयी मर्यादा का संघर्ष सवर्ण पुरुष को भी दण्डित करने के नहीं, बल्कि उसे सूक्ष्म दासता से मुक्त करने के लिए होना चाहिए।

सामाजिक न्याय को व्यापकतर एवं ठोस रूप देने वाले इस संघर्ष को सांस्कृतिक परम्परा की जीवित समृतियों के सर्जनात्मक विकास का रूप लेना होगा। इसलिए सामाजिक न्याय के पक्ष में राजनीतिक-सांस्कृतिक संघर्ष का नारा होना चाहिए :

"भारतीयता की नयी पहचान
सीता, शंबूक का हो सम्मान !"

संदर्भ

1. सुकुमारी भट्टाचार्य, 'प्राचीन भारत : समाज और नारी', कलकत्ता, 1992, पृ.164.
2. एडवर्ड सईद, 'कल्चर एण्ड इम्पीरियलिज़्म', लन्दन, 1993, पृ.-392.

1948 और 1992 का फर्क

एक सवाल बार-बार मेरे मन में उठता है। हिंदू 'राष्ट्रवादी' नाथूराम गोडसे ने गाँधीजी की हत्या क्यों की ? वह चाहता तो बुद्धिजीवी, आधुनिक नेहरू, पाकिस्तान आंदोलन के सर्वोच्च नेता जिन्ना या 'राष्ट्रवादी मुस्लिम' नेता मौलाना आजाद की हत्या करने का भी प्रयत्न कर सकता था। लेकिन गोडसे ने गोली दागी गाँधी जी पर, जो सनातनी 'हिंदू' थे, 'राम राज्य' का सपना देखते थे और जिन्होंने प्राण भी राम का नाम लेते हुए ही त्यागे। ऐसे धर्मप्राण व्यक्ति से हिंदू राष्ट्रवादी गोडसे को ऐसी जानलेवा नफरत क्यों थी ?

न तो गोडसे पागल था और न गाँधी-वध सिर्फ एक पागल का कारनामा। यह बहस फिजूल है कि गोडसे संघ परिवार का विधिवत् सदस्य था या नहीं। जरूरत उस गहरे अंतर्विरोध पर ध्यान देने की है, जो गाँधीजी के 'परायी पीर जानने' वाले वैष्णव स्वभाव और परपीड़ा को ही धर्म समझनेवाले हिंदू राष्ट्रवाद के बीच तब भी मौजूद था और अब भी मौजूद है। गोडसे के बयान को पढ़ें तो मालूम होगा कि उसके द्वारा परिभाषित राजनीतिक हिंदुत्व को सबसे विकट चुनौती परम धार्मिक हिंदू गाँधी से ही थी। गोडसे के 'हिंदुत्व' के सबसे बड़े बाधक गाँधी जी ही थे, जो गोडसे के शब्दों में 'कोरे धार्मिक हिंदू' थे, वह भी 'अतार्किक, अव्यावहारिक और अवैज्ञानिक।' साथ ही, गोडसे को यह एहसास भी था कि अपने चरित्र बल तथा स्वभाव-संस्कार के कारण गाँधीजी की उपस्थिति का नैतिक प्रभाव अकाट्य था। प्रामाणिकता की इस भूमि पर खड़े गाँधी सारे समाज का दानवीकरण कर डालने को उतारू साम्प्रदायिकता का सबसे सशक्त प्रतिवाद थे। इसलिए गोडसे के हिंदू राष्ट्रवाद का फैसला दो टूक था–गाँधी की हत्या। यह सिर्फ एक व्यक्ति का फैसला नहीं था। व्यक्ति गोडसे द्वारा गाँधी का वध तो सिर्फ एक प्रतीक था–विवेकहीन उन्माद द्वारा सहज मानवीय विवेक पर आक्रमण का प्रतीक।

कुछ लोगों ने 6 दिसम्बर को अयोध्या में संघ परिवार द्वारा किये गये कुकर्म की तुलना गाँधी-हत्या से की है। कुछ अन्य लोगों का मानना है कि यह तुलना अतिरेकपूर्ण है। ऐसे लोगों के अनुसार गाँधी-हत्या की त्रासदी कहीं अधिक विकट

थी। अयोध्या का घटनाक्रम, अपने स्वरूप और परिणति में उतना विकट नहीं है। विकटता की तुलना तो खैर अलग मसला है, लेकिन यह सच है कि सन् 1948 और सन् 1992 की त्रासदियों में सचमुच एक बड़ा महत्त्वपूर्ण फर्क है। इस फर्क को समझना जरूरी है। यहाँ सन् 1984 के सिख-विरोधी नरसंहार को भी ध्यान में रखें। गाँधी की हत्या और यह नरसंहार, दोनों ही कुछ लोगों द्वारा रचे गये षड्यंत्र के परिणाम थे। ऐसा माहौल जरूर लगातार कोशिशें करके बनाया गया था कि इन दोनों ही कुकर्मों को 'अनिवार्य बुराई' मानकर इनके प्रति उदासीन हो जानेवाले लोगों की संख्या कम नहीं थी। लेकिन ऐसा नहीं था कि गाँधी-हत्या या सिख-विरोधी नरसंहार के पक्ष में किसी राजनीतिक गिरोह ने बाकायदा अभियान चलाया हो, खुलेआम इनकी तैयारी के लिए प्रचार किया हो। इन दोनों ही घटनाओं के पहले घृणा का प्रचार मुख्यतः अफवाहों के जरिये किया जा रहा था। खासकर सन् 1948 में गाँधीजी की हत्या के पहले राष्ट्रीय स्वयंसेवक संघ और हिंदू महासभा सरीखे संगठन न केवल साम्प्रदायिक हिंसा भड़का रहे थे, बल्कि गाँधीजी को ही देश- विभाजन और मुस्लिम तुष्टीकरण का सबसे बड़ा अपराधी भी ठहरा रहे थे। गाँधीजी की हत्या के समय गृह मंत्री सरदार पटेल थे। उन्हें तो आवाजो (आडवाणी, वाजपेयी, जोशी) भी 'स्यूडो-सेकुलर' नहीं कहेंगे। उन्हीं की पहल-कदमी से आर. एस. एस. पर प्रतिबंध लगा और 4 फरवरी, 1948 को जारी की गयी गृह मंत्रालय की विज्ञप्ति में कहा गया, "देश के कई भागों में राष्ट्रीय स्वयंसेवक संघ के कार्यकर्ता आगजनी, लूटपाट, डकैती और हत्याएँ करते पाये गये हैं, उन्होंने गैरकानूनी असलहा जमा कर रखा है। वे लोगों को हथियार जमा करने, पुलिस और सेना में भड़काव पैदा करनेवाले पर्चे बाँटते पाये गये हैं। संघ की घातक गतिविधियाँ लगातार जारी हैं और उसकी हिंसक विचारधारा ने गाँधीजी सहित अनेक लोगों के प्राण लिये हैं।"

सन् 1948 और सन् 1992 का जो फर्क नहीं भूलना चाहिए, वह यह है कि सन् 1948 में गाँधी-हत्या की स्वीकृति का माहौल बनाने की कोशिश अंदरखाने की गयी थी, जो कि कुल मिलाकर असफल रही। गाँधी-हत्या समूचे समाज को होश में ले आने वाला क्रूर झटका साबित हुई। यहाँ तक कि आगे चलकर आर. एस. एस. ने इस पाप की जिम्मेवारी से बचने की हर कोशिश की। तात्कालिक संदर्भ में भी, प्रतिबंध तभी उठाया गया, जब आर. एस. एस. ने राजसत्ता के सामने घुटने टेक दिये। कहा जा सकता है कि बावजूद विभाजन की त्रासदी, दंगों की विभीषिका और 'आतंकवादी तौर-तरीकों' के, सन् 1948 में आर. एस. एस. की हिंसक, साम्प्रदायिक विचारधारा समाज को विवेक-शून्य बनाने में नाकामयाब रही।

सन् 1992 की स्थिति क्या है ? 6 दिसम्बर को बाबरी मस्जिद चोरी-छुपे नहीं, बल्कि खुलेआम लाखों लोगों की स्वीकृति के साथ ध्वस्त की गयी। उसी के साथ ध्वस्त कर दी गयीं—सारी लोकतांत्रिक मर्यादाएँ और हिंदू सहनशीलता।

की मिथकीय अवधारणाएँ। इस विध्वंस के लिए माहौल भी घुमा-फिराकर या दबे-छुपे नहीं, बल्कि खुलेआम, बाक़ायदा राजनीतिक अभियान के रूप में पिछले कई बरसों से बनाया जा रहा था। इस अभियान के खतरों के प्रति लापरवाह रहने का नतीजा अब सामने है। 6 दिसम्बर को जब मस्जिद और उसके साथ संवैधानिक मर्यादा, सूचना के अधिकार और लोकतांत्रिक मूल्यों पर हमला हुआ तो व्यापक हिंदू समाज में क्या हो रहा था ? एक दिन तो एक हतप्रभ-सा सन्नाटा छाया रहा, ऐसा सन्नाटा कि संघ परिवार को भी लगने लगा कि 'काम बिगड़ गया', 'दुर्भाग्यपूर्ण काम' या 'दुर्घटना' हो गयी। लेकिन दूसरे ही दिन से मस्जिद को खंडित करनेवालों की समझ में आने लगा कि उनके पक्ष में 'अभूतपूर्व सामाजिक-राजनीतिक ध्रुवीकरण' हुआ है। संघ परिवार की लगातार बढ़ती निर्लज्जता और आक्रामकता इसी एहसास की परिणति है। इस पापकर्म के प्रति स्वयं हिंदू समाज में जैसी वितृष्णा और अस्वीकृति की उम्मीद थी, उसके स्थान पर एक महाभयानक उद्दंडता और औचित्य निरूपण की प्रवृत्ति दिखाई पड़ रही है। लग रहा है कि व्यापक हिन्दू समाज ने साम्प्रदायिकता की राक्षसी विचारधारा को इस हद तक आत्मसात कर लिया है कि उसे अयोध्या में हुए पाप का कोई बोध तक नहीं है। हालत यह है कि बहस और संवाद की तो बात क्या, सीधा-सादा संप्रेषण तक फिलहाल असंभव दीख रहा है।

फासीवाद और उसके भारतीय संस्करण साम्प्रदायिकता की राजनीति यही होती है—अपने धार्मिक/प्रजातीय समुदाय को एक विवेकहीन, संवेदनशून्य चट्टान में बदल डालना, देश के किसी समुदाय को लोगों की चेतना में स्थायी शत्रु का दर्जा दिला देना, एवं किसी भी तरह की बहस और संवाद के रास्ते बंद कर देना। आस्था, भावना और परम्परा के बहाने समाज के आलोचनात्मक विवेक को अवरुद्ध कर देना। सन् 1948 में आर. एस. एस. के इस राजनीतिक प्रोजेक्ट के प्रतिरोध की सम्भावना स्वयं हिंदू समाज के भीतर बनी हुई थी। गाँधी इसी सम्भावना के तो प्रतीक थे। वे हिंदू थे—हिंदू राष्ट्रवाद के मुखर विरोधी हिंदू। हिंदू होने पर गर्व के साथ-साथ आलोचनात्मक विवेक से सम्पन्न हिंदू। साम्राज्यवाद विरोधी जननायक होने के साथ-साथ हिंदू समाज के आंतरिक शक्ति संघर्ष के प्रति सजग हिंदू। हिंदू होने का अर्थ मुसलमान से घृणा करना नहीं, बल्कि सर्व धर्म-समभाव में सक्रिय विश्वास करना होना चाहिए—ऐसा माननेवाले हिंदू। गाँधीजी सम्भवतः पहले व्यक्ति थे, जिन्होंने यह बात समझी और समझायी कि आधुनिक भारत में 'सेक्यूलरिज़्म' का मतलब सिर्फ यह नहीं कि सरकार धर्म से उदासीन रहे, बल्कि यह है कि विभिन्न धार्मिक आस्थाएँ एक-दूसरे के प्रति खुलापन रखें—एहसान के तौर पर नहीं, कर्तव्य के रूप में। उनका 'रामराज्य' हिंदू राज नहीं था। वे रामराज्य की कल्पना ऐसे संवेदनशील समाज के रूप में करते थे, जहाँ किसी भी व्यक्तिगत

या सामाजिक कर्म का पैमाना यह सवाल हो कि उस कर्म से 'समाज के सबसे कमजोर आदमी की आँख का आँसू पोंछने' में कितनी मदद मिलती है। इसीलिए गाँधीजी का रामराज्य तत्त्वतः ईश्वर का राज्य था, जिसके राम के सिवाय और भी अनेक नाम हैं। गाँधीजी की जीवन-दृष्टि मूलतः धार्मिक थी। वे बीसवीं सदी में भारतीय जनता के जीवन-अनुभवों से जुड़े विवेक और लोकधर्म की परंपरा के सबसे सुंदर और पावन प्रवक्ता थे–शब्द में भी, कर्म में भी।

जो लोग अभी दो बरस पहले तक भाजपा को हिंदू मानस का 'सुंदर और सशक्त प्रतिनिधित्व' करने का श्रेय देते रहे हैं, न जाने उनके मन में यह सवाल कभी आया कि नहीं कि गोडसे ने गाँधीजी की हत्या क्यों की ! इस सवाल का जवाब सिर्फ इतिहास को समझने के लिए नहीं, वर्तमान में जारी समाज के राक्षसीकरण का प्रतिवाद करने के लिए भी जरूरी है। इस संदर्भ में, गाँधीजी का व्यक्तित्व और कृतित्व जिन चीजों को व्यक्त करता है, वे क्या हैं ? सूत्र रूप में कहें तो, नैतिक प्रामाणिकता, धारा के विरुद्ध जा सकने का आत्मबल, सर्व धर्म-समभाव का सच्चा संस्कार, अपने समाज को निर्जीव चट्टान के बजाय स्पंदनशील जीवित इकाई के रूप में देखने का सामर्थ्य, मनुष्य के चित्त और समाज में सतत जारी आत्मसंघर्ष में शुभ और जीवनपरक के पक्ष में खड़े हो सकने की सनातन सत्य निष्ठा। इसलिए वे परंपरा और समाज से सहज भाव से जुड़े थे। इस जुड़ाव की घोषणा उन्हें गला फाड़कर नहीं करनी पड़ती थी और ऐन इसी कारण वे परम्परा के अंधभक्त नहीं, जिज्ञासु आलोचक थे। उनका रामभक्त होना ईश्वर को अल्लाह कहने के आड़े नहीं आता था।

जिस हिंदूभाव की चर्चा संघ परिवार करता है, उसका गाँधी जी के हिंदू धर्म से छत्तीस का रिश्ता हो, यह स्वाभाविक है। स्वाभाविक दो कारणों से। एक तो गाँधीजी का हिंदू धर्म लोकजीवन के स्वाभाविक संस्कार से जुड़ा है। इस संस्कार को विकृत किये बिना संघ परिवार का राक्षसी प्राजेक्ट पूरा हो ही नहीं सकता। दूसरे, गाँधीजी की नैतिक प्रतिभा दीन-दुनिया से विरक्त हो चुके किसी वानप्रस्थी की नैतिक प्रतिभा नहीं थी। उनका व्यक्तित्व और कृतित्व एक-दूसरे में गुँथे हुए थे। वे रोजमर्रा की राजनीति से परे 'महात्मा' नहीं थे, बल्कि उसमें सक्रिय रहते हुए महात्मा गाँधी थे। परिणामस्वरूप हिंदू समाज के दानवीकरण के बरक्स उनकी नैतिक अपील जबर्दस्त थी। गाँधी-हत्या के बाद यही नैतिक अपील संघ की 'हिंसक विचारधारा' के विरुद्ध व्यापक घृणा में व्यक्त हुई और संघ परिवार की मजबूरी हो गयी कि वह गाँधी हत्या के पाप में अपनी हिस्सेदारी नकारने की पूरी कोशिश करे !

सन् 1948 और सन् 1992 का फर्क अब स्पष्ट है। आरम्भिक संकोच के बाद संघ परिवार और भाजपा मस्जिद विध्वंस की जिम्मेदारी से कतराने के बजाय

उसे 'स्वाभाविक' सिद्ध कर रहे हैं, घृणा के ज्वार पर सवार हो दिल्ली पहुँचने का सपना देख रहे हैं। उनका आकलन यही है कि हिंदू समाज को विवेकहीनता और संवेदनहीनता के दलदल में धँसा देने का उनका प्रोजेक्ट सन् 1948 में तो असफल रहा था, लेकिन सन् 1992 में कामयाब हो गया है।

यह आकलन कितना सही है और कितना गलत, यह तो भविष्य में राजनीतिक प्रक्रिया के जरिये प्रतिबिम्बित होगा, लेकिन समाज का नैतिक क्षरण हुआ है, इतना तो दीख रहा है। आज संघ परिवार को प्रामाणिक और नैतिक चुनौती देनेवाली कोई गाँधी सरीखी आवाज़ समाज में मौजूद नहीं है। हिंदू जन-मानस में बड़ी जगह हासिल करने में साम्प्रदायिकता को अभूतपूर्व सफलता मिली है। इस वक़्त दाँव पर मंदिर, मस्जिद या हिंदू-मुस्लिम भावनाएँ नहीं, बल्कि भारत देश और भारतीय संस्कृति का भविष्य लगा हुआ है। मस्जिद विध्वंस के प्रति उदासीनता और मौन-मुखर स्वीकृति से यही सवाल बड़े दर्दनाक ढंग से उभरता है : क्या हमारे दानवीकरण की प्रक्रिया पूरी हो चुकी है ? या, अभी भी यह संभावना बाकी है कि हम एक संवदेनशील, विवेकवान् समाज बने रह सकें ?

इस सवाल से तभी टकराया जा सकता है, जब हम ईमानदारी से अपने विवेक को खँगालें। साम्प्रदायिकता के दानवी फासीवाद को हमारे सामजिक मानस में इतनी जगह कैसे मिलती चली गयी ? और, हम बुद्धिजीवियों ने इस प्रसंग में क्या किया और क्या नहीं किया ?

कहने की आवश्यकता नहीं कि ये सवाल बहुत व्यापक जाँच-पड़ताल की माँग करते हैं। लेकिन यहाँ कुछेक मुद्दों को समझने की कोशिश जरूर की जा सकती है। यह कोशिश हमारी सामाजिक-राजनीतिक व्यवस्था में अंतर्निहित उस प्रक्रिया को ध्यान में रखते हुए ही की जा रही है, जिसके कारण राज्य, समाज और व्यक्ति के बीच संवाद का नहीं, तनाव और अविश्वास का संबंध विकसित हुआ है, पहचान और परम्परा को अपनी मर्जी की राजनीति के लिए इस्तेमाल करने का उपभोक्तावाद विकसित हुआ है और परिणामस्वरूप एक गहरी बोधशून्यता हमारे अस्तित्व के विभिन्न धरातलों पर व्याप गयी है। संघ परिवार के राजनीतिक प्रोजेक्ट की सफलता का इस बोधशून्यता को उपजानेवाली प्रक्रियाओं से गहरा संबंध है। इस एहसास के साथ ही विशिष्ट मुद्दों पर बात की जानी चाहिए।

ऊपर हिंदू धर्म के स्वाभाविक संस्कार की बात की गयी है, जिसके प्रतीक गाँधीजी थे और जिसे विकृत किये बिना साम्प्रदायिक दानवीकरण की कामयाबी असंभव थी। गाँधी-वध से और किसी ने कुछ सीखा हो या न सीखा हो, संघ परिवार ने बहुत कुछ सीखा। 1948 के बाद उनकी रणनीति स्वाभाविक धार्मिक-संस्कार को व्यवस्थित ढंग से विकृत करने की रही है। दुर्भाग्य से, पिछले पंद्रह वर्षों से स्थितियाँ इस विकृतीकरण के अधिकाधिक अनुकूल होती चली गयीं, लेकिन

इन स्थितियों का लाभ उठाने में संघ परिवार ने कमाल की चतुराई का परिचय दिया है। अयोध्या प्रसंग इस चतुराई का ही सबसे प्रचंड दृष्टांत है। इस दृष्टांत से मालूम पड़ता है कि फासिस्ट तत्त्व भाषा और भावना की ताकत को जितनी अच्छी तरह जानते, समझते हैं, कम-से-कम भारतीय जनवादी-समाजवादी नहीं समझते। और, इसी कारण वे सचेत रूप से साम्प्रदायिक फासिज़्म का विरोध करते हुए भी अनजाने ही फासिस्ट इरादों की पूर्ति में सहायक बन जाते हैं।

इस बात को ठोस रूप में देखें। अयोध्या में क्या तोड़ा गया ? बाबरी मस्जिद। लेकिन हममें से अधिकांश तो अभी कल तक उसे मस्जिद कहते ही नहीं थे। भाजपा के प्रचार को हमने अनजाने ही इतना आत्मसात कर लिया था कि वह इमारत बहुत-से नेक लोगों तक के लिए 'मस्जिद' न रहकर 'विवादित ढाँचा' बन गयी थी। अब किसी भी व्यक्ति के लिए 'विवादित ढाँचे' का वह महात्म्य तो नहीं हो सकता जो किसी भी धर्म के देवस्थान का होगा। सो, हमारे बुद्धिजीवियों, पत्रकारों, टिप्पणीकारों ने पिछले कई बरसों में एक मस्जिद को 'विवादित ढाँचे' में तब्दील कर दिया। बहुत-से लोग यह सीधी-सी बात नहीं समझते कि भाषा यथार्थ को व्यक्त-भर नहीं करती, वह लोगों की चेतना के धरातल पर यथार्थ का 'निर्माण' भी करती है। इसीलिए मुहावरे के अनुसार कुत्ते को मारने के पहले उसे बदनाम करना जरूरी होता है। संघ परिवार को सिर्फ मस्जिद नहीं गिरानी थी, मुसलमानों को उनकी औकात भी बतानी थी और साथ ही लोकतंत्र को भीड़तंत्र में बदल देनेवाली पशुता को राजनीतिक कार्यवाही का ही नहीं, धार्मिक कर्तव्य का दर्जा भी देना था। इस दूरगामी लक्ष्य की प्राप्ति के लिए ही लोगों के संस्कार को विकृत करना था और इस विकृति का माध्यम भाषा को बनाना था। यही कारण है कि भौतिक रूप से मस्जिद को ध्वस्त करने के बहुत-बहुत पहले से लोगों की चेतना में मस्जिद की जगह एक 'विवादित ढाँचा' खड़ा कर दिया गया। विडंबना यह है कि कुछ अपवादों को छोड़ दें, तो व्यापक विमर्श के धरातल पर बाबरी मस्जिद थी ही कहाँ , वहाँ तो बस विवादित ढाँचा था। भाषा का यह सूक्ष्म, सधा हुआ दुरुपयोग संस्कार के विकृतीकरण का सबसे प्रभावशाली माध्यम साबित हुआ। इस दुरुपयोग के प्रति जो लापरवाही अधिकांश साम्प्रदायिकता-विरोधियों ने दिखायी, उसका कारण क्या है ?

भाषा के उपयोग-दुरुपयोग के प्रति यह लापरवाही, असल में, बृहत्तर लापरवाही का ही एक रूप है। किसी भी साम्प्रदायिक विचारधारा का लक्ष्य सामाजिक मानस पर एकाधिकार कायम करना होता है, जबकि अधिकांश साम्प्रदायिकता विरोधी साम्प्रदायिकता को आर्थिक प्रतिस्पर्धा से जोड़कर देखने के आदी हैं। साम्प्रदायिक विचारधारा सामाजिक संस्कार को विकृत करने का 'सांस्कृतिक' काम लगातार करती है, साम्प्रदायिकता विरोधी केवल साम्प्रदायिक हिंसा के समय ही सक्रिय होते हैं।

साम्प्रदायिक विचारधारा लोगों के संस्कार में जड़ें जमाने का प्रयत्न करती है, साम्प्रदायिकता-विरोधी आम तौर से समझते हैं कि लड़ाई का एकमात्र संदर्भ राजसत्ता पर अधिकार करना ही है। कुल मिलाकर, साम्प्रदायिकता के समग्र प्रोजेक्ट का मुकाबला टुकड़ा-टुकड़ा समझदारी के जरिये करने का प्रयत्न किया जाता है। नतीजा हमारे सामने है।

ताजा अनुभव से ही उदाहरण लें। दैनिक 'पायनियर' ने नवम्बर '93 के तीसरे सप्ताह में लखनऊ और उसके आसपास एक सर्वेक्षण किया। इस सर्वेक्षण के एक नतीजे पर सबने ध्यान दिया, एक पर शायद ही किसी ने ध्यान दिया। इस बात पर अधिकांश लोग अयोध्या में मंदिर-मस्जिद का सहअस्तित्व चाहते हैं। ध्यान नहीं दिया गया इस दूरगामी तथ्य पर कि सर्वेक्षण में शामिल लोगों में से 92 प्रतिशत उत्तर प्रदेश सरकार द्वारा इतिहास की पाठ्य-पुस्तकों में की गयी तोड़-मरोड़ को उचित मानते हैं। साम्प्रदायिकता-विरोधी लोग तात्कालिक चिंता के संदर्भ में लोगों के सही सोच से इतने उत्साहित थे कि उन्हें इस दूरगामी चिंता ने सताया ही नहीं कि संघ परिवार की साम्प्रदायिक इतिहास-दृष्टि को कितनी व्यापक लोकस्वीकृति हासिल हो रही है। इसी तरह, शायद ही किसी को यह बात खटकती हो कि हमारे पत्रकारों, टिप्पणीकारों की कृपा से पिछले बरसों में देश के सारे महंत-मठाधीश 'साधु-संतों' में बदल गये हैं। यही नहीं, 'रामभक्त' शब्द का अर्थ हो गया साम्प्रदायिक उन्माद का वह शिकार जो 'राम-भक्ति' का प्रदर्शन निर्लज्ज वचनभंग, हिंसा और स्त्रियों के साथ दुर्व्यवहार में करता हो। कबीर और गाँधी सरीखों के लिए रामभक्ति की साधना बड़ी कठिन थी, सन् 1992 में संघ परिवार की साम्प्रदायिक हिंसकता का हर समर्थक 'रामभक्त' है। फिर से कहें, भाषा केवल कथन का नहीं, बोध का भी माध्यम है। हिंसक साम्प्रदायिकता को हिंदू धर्म का सार समझनेवाला आत्म-बोध संघ परिवार की बहुत प्रभावशाली और दूरगामी रणनीति के तहत फैलाया गया है। सबसे मारक विडंबना यही है कि अपनी परंपरा के प्रति असंवेदनशील तथा अपनी भाषा की प्रकृति से अनजान होने के कारण साम्प्रदायिकता-विरोधी लोगों ने भी साम्प्रदायिकता के ऐसे आत्मसातीकरण में योगदान ही किया है।

बात कड़वी, लेकिन सच्ची है कि जब फासिस्ट-व्यवहार हमारे पत्रकारों के सामने कोरी खबर के बजाय आपबीती बनकर आया तो संघ परिवार और भाजपा के प्रति उनकी राय एकदम बदल गयी। 6 दिसम्बर के फासिस्ट हमले के पहले न केवल भाजपाई शब्दावली का आत्मसातीकरण खुशी-खुशी किया जाता था, बल्कि भाजपा को सच्चे राष्ट्रवाद और हिंदू नवजागरण की पार्टी भी जोर-शोर से बताया जाता था। फर्क इसलिए पड़ा कि अयोध्या में भाजपा का 'मीडिया मैनेजमेंट' गड़बड़ा गया। बाकी सारी कार्यपद्धति तो वही थी, जिसका खुलेआम समर्थन बड़े-बड़े धुरंधर

पत्रकार करते रहे हैं। हमारे पत्रकार समुदाय की नैतिक-बौद्धिक निष्ठाओं पर उससे विकराल टिप्पणी क्या हो सकती है, जो 6 दिसम्बर के बाद हुए 'प्रेस के हृदय परिवर्तन' में निहित है।

अयोध्या और उसके बाद की घटनाओं ने उस प्रक्रिया की परिणति को विकराल रूप से हमारे सामने ला दिया है, जिसकी डरावनी समग्रता से टकराने में हमारा समाज बड़ी हद तक विफल रहा है। अपनी विकरालता के कारण ही अयोध्या कांड एक नये आरम्भ का रूपक भी हो सकता है। यदि हम अब भी साम्प्रदायिक विचारधारा की भयावह सांस्कृतिक समग्रता को समझ सकें, साथ ही अपनी दुर्बलताओं के सामने ईमानदारी से खड़े हो सकें, तो शायद समाज के विवेक और संवेदना को पुनः सक्रिय किया जा सकता है।

इस सिलसिले में समझना होगा कि अयोध्या में जो कुछ हुआ, वह शर्मनाक तो है ही, सबसे ज्यादा खतरनाक स्वयं हिंदू समाज के लिए है। यह सवाल पूछना होगा कि समाज में संवाद और संवेदन का इतना क्षय कैसे हो गया ? यह स्थिति कैसे बन गयी कि हिंदू राष्ट्रवाद की आत्मघातक विचारधारा को हिंदू समाज का ऐसा मुखर समर्थन प्राप्त हो रहा है। इस स्थिति के प्रत्यक्ष कारणों में से एक की चर्चा हमने ऊपर की है। एक और अत्यंत महत्त्वपूर्ण कारण है, लगभग सभी राजनीतिक दलों और साम्प्रदायिकता-विरोधियों द्वारा हिंदू आत्म-बोध की उपेक्षा और अवहेलना। इस उपेक्षा ने साम्प्रदायिकता द्वारा हिंदू आत्म-बोध को अपनी कुटिल रीति-नीति के जरिये संवेदनहीन बनाने के लिए मैदान खुला छोड़ दिया। कोरे बौद्धिक तर्क की सर्वोच्चता के अहंकार के चलते किसी धार्मिक, जातीय या भाषाई समुदाय की अतार्किक आशंकाओं को मजाक में उड़ा देना खतरनाक होता है। परम्परा व समकालीन जीवन-बोध से अंगांगीभाव संबंध कायम करने की नाकामयाबी ने हमारे बौद्धिक समुदाय को स्वयं अपने समाज में परिवार के सदस्य के बजाय कभी-कभार आनेवाला मेहमान बना दिया है। इन सब तत्त्वों ने मिलकर यह अविश्वसनीय स्थिति पैदा कर दी कि पचासी फीसदी आबादीवाला जनसमुदाय अपनी अस्मिता और हैसियत को लेकर तरह-तरह की आशंकाओं से घिरता चला गया। व्यापकतर व्यवस्था के नैतिक शून्य के परिप्रेक्ष्य में, यह साम्प्रदायिक विचारधारा के लिए स्वर्ण अवसर था। याद आती हैं 'मैकबेथ' के रघुवीर सहाय कृत अनुवाद से दो पंक्तियाँ :

किंतु यह विचित्र कि
अंधकार के अनुचर छलते हैं हमें
सच के टुकड़े देकर
फिर हम कहीं के नहीं रहते
होता है सर्वनाश !

सच है, कोरे झूठ से ज्यादा खतरनाक होते हैं, सच के टुकड़े, अर्द्धसत्य। हिंदू-मुसलमान के आपसी संबंधों का हज़ार साल का तनाव भरा इतिहास, उसकी खास तरह की शब्दावली में रची गयी स्मृतियाँ। कड़वी सचाइयों से टकराने के बजाय उन पर लीपा-पोती करने की हमारी राष्ट्रीय आदत। फिर दुनिया भर में कट्टरवाद का फैलाव। हमारे अपने देश में साम्प्रदायिकता के सवाल पर अधकचरी समझ और बेईमान राजनीति। हिंदू मानस का परम्परागत दुचित्तापन। साम्प्रदायिक आतंकवाद का मुख्य लक्ष्य होने के एहसास से हिंदू-चित्त में उपजा आक्रोश और असुरक्षा-बोध और इसके दंदी-फंदी इस्तेमाल की सम्भावनाओं की उपेक्षा। संघ परिवार नामधारी अंधकार के अनुचरों ने इन्हीं 'सच के टुकड़ों' के जरिये हिंदू जन-मानस को छला है और देश को शब्दशः सर्वनाश के कगार पर ला खड़ा किया है। चीजों को समझने का ऐसा तर्क उत्पन्न हो गया है, जिसमें संवाद की कोई गुंजाइश ही नहीं है। आत्ममंथन की कोई जरूरत ही नहीं है।

बेशक साम्प्रदायिकता-विरोधियों की अपनी समस्याएँ हैं। लेकिन इस वक़्त तो चुनाव हिंदू धर्म और हिंदू राष्ट्रवाद के बीच में है। यह सवाल हिंदू समाज को अपने आपसे पूछना होगा कि क्या वह हजारों साल में कमाये गये सनातन धर्म को 'हिंदू राष्ट्रवाद' नामक विचार की बलि चढ़ा देना चाहेगा। ऐसा विचार, जो बस कहने को हिंदू है, जो आस्था और परम्परा का उपयोग-भर करता है, जो अपने स्वरूप, प्रकृति और कार्यपद्धति में हिटलरशाही का हरूफ-ब-हरूफ अनुवाद है।

साम्प्रदायिकता-विरोध का असली काम इसी यक्ष प्रश्न को हिंदू जनमानस के सामने पेश करना है। इसके पूरे विस्तार और विविध आशयों के साथ। यह काम एक साथ कई धरातलों पर करना होगा—सिर्फ फिलहाल तक अपने सोच को सीमित करके नहीं, बल्कि गतिशील और दूरगामी परिप्रेक्ष्य में फिलहाल को रखकर। अभी तो स्थिति यह है कि कम-से-कम दिल्ली शहर में लोगों के बीच जाने और उनसे बातचीत करने की पहल उन्हीं मुट्ठी भर लोगों तक सीमित है, जो अपनी आत्मा की आवाज के दबाव में साम्प्रदायिकता-विरोधी आन्दोलन भी चलाते हैं और बड़े बाँध विरोधी अभियान भी। संगठित राजनीतिक दलों की दिलचस्पी बयानबाजी से आगे बढ़ती है तो एक बड़ी रैली करने तक सिमट कर रह जाती है। बात सिर्फ संगठन की नहीं, कार्य-शैली की है। जिन्हें समूची संस्कृति और लोगों का आत्मबोध ही बदल डालना है, वे लगातार संवाद करते हैं। जिन्हें केवल राजनीतिक कार्यवाही करनी है, ये यदा-कदा जुलूसों का आयोजन करते हैं। क्या यह सचमुच बहुत मुश्किल है कि तमाम गैर-साम्प्रदायिक पार्टियों के कार्यकर्ता बीस-बीस, पच्चीस-पच्चीस की टोलियों में बाजारों, मुहल्लों में जायें और लोगों से बात करें, ताकि उनकी आशंकाएँ समझी जा सकें, उन्हें अंधकार के अनुचरों से प्रभावित होने के खतरों के प्रति आगाह किया जा सके !

नहीं, यह बहुत मुश्किल नहीं है, बशर्ते राजनीतिक दल स्वयं सन् 1948 और सन् 1992 के फर्क तथा इस फर्क में व्यक्त होते अनर्थ को समझते हों।

अयोध्या का अर्थ धार्मिक हिंदू के लिए है –हिंदू राष्ट्रवाद द्वारा हिंदू के सामने खड़े कर दिये गये खतरे को समझना। धर्मनिरपेक्ष बौद्धिक के लिए है : तर्केतर की दिव्य और पाशविक, दोनों तरह की संभावनाओं को समझना और इस समझ के साथ सच्चे संवाद का प्रयत्न करना। देश के गैर-हिंदू नागरिक के लिए है–यह समझना कि संकट सिर्फ अल्पसंख्यकों पर नहीं, समूचे भारतीय समाज पर आया है और इसीलिए इसका समाधान भी दुःख में सिकुड़ने से नहीं, समूचे सामाजिक जीवन में अपने लिए जगह बनाने के वास्ते संघर्ष करने से ही संभव होगा।

यदि अब भी हमारे समाज की लोकतांत्रिक शक्तियाँ एक तरफ खुद अपनी कमजोरियों को पहचानें और उनसे संघर्ष करें, दूसरी तरफ हिंदू परंपरा और आस्था पर एकाधिकार के संघी दावे को व्यावहारिक चुनौती दे सकें, तो शायद हमारा समाज अयोध्या कांड में निहित अनर्थ से टकरा रुकता है। इस टकराहट के लिए तैयारी करने, समाज के दानवीकरण के विरुद्ध सार्थक हस्तक्षेप करने में जो सवाल बहुत गहरे में हमारी मदद करेगा, वह यही है–हिंदू राष्ट्रवादी गोडसे ने सनातनी हिंदू गाँधी को ही क्यों गोली मारी ?

घुप अँधेरे में छोटी-सी लालटेन

"आज मैं बिल्कुल अकेला हूँ, सरदार और जवाहरलाल तक को राजनीतिक वास्तविकता की मेरी समझ गलत लगती है। उनके विचार से विभाजन स्वीकार कर लेना ही शांति का एकमात्र उपाय है। उन्हें वायसराय से मेरा यह कहना अच्छा नहीं लगा कि अगर विभाजन होना ही है, तो अंग्रेज़ों के जाने के बाद हो। उन्हें लगता है कि मैं सठिया रहा हूँ।

"...मुझे साफ दीखता है कि इस विषय में हम गलती कर रहे हैं। इस गलती का पूरा असर अभी चाहे समझ में न आये लेकिन मुझे तो साफ दीख रहा है कि इस कीमत पर मिलने वाली आजादी का भविष्य अंधकारमय होने जा रहा है। ईश्वर से यही प्रार्थना है कि वह अंधकार देखने के लिए मुझे जीवित न रखे। आज तो मुझे निर्मलता की सारी शक्ति चाहिए ताकि सर्वव्यापी विरोध के बावजूद मैं सिर्फ सच कह सकूँ।

"अपने विचारों में एकदम अकेला होने के बावजूद मुझे अद्‌भुत आंतरिक आनंद और मानसिक ताजगी का अनुभव हो रहा है। लगता है कि जैसे स्वयं भगवान रास्ता दिखला रहे हैं। और शायद इसी वजह से मैं अकेला संघर्ष कर पा रहा हूँ। लोग मुझे काशी या हिमालय चले जाने की सलाह देते हैं। मैं हँसकर कहता हूँ कि मेरी तपस्या का हिमालय तो वहीं है जहाँ पीड़ा और दमन का मुकाबला किया जाना है।

"लेकिन शायद वे ही सब सही हैं। शायद मैं ही अँधेरे में हूँ। मैं तो शायद यह सब देखने के लिए जीवित न रहूँ लेकिन जिस अशुभ का मुझे डर है, वह यदि कभी देश पर छा जाये, आजादी खतरे में पड़ जाये, तो आने वाली पीढ़ियों को मालूम होना चाहिए कि यह सब सोचना इस बूढ़े के लिए कितना यातनाकारी था।"

ये बातें गाँधीजी ने 1 जून, 1947 के दिन दिल्ली में कही थीं। एक उसी दिन क्या, आशा और आशंका के उन दिनों में गाँधीजी बार-बार ऐसी बातें करते थे। जब सारा राजनीतिक नेतृत्व राजनीतिक वास्तविकता को स्वीकार कर लेने की व्यावहारिक समझदारी बरत रहा था, तब गाँधीजी उस राजनीतिक वास्तविकता

के वास्तविक मानवीय अर्थ को जाँचने की कोशिश कर रहे थे और इसी कारण अकेले थे—एकदम अकेले। राजनीतिक वास्तविकता के सामने समर्पण कर देने के बजाय नैतिक आत्मबल से उसका रूपांतरण करने के लिए प्रतिबद्ध लोगों को सठियाया या सनकी मानने तथा उन्हें काशीवास या हिमालयगमन करने की सलाह देने का चलन कोई नया नहीं है। हर सभ्यता, हर परम्परा के अपने-अपने हिमालय रहे हैं। गाँधीजी कहीं अपने पलायन को हिमालय का नाम देकर बैठ जाते तो शायद सवा सौ साल जीने की उनकी कामना पूरी हो जाती। लेकिन गाँधीजी ने तो संघर्ष का हिमालय चुना। नोआखाली, कलकत्ता और दिल्ली में धारा के विरुद्ध तैरने की तपस्या का हिमालय। पराई पीर जानने से ही जिसकी वैष्णवता परिभाषित होती थी, ऐसे सनातनी हिंदू गाँधी को इस अपराध की सजा मिलनी ही थी। हिंदू राष्ट्रवादी गोडसे ने निर्णय किया कि, "इस आदमी की मृत्यु स्वाभाविक नहीं होनी चाहिए।"

किसी भी हताशाजनक राजनीतिक परिस्थिति का विश्लेषण करना और बात है। सारी हताशा, सारी व्यथा को झेलते हुए भी अपने लिए एक नैतिक भूमिका का चुनाव करना और बात। गाँधीजी का अदम्य आकर्षण इसी बात में निहित है कि उनके यहाँ विश्लेषण और सक्रियता—दो जुदा-जुदा चीजें न होकर एक समग्र निरंतरता में परस्पर गुँथी हुई चीजें हैं। वे सिद्धांत की अमूर्त पवित्रता और व्यावहारिक चुनौती की कड़वी वास्तविकता के बीच की दूरी को अपरिहार्य मानकर बैठ नहीं जाते, बल्कि इन दोनों के बीच पुल बनाने की लगातार कोशिश करते हैं। गाँधीजी का सारा जीवन परस्पर विरोधी या एक-दूसरे से अलग-अलग दीखने वाले तत्त्वों या जीवन के पहलुओं के बीच पुल बनाने के पवित्र प्रयास का एक रूपक है। व्यक्तिगत और सार्वजनिक, पारिवारिक और सामाजिक, नैतिक और राजनीतिक, आध्यात्मिक और भौतिक, सैद्धान्तिक और व्यावहारिक के बीच जिस भेद को सहज, स्वाभाविक मान लिया गया है, वह भेद ही गाँधीजी के लिए सबसे बड़ी चुनौती था। चुनौती इतनी विकराल थी कि गाँधीजी कई बार हताश हुए, दिग्भ्रमित हुए लेकिन इस भेद के सामने समर्पण करने की 'समझदारी' उन्होंने कभी नहीं दिखाई।

गाँधीजी की अदम्य ऊर्जा और सतत प्रयोगधर्मिता को सच्चे आत्म-अनुसंधान की प्रेरणा का स्रोत बनाया जा सकता है। दूसरी ओर ऊपरी बातों के अंधानुकरण के जरिए गाँधीवादी होने का नाटक भी किया जा सकता है। पहली स्थिति में गाँधीजी एक जीवंत उपस्थिति हैं और दूसरी स्थिति में कभी-कभार रोली-चावल चढ़ा देने लायक प्रतिमा। गाँधीजी की एक-एक बात के मशीनी अनुकरण के आग्रह का असली अर्थ है, उनके विचार और कर्म के जीवंत प्रेरक तत्त्व की भी उपेक्षा करना। गाँधी-जयन्ती पर 'सूतयज्ञ' के सरकारी आयोजन से लेकर सिर्फ छुहारे और दही के आहार तक गाँधी-प्रेम की अभिव्यक्ति कर हम यही तो करते रहे

हैं–जीवंत प्रेरणा की उपेक्षा; स्वयं गाँधीजी को समग्रता में, विवेकपूर्ण ढंग से समझने से इंकार। यह सुविधाजनक भी तो है। कल्पना की गहरी खोज को शानदार कर्मकांड में बदल देना या उसे ऐसा आदर्श मान लेना, जो सिर्फ पहुँचे हुए महात्माओं के बस का रोग हो–आलोचनात्मक विवेक को सतही श्रद्धा में बदल देने का सबसे लोकप्रिय तरीका है। हमने गाँधीजी के साथ यही किया है। सिर्फ गाँधीजी ही क्यों, कुछ लोग तो धर्म, राम, आस्था, परम्परा–सभी कुछ को सतही शब्दों में, बल्कि सत्ता हथियाने के टोटकों में बदल डालने पर उतारू हैं। मजे की बात यह कि इस नग्न सत्ता-लिप्सा को कुछ ऊँचे दर्जे के बुद्धिजीवियों का भी समर्थन प्राप्त है–सो भी गाँधीजी के हवाले से। गाँधीजी आस्थावान् हिंदू थे, सो आज के हिंदू राष्ट्रवादी गाँधीजी के सच्चे वारिस होने का दावा कर रहे हैं। गाँधीजी पाश्चात्य सभ्यता और यंत्र-संस्कृति के गहरे आलोचक थे। सो आज के कूपमंडूक ऐसा जता रहे हैं जैसे कि गाँधीजी को अपनी परम्परा में निहित सत्ता-संघर्ष से कोई वास्ता ही नहीं था। आज के महान् बुद्धिजीवी कुंभ के मेले में यहूदी परम्परा की 'जलती झाड़ी' खोजने जाते हैं, पारम्परिक संस्थाओं का घोर महिमामंडन करते हैं। वे इतना जानते तो होंगे (कहें भले ही नहीं) कि काशी विश्वनाथ की यात्रा कर गाँधीजी को कैसा लगा था। उनके अपने शब्दों में, "जहाँ साधना और धर्म के वातावरण की उम्मीद थी, वहाँ यह गायब ही था। मैं जानने के लिए निकट पहुँचा, वहाँ प्रभु को पाने का प्रयत्न किया, व्यर्थ।"[1]

गाँधीजी गहरे अर्थ में धार्मिक व्यक्ति थे। इतने गहरे कि उनके लिए धर्म कोरी जातीय पहचान तो क्या, आस्था तक भी सीमित नहीं थी। आज जो लोग अपनी आस्था को सारे समाज के सामने तलवार की तरह भाँज रहे हैं, वे गाँधीजी के हवाले से धर्म और राजनीति को विलगाने को विरोध करें, यह हास्यास्पद और दयनीय है। गाँधीजी के लिए 'धर्म' सबसे पहले एक समग्र गहन नैतिक प्रतिमान था। ऐसा प्रतिमान जिसे वे दूसरों के सामने अपनी पवित्रता साबित करने के लिए उछालते नहीं फिरते थे, बल्कि सबसे पहले खुद अपने कामों को पूरी कठोरता से उस प्रतिमान पर जाँचते थे। दक्षिण अफ्रीका से मुंबई आते वक़्त गाँधीजी जिस जहाज़ में थे, उसका कप्तान वैसा ही ईसाई था, जैसे आजकल 'रामभक्त' पाए जाते हैं। बस एक आक्रामक आस्था अपना ली, हो गया जीवन में धर्म का कोटा पूरा। "नैतिक अनुशासन पैदा करने वाले धर्म का इस भाई के लिए कोई मतलब नहीं था", गाँधीजी ने लिखा–"हमारा मतभेद बना रहा। मेरी तो पक्की राय थी कि नैतिकता और धर्म पर्यायवाची हैं।"[2]

धर्म शब्द ही ऐसा है कि इसमें नीतिविहीन, आक्रामक आस्था की भी गुंजाइश है, और गहरे नैतिक-बोध से सम्पन्न विवेक की भी। आक्रामक आस्था चुनने वालों को आमातौर से भीड़ का सहारा मिल जाता है, जैसा कि 6 दिसंबर, 1992 को

अयोध्या में हुआ। नैतिक विवेक चुनने वाले कई बार अकेले पड़ जाते हैं, जैसे कि गाँधीजी सन् 1947-48 में पड़ गए थे। यह अकेलापन गाँधीजी के भाग्य में उसी वक़्त पहली बार आया हो, ऐसा भी नहीं है। असहयोग आंदोलन वापस लेते वक़्त भी गाँधीजी एक गहरे नैतिक अर्थ में अकेले थे और क्रांतिकारी हिंसा की निन्दा करते वक़्त भी। ऐसे अकेलेपन में उन्हें ताकत अपने 'राम' से मिलती थी, और उनके राम किसी राजनीतिबाज के रथ या मंदिर के तलबगार नहीं थे। वे किसी मंदिर ही में नहीं रहते थे। ख़्वाजा बख्तियार की दरगाह में भी गाँधीजी को राम ही दिखते थे। इसीलिए उस दरगाह की पुनर्प्रतिष्ठा गाँधीजी के लिए प्राणों से अधिक मूल्यवान हो उठी थी।

बहुत से नेक लोग भी ऐसा समझते हैं कि 'ईश्वर अल्ला तेरो नाम' सिर्फ एक तात्कालिक राजनीतिक जरूरत के लिए गढ़ा गया नारा था। बहुत-से समझदार यह साबित करने में आकाश-पाताल एक कर देते हैं कि गाँधीजी हिंदू धर्म और भारतीय संस्कृति को पर्यायवाची समझते थे। इसी समझ का एक रूप वह है जो गाँधीजी को ही धर्म और राजनीति के विकृत घालमेल के लिए जवाबदेह ठहराता है। इस प्रसंग में इतिहासकार डी. जी. डाल्टन की यह बात गौरतलब है, "गाँधीजी की 'जीनियस' किसी अमूर्त राजनीतिक दर्शन में अभिव्यक्त नहीं होती। वह तो प्रकट होती है चुनौतियों और समस्याओं से टकराते हुए ऐतिहासिक संदर्भ में।"

सचमुच ऐसा नहीं था कि पहले कोई सिद्धांत गढ़ लिया, अपनी कल्पना में एक आदर्श समाज रच लिया, फिर सारे नैतिक सवालों को धता बताते हुए येन-केन-प्रकारेण लक्ष्य प्राप्ति में जुट गये। गाँधीजी के विचार और मूल्य लेखों–भाषणों तक सीमित न रहकर उनके वास्तविक व्यवहार में गुँथे हुए थे। लोकतंत्र की हर संस्था से विश्वासघात कर, एक देवस्थल को भ्रष्ट करने वाले जब गाँधीजी की दुहाई देते हैं, तो समझ में नहीं आता कि रोयें या हँसें। उन्हीं गाँधीजी की जिन्होंने चौरीचौरा में किसी और की नहीं, खुद अपनी हिमालयवत गलती का एहसास किया था। कहाँ राम का वह सच्चा साधक और कहाँ ये फसली 'रामभक्त', जिनके बारे में सिर्फ यह कहा जा सकता है कि "शर्म तुमको मगर नहीं आती।" शर्म सचमुच नहीं आती। यह तक कहने में नहीं आती कि स्वयं गाँधीजी बाबरी मस्जिद हटा देने के समर्थक थे, (याद करें, भाजपाई नेता कृष्णलाल शर्मा यही कहते पकड़े गये थे)। जो लोग राजनीतिक हिंदुत्व के वर्चस्व को गाँधीजी के बहाने उचित ठहराना चाहते हैं, वे कितनी सफाई से भूल जाते हैं कि गाँधीजी के लिए किसी एक संस्कृति के वर्चस्व का विचार ही कितना अटपटा था। गुजरात विद्यापीठ की स्थापना का तर्क गाँधीजी के लिए यह नहीं था कि कोई एक धार्मिक, सांस्कृतिक परम्परा ही खाँटी भारतीय है, बाकी सब बेकार है। उनके अपने शब्दों में–

"जो भी संस्कृतियाँ भारत में आकर बस गई हैं, उनका सम्मिश्रण ही ध्येय

है। इस सम्मिश्रण में हर संस्कृति का अपना सम्मानपूर्ण स्थान है। हम अमरीकी तरीका नहीं अपना सकते कि एक वर्चस्वशाली संस्कृति बाकी सबको सोखकर जबर्दस्ती की और बनावटी एकता ऊपर से थोप दे।"[3]

विवेकहीन आस्था के सहारे, दूसरों का जी दुखाकर, हिंदुत्व और भारतीयता को समानार्थी बताते हुए जो लोग देश की एकता का ढोल पीटते हैं, वे ज़रूर ऐसा करें। बस इतनी कृपा करें कि अपने इस तत्त्वतः विदेशी और सारतः अधार्मिक कृत्य में राम और गाँधी, दोनों को घसीटने से बाज आयें। और किसी वजह से नहीं तो इसी वजह से बाज आयें कि गाँधीजी को उनकी नैतिकता के लिए प्राणदंड (!) हिंदू राष्ट्रवाद के विचार ने ही दिया था। इसी लिहाज़ से बाज आयें कि जिस गाँधीजी का नाम लेते वे नहीं थकते, उसने दुनिया भर के अपशब्द सहते हुए भी शरणार्थियों से मस्जिदें खाली कराने को जीवन-मरण का प्रश्न बना लिया था।

लेकिन वे बाज नहीं आयेंगे, क्योंकि जो समाज जीवित गाँधी से चिढ़ने लगा था, उसी को गाँधी-हत्या ने होश में ले आने वाला झटका दिया था। गाँधी-वध करने वाला विचार और उस विचार का वहन करने वाले तब भी जानते थे, अब भी जानते हैं कि, "इस व्यक्ति का नैतिक प्रभाव अकाट्य है।" (नाथूराम गोडसे के शब्द) इसीलिए उस वक़्त गाँधी के प्राण लिये गये और इसी वजह से आज उनके विरसे का फर्जी दावा पेश किया जा रहा है।

22 अगस्त '93 को ग्वालियर में जो कुछ हुआ[4] उसे अनोखी घटना मानना गलत होगा। यह एक सिलसिले की ताजातरीन कड़ी थी और इस सिलसिले की शुरुआत भी कोई दिसम्बर '92 के बाद से ही हुई हो, ऐसा नहीं है। हाँ, पिछले कुछ दिनों में ऐसी आक्रामकता में अभूतपूर्ण तेजी जरूर आई। 'जनसत्ता' सम्पादक को धमकियाँ मिल रही थीं। 'हंस' के सम्पादक को ठीक कर देने के संकल्प किये जा रहे थे, मराठी सांध्य दैनिक 'महानगर' के सम्पादक पर तो हमले भी हुए। उत्तर प्रदेश से लेकर महाराष्ट्र तक जैसा माहौल बनाने की कोशिश की जा रही है, वैसा माहौल अभी कुछ साल पहले तक हम पंजाब में झेल चुके हैं। फर्क इतना है कि जिरह और सवाल करने वाली आवाज पर वहाँ गोली चलती थी, यहाँ फिलहाल गनीमत है कि पत्थर ही चल रहे हैं। लेकिन मानसिकता वही है। यहाँ पंथ, धर्म, पुराण, इतिहास···इस सब पर कुछ लोग एकाधिकार कर लेना चाहते हैं। एकाधिकार के लिए व्याकुल इन तानाशाहों की मर्जी के खिलाफ जो बोलेगा, सो मारा जायेगा–कहीं गोली से कहीं पत्थर से। लेकिन दुनिया भर का इतिहास गवाह है कि जब मन पर हिंसा छा जाए, जब हर तरह की रचनात्मकता से तानाशाह को तकलीफ होने लगे, तो हाथ में पत्थर की जगह बन्दूक आ जाना केवल वक़्त की बात रह जाती है। सवाल यह है कि कोई समाज वक़्त रहते चेत जाता है या भावनाओं के नाम पर अपने-आपको संगठित आतंकवाद के हवाले हो जाने देता है।

यह सवाल बौद्धिक विलास नहीं है और न ही अभिव्यक्ति की स्वतन्त्रता सिर्फ बौद्धिकों और रचनाओं की अपनी दुनिया तक सीमित समस्या है, जो आज छुआछूत-विरोधी नाटक को 'बैन' कर रहे हैं, नाटक-मंडली पर पत्थर फेंक रहे हैं, वे कल समाज में छुआछूत को फिर से लागू करने के लिए गोली नहीं चलायेंगे–इसकी क्या गारंटी है ? पंजाब में जिन्होंने सम्पादकों, लेखकों, रंगकर्मियों से शुरुआत की थी, वे गाँव-गाँव में समाज-सुधार के नाम पर आतंक कायम करने की मंजिल तक कितनी जल्दी पहुँच गए थे, यह हमने देखा है। सलमान रुश्दी को मौत की सजा सुनाने वालों ने अपने समाज में जिन्दगी की क्या हालत कर रखी है, सो भी हम देख रहे हैं। इस तरह के तानाशाही मिजाज़ और आतंकवाद का सबसे बड़ा शत्रु है, विवेक। वे इसके खिलाफ आस्था और भावना को अड़ा देते हैं। सच्ची आस्था और आस्था की तानाशाही राजनीति में फर्क का सबसे बड़ा रूपक है–सनातनी हिंदू गाँधीजी की हिंदू राष्ट्रवादी गोडसे द्वारा हत्या। गाँधीजी सरीखी आस्था को अपने नैतिक बल का भरोसा होता है, तो विरोधी से बहस करने का आत्मविश्वास भी। अपनी परम्परा पर गर्व होता है, तो उसे चुनौती देने वाला विवेक भी। इसके विपरीत जो लोग समाज की हर एक संस्था को, हर एक अनुभव को हिंसा और घृणा से दूषित कर देना चाहते हैं, वे आस्था का उपयोग पत्थर की तरह करते हैं। इतिहास के किसी नाजुक मोड़ पर लोगों की भावनाओं का बेजा इस्तेमाल कर आस्था के राजनीतिबाज अपना राजनीतिक उल्लू सीधा करते हैं। यही जर्मनी में हिटलर ने किया और ईरान में खुमैनी ने। यही स्वाधीनता आन्दोलन के दौरान जिन्ना ने किया, यही पंजाब में सिखी के स्वयंभू रक्षकों ने और ऐन यही काम इस समय के हिंदू राष्ट्रवादी करने की कोशिश कर रहे हैं। विभिन्न कारणों से हमारे समाज में लोगों की भावनाएँ आहत हैं। लेकिन विवेक के शत्रुओं के लिए समस्या है कि कम-से-कम भारतीय समाज और परम्परा में लोगों का सहज विवेक बहुत जागृत रहा है। भावनाओं के सैलाब आते हैं, उतर जाते हैं। कुंदजेहनी एक संस्था या सामाजिक आदत का रूप नहीं ले पाती और बिना कुंदजेहन हुए कोई भी समाज आतंक के राक्षसराज को स्वीकार नहीं कर सकता। इसलिए विवेक के शत्रुओं की रणनीति का बहुत महत्त्वपूर्ण आधार है–भाषा को नष्ट करना। शब्दों को अर्थहीन बना देना और भाषा की सारी रचनाशीलता में पलीता लगाकर उसे सिर्फ सपाट वक्तव्य और भड़काऊ बातों के लायक छोड़ना समाज को कुंदजेहन बनाने के लिए जरूरी है। यदि आप इंदिरा को इंडिया नहीं मानते तो आप देशद्रोही हैं। यदि आप हिंदू राष्ट्रवाद, मुस्लिम राष्ट्रवाद और सिख राष्ट्रवाद के बुनियादी छद्म की अपरिहार्य समानता को सप्रमाण तर्क सहित रेखांकित करते हैं तब भी आप देशद्रोही हैं।

22 अगस्त, '93 को जिन्होंने ग्वालियर में हबीब तनवीर की मंडली पर

पत्थर फेंके, उन्हें तो कुछ टिप्पणियों का बहाना मिल गया। लेकिन इसी नाटक 'जमादारिन' को जब लंदन में रोकने की कोशिश की गई थी अथवा दिल्ली विश्वविद्यालय में जब इसके प्रदर्शन में गड़बड़ी की गई थी, तब कौन-सी टिप्पणी की गई थी ? मजेदार बात यह है कि तथाकथित टिप्पणियों की भड़ास निकाली जाती है ऐसे नाटक पर, जिसका वर्तमान विवाद से कुछ लेना-देना नहीं है। तो क्यों न माना जाए कि हिंदू राष्ट्रवाद की राजनीति को और कई चीजों के साथ छूआछूत की आलोचना भी बर्दाश्त नहीं है ? और भी मजेदार बात यह है कि पत्थर फेंके जाते हैं लेकिन इस बात का जवाब नहीं दिया जाता कि डॉ. श्यामाप्रसाद मुखर्जी सन् 1942-43 के दौरान फजलुल हक की सरकार में वित्तमंत्री क्यों बन गए थे ? ध्यान रहे, यह 'भारत छोड़ो' आन्दोलन के समय की बात है।

गाँधीजी का मेरे लिए वही अर्थ है जो घुप अँधेरे में रास्ता टटोलते आदमी के हाथ में छोटी-सी लालटेन का होता है। 22 अगस्त के दिन ग्वालियर में मैंने कितनी गहरी व्यथा और कितने तड़पते लगाव के साथ गाँधीजी की चर्चा की थी, इसकी साखी उस गोष्ठी का कोई भी श्रोता भरेगा। यदि अपने दिल को टटोलें तो वे भरेंगे, जो मेरे तथाकथित अपराध की सजा हबीब तनवीर की नाटक- मंडली को दे रहे थे। लेकिन जो भाषा को एकदम सपाट कर देना चाहते हैं उनके लिए इन बातों का क्या मतलब ? उनके हिसाब से तो जब माँ बच्चे को बदमाश या दुष्ट कहती है, तो उसी अर्थ में जिसमें हम किसी असमाजिक तत्त्व को बदमाश या दुष्ट कहते हैं। बात को संदर्भ से उखाड़ देना, अर्थ का अनर्थ कर देना उनके लिए जरूरी है जिन्हें खुद अपनें विवेक पर आस्था नहीं है। भावना की राजनीति करने वाले आमतौर से उसकी भावना समझना नहीं चाहते, जिसका तर्क उन्हें निरुत्तर कर देता हो।

मेरा तर्क था और है कि किसी भी रंगत की साम्प्रदायिकता का धर्म से सिर्फ इस्तेमाल का रिश्ता है। उसका वास्तविक प्रोजेक्ट है–सामाजिक न्याय और लोकतन्त्र से प्रेरित राष्ट्रीय भावना के सामने विवेकहीनता और छद्म राष्ट्रवाद को अड़ा देना। नाम लिया जाता है हिंदू धर्म, इस्लाम या सिख का, काम किया जाता है हिंदू राष्ट्रवाद, मुसलिम राष्ट्रवाद (पाकिस्तानी विचारधारा) या सिख राष्ट्रवाद (खालिस्तान) के लिए। अल्पसंख्यक और बहुसंख्यक साम्प्रदायिक विचारधाराएँ, जो तलवारें एक-दूसरे के खिलाफ भाँजती हैं, वे बनती एक ही लोहे से हैं जिसका एक ही नाम हो सकता है–छद्म राष्ट्रवाद। इस स्थापना के पक्ष में ढेरों तर्क और प्रमाण दिए जा सकते हैं और इसके विपक्ष में तर्क सुनने, बहस करने के लिए सेवक सदा तत्पर है।

चूँकि इस तर्क का सप्रमाण प्रतिवाद नहीं कर सकते इसलिए और चूँकि छुआछूत के विरोध पर भड़ास निकालनी है इसलिए भाषा की हत्या करनी है।

सो, आरोप है कि गाँधीजी के बारे में अपशब्द कहा गया। वैसे खुशी की बात है कि गाँधीजी से इतना प्रेम उन्हें हो, जो गाँधीजी को राष्ट्रपिता कहने पर एतराज करते हैं। हालाँकि यह खुशी की बात नहीं है कि गाँधीजी से प्रेम को पत्थर फेंककर, मार-कुटाई करके प्रकट किया जाए। बहरहाल हुआ यह था कि एक सज्जन ने कहा कि बाबरी मस्जिद के विध्वंस पर विलाप करना, उसके पुनर्निर्माण की बात करना वैसा ही है, जैसा मुर्दों को जिलाने की कोशिश करना। जो हो गया, सो हो गया।

इस प्रसंग में इन पंक्तियों के लेखक ने उन्हें याद दिलाया कि मसला सिर्फ मस्जिद का नहीं, मर्यादा का है। यों तो, जो सन् 1984 में दिल्ली में मारे गए या सन् 1987 में मलियाना में, वे भी अब जिलाए नहीं जा सकते, लेकिन अपराधियों को दंडित करना इसलिए आवश्यक है कि सभ्य समाज की मर्यादा बनी रहे। ऐन इसी वजह से दिसंबर के पापकर्म का तिरस्कार आवश्यक है कि, न केवल समाज की बल्कि राम की भी मर्यादा बनी रहे। मेरा कहना था कि आज ऐसी मर्यादा की बात करने वालों को सनकी मानने की चाल चल पड़ी है। समझदार लोग कहते हैं कि जो हो गया, सो हो गया···कहीं मुर्दे जिलाए जा सकते हैं। ऐसे समझदारों को मैं याद दिलाना चाहता हूँ कि पैंतालिस साल पहले भी ऐसे समझदार लोग थे, जो 'वहाँ' का 'बदला' 'यहाँ' ले रहे थे। मंदिरों के अपमान के बदले मस्जिदों का अपमान कर रहे थे और ऐसे समझदारों के बीच एक आदमी था जिसमें धारा के विरुद्ध तैरने का साहस था। ऐसी जानलेवा, मानवद्रोही व्यावहारिकता और समझदारी के माहौल में एक 'सनकी बुड्ढा' था, जो दिल्ली की मस्जिदें मुसलमानों को वापस दिलाने के लिए अनशन कर रहा था। जिसके लिए ख्वाजा बख्तियार काकी की दरगाह की पुनर्प्रतिष्ठा उसके प्राणों से अधिक मूल्यवान् हो गई थी। 'जो हो गया, सो हो गया' कि समझदारी के सैलाब में आत्माराम की आवाज सुनने वाला वह 'सनकी बुड्ढा' आशा का इकलौता द्वीप था। जिन्होंने यह सब सुना, वे समझ रहे थे कि इस प्रसंग में अनुकरणीय 'जो हो गया, सो हो गया' मार्का समझदारी नहीं बल्कि मनुष्यता के लिए प्राणों पर खेल जाने वाली 'सनक' ही है। वे यह भी समझ रहे थे कि गोडसे ने क्यों फैसला किया कि इस आदमी की मृत्यु स्वाभाविक नहीं होनी चाहिए। और वे यह भी समझ रहे थे कि क्यों कर गाँधी-हत्या ने घृणा से बौराए समाज को झकझोर कर रख दिया था। जो भी उस गोष्ठी में सचमुच सुन रहे थे, वे इस तोड़े जा रहे समाज की अंतरात्मा के साथ कराह रहे थे और कराह रहे हैं।

ऐसी कराहें समाज में उस वक्त थीं जब आजादी के साथ-साथ बँटवारे की विभीषिका आई थी। भारत को पाकिस्तान का भगवा संस्करण न बनाया जा सका, इसका श्रेय बदले की व्यावहारिकता सिखानेवाले समझदारों को नहीं, हर

तरह की साम्प्रदायिकता से लोहा लेने के लिए तैयार सनकियों को जाता है। ऐसों का सिरमौर वही था जिसे साम्प्रदायिकता के हिंदूवादी संस्करण ने मौत की सजा दी–वही, 'समझदारों' के सामने धर्म-प्रश्न बनकर खड़ा 'सनकी बुड्ढा'।

संदर्भ

1. आत्मकथा, नवजीवन, अहमदाबाद (अंग्रेज़ी) 1982, पृ. 202
2. वही, पृ. 139
3. रोमाँ रोलाँ द्वारा उद्धृत, 'महात्मा गाँधी', प्रकाशन विभाग (अंग्रेज़ी), 1990. पृ. 57
4. 22 अगस्त, 1993 को ग्वालियर में 'संवाद' नामक संस्था ने एक गोष्ठी आयोजित की थी। इसमें हबीब तनवीर, राजेन्द्र यादव, कमल चिनॉय तथा मैंने शिरकत की थी। और लोग भी थे। एक वक्ता ने बाबरी मस्जिद विध्वंस के संदर्भ में कहा, "जो हो गया सो हो गया, अब विलाप करना व्यर्थ है।" इस पर टिप्पणी करते हुए मैंने श्रोताओं को याद दिलाया कि ऐसी 'व्यावहारिक समझदारी' के विपरीत अंतरात्मा की आवाज पर नैतिक आचरण करने के ही कारण लोग गाँधीजी को 'सनकी' कहते थे। बहस के प्रसंग में, मैंने जिन्ना और आडवाणी की बातों की घनघोर समानता भी सप्रमाण सिद्ध की, और इस तथ्य की ओर श्रोताओं का ध्यान खींचा कि डॉ. श्यामाप्रसाद मुखर्जी सन् 1942-43 में मुस्लिम लीगी फजलुल हक़ की बंगाल सरकार में वित्तमंत्री थे।

   उसी दिन शाम को हबीब तनवीर के नाटक 'जमादारिन' के दौरान बजरंग दलियों ने उत्पात मचाया। पत्थर फेंके। दूसरे दिन राज्यसभा में हिंदी के आलोचक और भाजपा के उपाध्यक्ष प्रो. विष्णुकांत शास्त्री ने 'राष्ट्रीय नेताओं के बारे में अपशब्द कहने वालों को गिरफ्तार' करने की माँग की। उन्होंने यह भी फरमाया कि नाटक में ये 'अपशब्द' कहे गए थे। जाहिर है कि कम-से-कम उस दिन तक शास्त्रीजी ने 'जमादारिन' नाटक देखने का कष्ट नहीं किया था।

खड़े रहो गाँधी

सन् 1969 में जब भारत सरकार धूमधाम से गाँधी-जन्मशती मना रही थी, रघुवीर सहाय के सम्पादन में निकलने वाले 'दिनमान' ने तीन-चार अंकों तक एक सर्वेक्षण प्रकाशित किया था। देश में गाँधीजी की मूर्तियाँ, स्मारक आदि कहाँ-कहाँ हैं और किस हालत में हैं, यह देखना इस सर्वेक्षण का लक्ष्य था। देश के विभिन्न हिस्सों से पाठकों ने ही इस बारे में रपटें भेजी थीं। कुछ रपटों के अनुसार तो गाँधीजी के बाकायदे मंदिर भी थे (शायद अभी भी हों) जहाँ विधिवत पूजा-पाठ होता था। गाँधीजी के स्मारकों की रपट पेश करने वाले इस सर्वेक्षण को जो शीर्षक दिनमान ने दिया था, वह बड़े दो टूक ढंग से गाँधीजी की विरासत के प्रति हमारे सामाजिक रवैये का रहस्योद्घाटन करता था। शीर्षक था 'खड़े रहो गाँधी'। बिना बहुत बोले यह शीर्षक बता देता था कि हमने गाँधीजी से कैसी उम्मीद बाँधी है। सर्वानुमति को व्यक्त करती इस उक्ति का मर्म यही था कि हमें जो करना है करेंगे, जिस राह चलना है चलेंगे, कभी-कभार फूलमाला से तुम्हें अलंकृत भी कर देंगे, लेकिन बस ! इसके आगे तुम व्यर्थ हो, चुपचाप खड़े रहो।

कहने की जरूरत नहीं कि इस या ऐसे किसी भी वाक्यांश में गाँधी सिर्फ किसी ऐतिहासिक व्यक्ति का वाचक शब्द नहीं है। वह कुछ मूल्यों का; व्यक्ति और समाज के प्रति एक जीवन-दृष्टि विशेष का वाचक है। उन्हीं मूल्यों का जिन्हें एकदम खारिज कर देना भी संभव नहीं और जिनकी कसौटी पर अपने व्यवहार को आँकना भी संभव नहीं। इसलिए ऐसे मूल्यों को हम पूज्य प्रतिमा में बदल देते हैं–निश्चित, निर्विकार, स्पंदनहीन और फिर भी पूज्य प्रतिमा में। निर्गुण ब्रह्म की ही भाँति निर्गुण मूल्यों को भी किसी-न-किसी सगुण, साकार का आधार चाहिए। वह आधार मिलता है–गाँधीजी नामक ऐतिहासिक व्यक्ति की छवि में जिसे हम धीरे-धीरे एक प्रश्नातीत मिथक बनाते गए हैं ताकि सुविधापूर्वक उसके नैतिक सार की अपेक्षा भी कर सकें और खुद को दिलासा देने के लिए उसकी पूजा भी। हम चलते रहें–गाँधीजी बिना बोले खड़े रहें।

इस स्थिति का विकल्प स्थूल अर्थों में गाँधीजी की नकल करना या उनके उद्धरणों का कारोबार करने लगना नहीं है। वह तो जड़-पूजा का पूरक-भर है।

असली चीज है उस पूरी परम्परा और परिवेश का ध्यान रखते हुए, जिसमें गाँधीजी ने हस्तक्षेप किया, उनके विचारों और सरोकारों की पड़ताल करना। प्रतिमा गढ़ना जितना सुविधाजनक है, उसे तोड़ देने का दंभ करना भी उतना ही आसान है। असल चीज है गाँधीजी की ऐतिहासिक स्थिति और प्रतीकात्मक उपस्थिति, इन दोनों में अंतस्संबंध को समझना और इसके लिए पहली शर्त यही है कि हम मायावती के आक्रमणों से गाँधीजी की रक्षा करने के दंभ से मुक्त होकर उन आक्रमणों के निहितार्थ को समझने का प्रयत्न करें। निहितार्थ यानी यह नहीं कि मायावती और कांशीराम के पीछे विदेशी ताकतों का हाथ है या नहीं, बल्कि यह कि जिन्हें गाँधीजी ने इतने नेक इरादों से 'हरिजन' कहा, उन्हीं में से कुछ इसी शब्द के लिए गाँधीजी से इतने रुष्ट क्यों हैं ? इससे भी ज़्यादा गौरतलब है यह सवाल कि इस रोष को और इसकी अभिव्यक्ति को इसी समय इतना बल और महत्त्व क्यों हासिल हो रहा है ?

आगे बढ़ने से पहले एक तथ्य याद करें। 26 मार्च, 1991 को तत्कालीन श्रम व कल्याण राज्यमंत्री रामजीलाल सुमन ने मुख्यमंत्रियों को सूचना दी कि शासकीय घोषणाओं और पत्राचार आदि में 'हरिजन' और 'गिरिजन' शब्दों के प्रयोग पर रोक लगा दी गयी है। यह रोक 16 अगस्त, 1990 से ही प्रभावी हो गई थी। आप याद करें, आज तक सरकारी संचार माध्यमों में इस शब्द का प्रयोग नहीं किया जाता है। यहाँ तक कि दूरदर्शन पर दिखायी जाने वाली फिल्मों आदि में भी यदि यह शब्द कहीं आ जाए तो आवाज दबा दी जाती है। ध्यान रहे कि रामजीलाल सुमन चन्द्रशेखर की सरकार में मंत्री थे। वही चन्द्रशेखर जो आज 'हरिजन' शब्द पर आपत्ति करने वालों पर इतने लाल-पीले हो रहे हैं। कहा जा सकता है कि उनके रोष का कारण 'हरिजन' शब्द का धिक्कार न होकर गाँधीजी के प्रति आक्रामक भाषा का प्रयोग है। ठीक है, लेकिन बात यह है कि आक्रामकता को यदि एक पल के लिए भुला दें तो मायावती का तर्क तो आप साढ़े तीन बरस पहले ही स्वीकार चुके हैं। भारत सरकार यह बात व्यवहारतः मान चुकी है कि शब्द 'हरिजन' शब्द अपमानजनक है और कम-से-कम सरकारी तौर पर इस शब्द का प्रयोग नहीं किया जाना चाहिए। अर्थात् आप मान चुके हैं कि गाँधीजी जाने-अनजाने इस देश के विराट् जनसमुदाय का अपमान कर बैठे थे। एक बार यह मान लेने और इसके आधार पर नीतिगत निर्णय ले लेने के बाद मायावती और कांशीराम के पीछे विदेशी साजिश होने का आरोप क्या जताता है ? सीधे शब्दों में कहें तो यह कि गाँधीजी हमारे हैं। हम उनका जो जी चाहें करें लेकिन तुम कुछ बोले तो समझ लेना…।

विडंबना यह है कि हमारी ही नहीं दुनिया भर की राजनीति का मुख्य मुहावरा 'स्वयं' और 'अन्य' की ऐसी दो टूक बाँटा-बाँटी से ही परिभाषित होता है। किसी

के लिए दूसरे राष्ट्र या समाज स्थायी अन्यता के रूपक और अधिकांश स्थितियों में शत्रु हैं, तो किसी के अपने ही समाज के कुछ लोग सदा-सदा के लिए पराये हैं। ऐसी स्थिति में आपके राजनीतिक पक्ष का प्रतिपक्ष किसी सामाजिक या राजनीतिक सत्ता तक सीमित नहीं रहता। पूरे के पूरे जनसमुदाय अपनी धार्मिक, प्रजातीय, भाषायी या राजनीतिक अस्मिता के कारण स्थायी प्रतिपक्ष बना दिए जाते हैं। इतना ही नहीं, 'अन्य' के प्रति विद्वेष पर आधारित राजनीति की स्वाभाविक परिणति यह भी होती है कि राजनीतिक कार्रवाई सत्ता के प्रतिकार की जगह व्यक्तिगत या सामूहिक प्रतिहिंसा में बदल जाती है। दूसरे की शिकायत को हम साजिश मान लेते हैं और उसकी सदिच्छा को बदमाशी।

गाँधीजी की ऐतिहासिक उपस्थिति का सबसे बड़ा महत्त्व यह है कि उन्होंने सिद्धांत और व्यवहार, दोनों में 'स्वयं' और 'अन्य' के बीच समाज के ऐसे बँटवारे का निषेध किया। उनका यह निषेध सिर्फ अपने ही समाज तक सीमित नहीं था। ब्रिटिश साम्राज्यवाद के विरुद्ध संघर्ष करते हुए भी ब्रिटिशों से घृणा न करना उनके लिए उतना ही स्वाभाविक था जितना कि उनके बहुत से समकालीनों के लिए अटपटा और अबोधगम्य। गाँधीजी जिस तरह हिंदू होने को मुसलमान के प्रति स्थायी शत्रुता से परिभाषित नहीं करते थे, उसी तरह से वे अछूत के प्रति अपने लगाव को भी सवर्णों के प्रति आक्रोश से परिभाषित नहीं कर सकते थे।

'पाप से घृणा लेकिन पापी से नहीं' के धार्मिक सूत्र का सार्वजनिक जीवन में विस्तार करने का अनवरत प्रयत्न गाँधीजी की सार्वजनिक सक्रियता का आधार था। इस प्रयत्न के गहरे अर्थ को समझना चाहिए। जो सवर्ण/साम्राज्यवादी/युद्धोन्मादी अत्याचार कर रहा है वह स्वयं एक सारतः अनैतिक समाज सत्ता और उससे बने संस्कारों का शिकार है। जरूरत समाज सत्ता को रूपान्तरित करने और संस्कारों का पुनर्गठन करने की है। गाँधीजी का एजेंडा शोषक और शोषित की भूमिकाओं की अदला-बदली कर देने का न होकर शोषण तन्त्र की ही समाप्ति करने का था और वे बहुत गहरे में जानते थे कि शोषण का तंत्र केवल स्थूल राजनीतिक और सामाजिक संस्थाओं के चलाए नहीं चलता, वह चलता है शोषक और शोषित, दोनों ही के द्वारा तंत्र के तर्क को आत्मसात कर लेने से। कल तक सवर्ण आक्रामक थे आज गैर सवर्ण आक्रामक हो जाएँ, इससे समाज में आक्रामकता की मूल समस्या कभी नहीं हल होने वाली। इसीलिए गाँधीजी का बल केवल सत्ता तंत्र को नहीं, मनुष्यों के भावतंत्र तक को बदलने पर था। इसी को वे अपनी भाषा में हृदय परिवर्तन कहते थे। हृदय परिवर्तन का धार्मिक और नैतिक आग्रह गाँधीजी के राजनीतिक व्यवहार में 'स्वयं' और 'अन्य' के मनमाने बँटवारे का निषेध करने वाला सर्वाधिक शक्तिशाली उपकरण बन जाता है। इसलिए ऐसे बँटवारे पर आधारित हर राजनीति को गाँधीजी पर कभी-न-कभी ऐन वक़्त वैसा ही गुस्सा

आता रहा है जैसा कि इन दिनों कांशीराम और मायावती को आ रहा है। यह गुस्सा स्वाभाविक है क्योंकि ऐसी हर राजनीति समूचे इतिहास को सतत आरोप-प्रत्यारोप के सिलसिले में बदल डालना चाहती है ताकि वह आज के शोषितों का प्रतिनिधित्व करते हुए सत्ता पर अधिकार कर सके। स्वयं सत्ता का रूपांतरण किए बगैर। ऐसी स्थिति में सत्ता तंत्र सुरक्षित रहेगा। उसके शिकार वही रहेंगे, जो थे अर्थात् समाज के वंचित और साधारण लोग। केवल तंत्र का उपभोग करने वाले बदले जाएँगे। कल तक जो शोषितों का प्रतिनिधि होने के नाते सत्ता से बाहर थे, आज ऐन इसी नाते सत्ता पर काबिज होंगे और उसी प्रतिनिधित्व के नाते सत्ता का मनमाना उपयोग करेंगे।

सत्य, अहिंसा और हृदय परिवर्तन की अवधारणाओं के जरिए गाँधीजी ने समूची समाज सत्ता के इस विचित्र तंत्र की गहरी और खुली पड़ताल की गुंजाइश पैदा की। केवल सिद्धांत में नहीं बल्कि राजनीतिक व्यवहार में। अस्पृश्यता उन्मूलन को स्वाधीनता आंदोलन से जोड़ने का आग्रह उनके इस साक्षात्कार का ही फल था कि विदेशी राजनीतिक सत्ता की समाप्ति और देशी समाज सत्ता का मानवीकरण परस्पर जुड़े हुए मुद्दे हैं। स्वयं और अन्य के विभाजन के परे जाने का प्रयत्न करती गाँधीजी की राजनीति के लिए अकल्पनीय था कि वह अन्य के विरुद्ध स्वयं की रक्षा के लिए 'तटस्थ' विदेशी सत्ता की उपस्थिति को अनिवार्य माने। इसलिए उनकी राजनीति में परस्पर विरोधी परिप्रेक्ष्यों के समायोजन का सतत प्रयत्न है। थोड़ा एक झुके, थोड़ा दूसरा–यह गाँधीजी के लिए सिर्फ व्यावहारिक बुद्धि की माँग नहीं थी। उनकी तथाकथित समझौता-परस्ती में यह गहरी नैतिक और दार्शनिक मान्यता निहित थी कि सारा सत्य सिर्फ मेरी बपौती नहीं है। मेरे प्रतिपक्षी के पास भी सत्य का एक पहलू है जिस के साथ समायोजन किया जाना चाहिए।

गाँधीजी की एक-एक बात उचित ठहराने की न जरूरत है न इच्छा। आधी सदी तक फैले इतने सक्रिय सार्वजनिक जीवन में गाँधीजी ने कई विवादास्पद काम किए, लेकिन जब कोई समाज अपनी ऐतिहासिक विभूतियों का आकलन करता है तो समग्रता में। साथ ही इस बात का अनुमान करते हुए कि विभूति-विशेष के विचार और व्यवहार की दिशा क्या थी, उसके सरोकार क्या थे ? इस लिहाज से देखें तो स्वाभाविक तो यह लगता है कि गाँधीजी की ऐतिहासिक स्थिति हमारी सामाजिक स्मृति में एक ऐसी प्रतीकात्मक उपस्थिति का रूप ले जिससे हम समाज सत्ता और साथ ही खुद अपनी नैतिक पड़ताल की प्रेरणा प्राप्त कर सकें। जिससे हम 'स्वयं' और 'अन्य' के विभाजन को नकारते हुए समग्र जीवन दृष्टि और व्यवहार के गतिशील सबक हासिल कर सकें। और सबसे बड़ी बात यह है कि जिससे इस समाज के वंचित हरिजन, स्त्रियाँ, अल्पसंख्यक और आदिवासी यह सीख लें कि उनका एजेंडा सिर्फ भूमिकाओं की अदला-बदली तक सीमित नहीं रहना चाहिए।

हुआ है एकदम उल्टा। गाँधीजी या तो असंभव 'आदर्श' के प्रतीक बन गए हैं या फिर मजबूरी के। सच तो यह है कि जिस समाज-सत्ता को गाँधीजी की राजनीति ने लगातार प्रश्नांकित किया, उसी समाज-सत्ता ने उन्हें लगभग पूरी तरह हथिया लिया है। जो व्यक्ति नोआखली में अकेला घूमता था उसे श्रद्धांजलि देने जाते हैं काली बिल्लियों से घिरे राजपुरुष। जो व्यक्ति 14-15 अगस्त की रात कलकत्ता के हैदरी हाउस में सो रहा था उसका बचाव करने उठते हैं वे, जो पद के लिए जाने कहाँ-कहाँ से गुजर जाने में सक्षम हैं। सवाल यह नहीं है कि मायावती क्या कह रही हैं। सवाल है कि लोग क्यों सुन रहे हैं ? ध्यान में रखने की बात है कि आरोप-प्रत्यारोप के इस सिलसिले में गाँधीजी नामक ऐतिहासिक व्यक्ति से कहीं ज़्यादा महत्त्वपूर्ण है–गाँधीजी की प्रतीकात्मक उपस्थिति जिसे हमारे समाज की सामाजिक, राजनीतिक व सांस्कृतिक सत्ता ने केवल पूज्य प्रतिमा में बदल दिया है। मायावती के आक्रामक आरोपों की वैधता पर ऐतिहासिक प्रमाणों के आधार पर बहस अवश्य होनी चाहिए। लेकिन ऐसी ऐतिहासिक बहस से कहीं ज़्यादा महत्त्वपूर्ण है इन आरोपों के बहाने अपने समाज और उसकी राजनीति की सांस्कृतिक पड़ताल। गाँधी-विरोधी मायावती-कांशीराम और उनकी आलोचना करते बहुतेरे गाँधी समर्थक असल में स्वयं और अन्य के उसी स्थायी विभाजन की उपज हैं जिसका सतत प्रतिवाद गाँधीजी की ऐतिहासिक उपस्थिति ने किया। अभी भी गाँधीजी को ऐसे प्रतिवाद के प्रतीक के रूप में फिर प्राप्त किया जा सकता है, बशर्ते कि इच्छा सत्ता-तंत्र पर कब्जा करने भर की नहीं, बल्कि उसका रूपांतरण करने की हो।

जातिवादी कौन ?

इस सीधे सवाल का जवाब उतना सीधा है नहीं, जितना कि समझा जाता है। आधुनिक सोच-विचार को अपने समाज पर लागू करने की जो तालीम हमें हासिल हुई है, उसके मुताबिक जातिवादी सिर्फ वह है, जो किसी जाति या जातियों के समूह को संगठित कर राजसत्ता पर अधिकार करने की कोशिश करे। या फिर वह, जो नौकरी-धंधे, रोजगार या शिक्षा के क्षेत्र में अपनी जाति के लोगों को खामखाह बढ़ावा दे। इसके विपरीत आधुनिक व्यक्ति, चाहे राष्ट्रवादी हो या साम्यवादी, जाति की उपेक्षा करता है। वह अपना राजनीतिक एजेंडा जाति जैसी पुरानी, रूढ़िवादी धारणाओं से निर्लिप्त रहकर तय करता है। नौकरी-धंधे से ले कर चुनावी राजनीति तक में जो व्यक्ति या दल जाति की बात न करे, वह जातिवादी नहीं है। भले ही फिर वह जाति की जोड़-तोड़ चाहे जितनी कर ले, बस जाति के सवाल पर सीधे-सीधे बात न करे। वर्ग की बात करे, भारतीयता की बात करे, राष्ट्र की बात करे, न करे तो सिर्फ जाति की बात न करे। हमारे समाज के प्रचलित 'कॉमन सेंस' में जातिगत जोड़-तोड़ और जाति को राजनीतिक सवाल बनाने की कोशिश को एक ही बिरादरी की दो वस्तुएँ मान लिया गया है, जबकि जातिगत जोड़-तोड़ की प्रेरणा तो है सिर्फ अपनी जाति का भला करना, जरूरी नहीं कि जाति की बात करनेवाली हर राजनीति की प्रेरणाएँ भी इतनी ही स्वार्थपरक और संकीर्ण हों। लेकिन जब कोई मान्यता सामाजिक 'कॉमनसेंस' में जगह बना ले तो फिर सूक्ष्म परीक्षण की गुंजाइश कहाँ रह जाती है ? फिर तो, यही होता है कि अपनी जाति के लोगों को बढ़ावा देनेवाला अफसर भी जातिवादी और जाति को भारतीय राजनीति में विमर्श का विषय बनानेवाले डॉ. अम्बेडकर और डॉ. लोहिया भी जातिवादी; जो जाति-व्यवस्था को तोड़ने की बात करें, वे जातिवादी कहलायें और जो या तो इससे आँखें चुरायें या फिर समाज में द्विज प्रभुत्व बरकरार रखना चाहें, वे 'राष्ट्रवादी' ! दूसरे शब्दों में, जो जाति-व्यवस्था को किसी-न-किसी बहाने बनाये रखना चाहते हैं वे, तो जातिवादी नहीं हैं और जो इस व्यवस्था को तोड़ना चाहते हैं, वे जातिवादी हैं।

शब्दार्थ का यह अनर्थ संबंध, बल्कि क्रूर मजाक जिस व्यापक समझदारी

को प्रतिबिंबित करता है, उसकी बुनियादी मान्यता यह है कि जाति का सवाल राजनीतिक सवाल है ही नहीं। जाति तो सामंती समाज के उत्पादन संबंधों का भारतीय रूप भर है। जिस तरह दीगर देशों में ये संबंध उद्योगीकरण के फलस्वरूप समाप्त हो गये, उसी तरह भारत में भी आधुनिक तंत्र के विस्तार से जाति-व्यवस्था की जकड़ ढीली पड़ेगी। धीरे-धीरे समाप्त हो जायेगी। जाति में निहित ऊँच-नीच और भेदभाव की भावना भी सही राजनीतिक-सांस्कृतिक चेतना के प्रसार के साथ-साथ शिथिल होती जायेगी। यह हुआ आधुनिक सोच। परम्परावादियों के अनुसार तो वर्णाश्रम अपने मूल रूप में सर्वाधिक सुसंगत और समरस व्यवस्था है। छुआछूत की विकृति दूर कर किसी तरह वर्णाश्रम की पुनः स्थापना हो सके तो धराधाम पर स्वर्ग आया समझिए। ऐसे लोगों के लिए राम राज्य का अर्थ ही है : ऐसा समाज, जहाँ चारों वर्णों के लोग अपने-अपने आश्रम धर्म का पालन खुशी-खुशी करें। इस पर ध्यान देने की जरूरत नहीं कि शूद्र का एक ही आश्रम है–गृहस्थ और एक ही धर्म है–सेवा। न विद्याध्ययन की इजाजत है, न मोक्ष साधना की गुंजाइश।

बहरहाल, जाति के सवाल को राजनीतिक विमर्श और व्यवहार से बाहर धकेलने की तमाम कोशिशों का नतीजा सिर्फ यह हुआ है कि इस वक़्त यह सवाल सबसे प्रमुख सवाल बनकर भारतीय राजनीति को मथ रहा है। यहाँ तक कि भाकपा के महासचिव को लगता है कि जाति के सवाल से टकराये बिना भारत में शोषित वर्ग की राजनीति करना असंभव है। बात सौ टके की है, लेकिन कही गयी है सिर्फ समकालीन राजनीति के दबाव में। जरूरत इस बात की है कि जाति-व्यवस्था के सार और स्वरूप पर समग्र ढंग से विचार किया जाये। इस विचार के लिए बुनियादी प्रस्ताव यह है कि जाति-व्यवस्था भारतीय समाज-सत्ता के तंत्र की धुरी है। यह हमारे समाज में व्याप्त वर्ग, वर्ण तथा लिंगपरक विद्वेष का समग्र तथा संगठित ढाँचा है। इसे केवल हिंदू समाज की कुरीति मानना व्यावहारिक और ऐतिहासिक दृष्टि से गलत है। इसकी विकराल जीवनी-शक्ति का सबसे बड़ा कारण है–स्वयं इसके शिकारों द्वारा इसके चक्र में पिसने को अपना कर्मफल या नियति मान लेना। यही कारण है कि जाति के सवाल से निर्लिप्त राजनीति देश की समाज सत्ता पर कोई गहरा असर नहीं डाल सकती। इस प्रकार जाति-व्यवस्था भारतीय समाज की मूलभूत राजनीतिक समस्या है। इसका मुकाबला किये बगैर न कोई मुक्तिकामी संस्कृति-विमर्श संभव है और न कोई जनोन्मुख राजनीतिक कार्रवाई।

जब गाँधीजी ने रेमजे मेकडॉनल्ड के 'कम्युनल एवार्ड' के ख़िलाफ़ अनशन आरंभ किया, तो नेहरू को बड़ी खीझ हुई। खीझ की वजह नेहरू के अपने शब्दों में "ऐसे गैर अहम सवाल को गाँधीजी ने जीवन-मरण का प्रश्न बना लिया।"[1] नेहरू की खीझ इस बात पर थी कि अछूतों के अलग मताधिकार सरीखे सवाल

पर गाँधीजी वह ऊर्जा खर्च कर रहे हैं, जो असल में राष्ट्रीय स्वाधीनता के 'बृहत्तर' और 'राजनीतिक' सवाल से जूझने में खर्च होनी चाहिए। बात सिर्फ नेहरू की नहीं। उस दौर के अधिकांश उपनिवेशवाद विरोधी नेताओं और कार्यकर्ताओं के सोच में यह विभाजन मौजूद था, जिसके अनुसार 'राजनीतिक' शब्द का प्रयोग सिर्फ विदेशी सत्ता से संघर्ष के संदर्भ में किया जाता था। बाकी समस्याएँ सामाजिक थीं और इसी कारण गैर-फौरी भी। साम्प्रदायिकता की समस्या भी बस उतनी ही दूर तक 'राजनीतिक' थी जितनी दूर तक यह साम्राज्य विरोधी संघर्ष को अच्छे या बुरे ढंग से प्रभावित करे। साम्प्रदायिकता अपने आप में सिर्फ धर्म के कुसंस्कार और आर्थिक प्रतिद्वंद्विता की विकृत अभिव्यक्ति थी। नेहरू अपनी 'आत्म-कथा' में दो तरह के सम्प्रदायवादियों का उल्लेख करते हैं, जो अंग्रेज़ी सरकार के खिलाफ राष्ट्रीय आंदोलन का साथ दें, वे सम्प्रदायवादी होते हुए भी 'प्रतिक्रियावादी' नहीं थे। साम्प्रदायिकता और जाति-व्यवस्था परस्पर गुँथी हुई और बुनियादी अर्थ में राजनीतिक समस्याएँ हैं—यह एहसास अभी भी भारत की परिवर्तनकामी राजनीति का संस्कार नहीं बना है। इसी कारण जाति और अस्पृश्यता के सवाल पर जान की बाजी लगा देना नेहरू सरीखे आधुनिक साम्राज्यविरोधी राष्ट्रवादियों के लिए अबोधगम्य था।

जाति को 'अराजनीतिक' मानने का यह संस्कार सिर्फ राजनीति तक सीमित नहीं। बहुत-से इतिहासकारों और आलोचकों को मध्यकालीन भक्त कवियों से इस कारण खीझ होती है कि वे राजसत्ता के बारे में कुछ नहीं कहते। ऐसे लोगों का तर्क सुपरिचित है। किसी भी समाज में अनुशासन, दमन और शोषण का मुख्य स्रोत राजसत्ता ही तो है। राजसत्ता के प्रति अजीब-सी उदासीनता बरतनेवाले भक्त कवियों के सामाजिक दृष्टिकोण को क्रांतिकारी कैसे कहा जाये ? राजनीति को सिर्फ राजसत्ता तक सीमित मानने का एक पहलू राष्ट्रीय आंदोलन में और भी गहरे ढंग से व्यक्त हुआ। कांग्रेस अधिवेशनों के साथ होने वाली सोशल कॉन्फ्रेंसें तिलक जैसे 'उग्र राष्ट्रवादी' नेताओं के प्रभाव में बंद कर दी गयीं। तर्क वही। जाति, स्त्री की स्थिति जैसे आंतरिक 'सामाजिक' सवालों की चर्चा विदेशी सत्ता के खिलाफ 'राजनीतिक' संघर्ष को कुंद करती है। जाने-अनजाने भारतीय राष्ट्रवाद को एक आँखवाले ऐसे प्राणी के रूप में विकसित किया गया, जो भारतीय समाज के अपने सत्ता तंत्र और वर्ग-वर्ण-लिंग के भेदभाव की या तो उपेक्षा करे या फिर परंपरा और समरसता के नाम पर उसका महिमामंडन करे। गाँधी, अम्बेडकर जैसे लोग अपने-अपने ढंग से इसी एकाक्ष राष्ट्रवाद से जूझ रहे थे और ऐसे एकाक्षबोध को ही सामासिक राष्ट्रवाद माननेवालों के मन में अलग-अलग प्रकार की खीझ उत्पन्न कर रहे थे।

सवाल किसी की व्यक्तिगत निष्ठा और वैचारिक ईमानदारी पर संदेह करने

का नहीं है, हालाँकि ऐसे लोगों की भी कोई कमी नहीं, जो अपनी सारी बौद्धिक सामर्थ्य का उपयोग बाकायदा जानबूझकर अन्याय के हित में करते रहे हैं। ऐसे लोगों की चर्चा थोड़ी देर बाद। फिलहाल यह देखें कि भारतीय समाज के परिवर्तनकामी तबकों ने जाति के यथार्थ स्वरूप और भूमिका को समझने में भूल क्यों की ? क्या कारण है कि भारत में समाजशास्त्र के जनक प्रो. घुरये से ले कर मार्क्सवादी समीक्षक डॉ. रामविलास शर्मा तक बहुत-से विद्वान् यह साबित करने की जी तोड़ कोशिश करते रहे हैं कि जाति-व्यवस्था में अनोखा कुछ नहीं है। यह विश्वव्यापी सामंतवाद का भारतीय रूप-भर है, जिसकी खबर लेने के लिए 'आधुनिकीकरण' या 'पूँजीवाद से संघर्ष' ही पर्याप्त और सही रणनीति है। क्या कारण है कि हर क्षेत्र में जाति की गुपचुप जोड़-तोड़ करनेवाले तो राष्ट्रवादी या प्रगतिशील माने गये, जबकि इसे बौद्धिक विमर्श और राजनीतिक कार्रवाई का विषय बनानेवालों को बौद्धिक सहानुभूति मिलना तो दूर की बात, उन्हें बार-बार देश तोड़क, समाज तोड़क और वर्ग तोड़क कहकर धिक्कारा गया।

इस विडंबना के कई कारणों में सबसे बुनियादी कारण यह प्रतीत होता है कि कई बार सामाजिक बदलाव के इच्छुक व्यक्ति भी परिवर्तन का ऐसा एजेंडा तलाशते हैं, जो खुद उनके सांस्कृतिक आत्म-बोध में गहरी फाँक न पैदा करे। मनोगत प्रगतिशीलता और वर्ग, वर्ण या लिंगपरक विशेषाधिकार के द्वंद्व का सूक्ष्म समाधान इस तरह किया जाता है कि मुट्ठी भी तनी रहे और काँख भी ढकी रहे। अभी कुछ ही वर्ष पहले तक वामपंथी प्रतिष्ठान नारी मुक्ति के सवाल को वर्ग संघर्ष विरोधी भटकाव मानता ही था। हिंदी के धुरंधर मार्क्सवादी समीक्षकों में से अनेक की क्रांतिकारिता का सुर बड़ी खूबी से सामंती और आर्यसमाजी मर्यादावाद के फूहड़ नारी-विरोध से मिल जाता है। ऐसे वामपंथी स्त्री-पुरुष के बीच सुपरिभाषित, 'मर्यादावादी' संबंध के अलावा केवल एक और संबंध की ही कल्पना कर सकते हैं–व्यभिचार के संबंध की। काव्यास्वाद के जटिल संसार तक में ऐसे मर्यादावादी आचार्य बड़ी सहूलियत से स्वकीया-परकीया के सवाल को प्रेम कविता की जाँच का बुनियादी प्रतिमान बना देते हैं।

भारतीय भद्रलोक के अधिकांश ने आधुनिकता और मार्क्सवाद को अपने हितों और संस्कारों के अनुकूल बनाकर अपनाया है। सामाजिक यथार्थ का परीक्षण करने के औजार ऐसे ढंग से विकसित किये गये हैं कि जहाँ तक हो सके, आत्मपरीक्षण टाला जा सके। वर्गगत चतुराई और व्यक्तिगत भोलेपन के इस सुखद संयोग का ही परिणाम है कि जाति का सवाल हो या स्त्री मुक्ति का, आदिवासियों की स्थिति का सवाल हो या सामाजिक नैतिकता का, ये सारे सवाल राजनीति के बजाय समाज सुधार के मान लिये गये। समाज सुधार भी ऐसा, जो उनका काम है, जो राजनीति की तपिश झेल नहीं सकते या राजनीति से थक गये हैं। स्वाभाविक

ही था कि गाँधी जी का रचनात्मक कार्यक्रम कोरे कर्मकाण्ड में बदल गया और अरुण शौरी जैसे सतही सनसनीबाज पत्रकारों को लोहिया को समाज तोड़क कहने में कोई शर्म नहीं आती। ऐसी 'क्रांतिकारी' विचारधारा या ऐसी 'प्रखर' आलोचना, जो वर्ग, वर्ण और लिंगपरक उत्पीड़न को हाशिये पर धकेल दे, 'भद्र लोक' को रास आती है। कारण यह है कि इसके जरिये व्यक्ति को अपनी संवेदनशीलता के प्रति ईमानदार रहने का नैतिक संतोष प्राप्त होता है। साथ ही वह अपने घर-परिवार और परिवेश के सांस्कृतिक संवेदनों और पूर्वग्रहों से जुड़ा रहता है। ऐसा व्यक्ति 'डिक्लास' होने के बावजूद 'एलियनेट' होने की पीड़ा से बच जाता है। क्रांतिकारी प्रखरता निज के मन और परिवेश के निर्मम परीक्षण का माध्यम बनने के बजाय महज एक आकर्षक विशेषता बनकर रह जाती है। व्यक्तिगत भोलेपन के साथ वर्ग की चतुराई का सुखद संयोग संभव हो जाता है, क्योंकि आप राजसत्ता पर ही तो कब्जा करने की बात कर रहे हैं। उसका संचालन करनेवाले होंगे तो अंततः 'अपने ही' लोगों में से–क्रांति के बाद भी।

प्रेमचंद की कहानी 'सवा सेर गेहूँ' का एक प्रसंग याद करें।

'विप्र जी' की कमीनगी और बेहयाई से सन्न शंकर उन्हें परलोक का वास्ता देता है। विप्र जी छूटते ही कहते हैं, 'वहाँ की बातें छोड़ो, क्या देवता, क्या ऋषि-मुनि–वहाँ सब अपने ही हैं।' कहानी का अंतिम वाक्य है, 'पाठक ! ऐसे विप्रों और ऐसे शंकरों से दुनिया अभी भी खाली नहीं है।' कई धरातलों पर सार्थक है यह वाक्य। ऐसे 'परलोक' (उर्फ क्रांतिकारी परिवर्तनों के बाद की सामाजिक-व्यवस्था) से भद्र लोक के विप्र जी क्यों घबरायें, जहाँ सारे तूमताम के बावजूद, 'क्या देवता, क्या ऋषि मुनि' सब अपने ही होनेवाले हैं।

वैसे, विप्र जी के अपनों की इहलोक में ही क्या कमी है ? भारतीय संस्कृति को परिभाषित करते हुए श्री गोविंदचंद्र पांडेय फरमाते हैं, "भारतवासी जनसमुदायों का प्रचलित शील और रुचि भारतीय संस्कृति नहीं है। बल्कि उनकी शिष्ट चेतना के द्वारा स्वीकृत मर्यादाओं और आदर्श को ही उनकी संस्कृति कहना चाहिए, जिसका पता प्रत्यक्ष से नहीं चल सकता।"[2] पांडेय जी की 'संस्कृति' का पता प्रत्यक्ष से नहीं चल सकता, तो श्री निर्मल वर्मा के अनुसार, "शक्ति (पॉवर) की यूरोपीय अवधारणा और धर्म की भारतीय धारणा के बीच कोई संगति नहीं है...अगर मनुष्य का धर्म दूसरों के प्रति अपने दायित्वों और कर्तव्यों में मूर्तिमान होता है, तो यूरोप द्वारा प्रक्षेपित मनुष्य की आत्मकेंद्रित छवि का भारतीय परंपरा में कोई स्थान नहीं है।" निर्मल जी के अनुसार, धर्म में रची-बसी भारतीय परंपरा सभी के प्रति दायित्व निर्वाह के साथ मोक्ष की तलाश है, तो आत्मकेंद्रित, शक्तिपरक यूरोपीय परंपरा ताकत की खोज।

चलिए, छुट्टी हुई। जब संस्कृति का प्रत्यक्ष से पता ही नहीं चल सकता,

जब भारतीय (उर्फ हिंदू) परंपरा में शक्ति का कोई संघर्ष ही नहीं है, तो कहाँ की मुक्ति और काहे के लिए आत्मपरीक्षण ? दिक्कत यह है कि दुष्ट प्रत्यक्ष सर चढ़कर बोलता है। सारी मनभावन शब्दावली के बावजूद भारतीय (उर्फ हिंदू) समाज, संस्कृति में दमन, उत्पीड़न भरा पड़ा है, सो उसका क्या ? इस पहेली का हल मौजूद है। सारी कुरीतियों और विकृतियों का एकमात्र कारण है 'अन्य' का कुप्रभाव, खास कर इस्लाम का। संयोग नहीं है कि श्री पांडेय, श्री वर्मा और श्री शौरी अपने-अपने ढंग से अपने-अपने स्तर पर हिंदू राष्ट्रवाद के प्रचण्ड समर्थक हैं। हिंदू राष्ट्रवाद ऐसे महानुभावों के लिए सुखदायी है भी, क्योंकि यह भारतीय समाज की तमाम विकृतियों और उनमें से अधिकांश की जड़ जाति से आँखें चुराने की सहूलियत प्रदान कर 'अन्य' को बलि का बकरा बना देता है।

यह कहना अप्रासंगिक न होगा कि जब श्री पांडेय और श्री वर्मा जैसे भारत-व्याकुल मेधावी 'पारंपरिक' भारतीय समाज और 'समूहबद्ध' भारतीय मनुष्य को 'आधुनिकता' और 'पाश्चात्य व्यक्तिवाद' के खिलाफ मनमाने ढंग से खड़ा कर 'पारंपरिक' का महिमामंडन कर रहे होते हैं, तब असल में वे सिर्फ खुद के कट्टर यथास्थितिवाद को 'रेशनलाइज़' कर रहे होते हैं। सो भी समाजशास्त्री डूमाँ के तर्क और निष्कर्ष उधार लेकर। मौलिक चिंतन और खाँटी भारतीयता का भरम रचते हुए। वामपंथी-जनवादी बौद्धिकों के जाति-संबंधी विमर्श में लाख चूक हो, इस कोटि का भरम जाल नहीं है। वहाँ व्यक्तिगत भोलेपन का वर्गगत चतुराई की ताकतों द्वारा इस्तेमाल कर लेने की करुण त्रासदी है। विप्र जी के 'अपने' लोगों के यहाँ व्यक्ति की चतुराई और वर्ण, वर्ग, लिंग सत्ता की चतुराई का सिद्ध समन्वय है।

जाति व्यवस्था का मूल तर्क वर्णाश्रम निस्संदेह हिंदू धर्म की विशेषता है, लेकिन क्या जातिगत सामाजिक व्यवहार भी सिर्फ हिंदू समाज तक सीमित है ? क्या अन्य धर्मावलंबी शासकों ने जाति-व्यवस्था से फायदे नहीं उठाये ? मंदिर तोड़ने के लिए बदनाम मुस्लिम शासकों ने क्या कभी जाति-व्यवस्था पर भी कोई आघात किया ? क्या उन्होंने राजतंत्र के संचालन और सामाजिक व्यवस्था के लिए जाति को दरकिनार कर कोई नयी प्रणाली विकसित की ? कतई नहीं। उलटे मुस्लिम शासकों ने अपने साथ लाये प्रशासन तंत्र का तालमेल बहुत जल्द ही जाति-व्यवस्था के साथ बैठा लिया। जाति के चौधरी और गाँव के मुखिया मालगुजारी 'सामंत' के बजाय 'इक्तादार' को पेश करने लगे। जाति से निर्धारित जन्मगत पेशे बने रहे। नयी जातियाँ जरूर उत्पन्न हुईं और परंपरा के अनुसार उन्हें जाति-व्यवस्था की किसी-न-किसी सीढ़ी पर जगह मिलती चली गयी। कबीरदास कितनी गहरी व्यथा के साथ इस बात को पहचानते हैं कि उन्हें जुलाहा कहा जाये या कोरी, दूसरों की निगाह में वे 'जात कमीना' ही हैं। इतिहासकार मोरलैंड ने जिसे 'हिंदू

और मुस्लिम राजनीतिक-प्रशासनिक संस्थाओं के बीच ऐतिहासिक नहीं तो तार्किक संगति अवश्य' होने की स्थिति कहा था, उसका नतीजा यह निकला कि धार्मिक तनाव के बावजूद इस्लामी राजसत्ता और जाति-व्यवस्था की समाजसत्ता के बीच शांतिपूर्ण सह-अस्तित्व कायम हो गया।

मुस्लिम शासक अपने अनुभवों से बहुत जल्द यह समझ गये कि जाति सिर्फ धार्मिक रीति-रिवाज नहीं, बल्कि सामाजिक सत्ता का ऐसा तंत्र है, जिसका उपयोग करनेवाले शासक के लिए हिंदू धर्मावलंबी होना कतई आवश्यक नहीं है। इसीलिए उन्होंने हिंदू धर्म के प्रतीकों पर आक्रमण करने के बावजूद न तो जाति की व्यवस्था पर कोई चोट की, न उसके सामाजिक व्यवहार पर। बल्कि मुस्लिम शासक वर्गों ने खुद अपने बीच प्रचलित रक्तशुद्धि की धारणा को जाति-व्यवस्था से मिलाकर ऐसी स्थिति पैदा कर दी कि आज तक भारतीय मुसलमानों में जातिगत ऊँच-नीच विचार और व्यवहार में प्रचलित है। नमाज के लिए भले ही महमूद-ओ-अयाज एक साथ खड़े हो लें, लेकिन नमाज के बाहर न सिर्फ बंदा और बंदानवाज का फर्क बना रहता है, बल्कि ऊँच और नीच जात का फर्क भी इसमें शामिल हो जाता है। मंडल रिपोर्ट में पहचानी गयी अनेक पिछड़ी जातियाँ धर्म के लिहाज से मुसलमान हैं। अपना बचपन याद करते हुए इस्मत चुगताई ने लिखा है कि उनकी माँ ने उन्हें कैसा झन्नाटेदार चाँटा रसीद किया था, जब वे किसी 'नीच जात' के घर एक रोटी खा आयी थीं। ईसाई धर्म में भी जाति का प्रभाव पड़ा ही है।

इस्लामी राजसत्ता और जातिगत समाज-सत्ता के सह-अस्तित्व के परिणामस्वरूप डॉ. नामवर सिंह के शब्दों में, "राजसत्ता भक्तों के लिए सर्वथा उपेक्षा की वस्तु थी। उसके प्रति भक्तों के मन में न तो किसी प्रकार की भक्ति का भाव था, न विरोध का। यह आवश्यक भी न था, क्योंकि साधारण जनता के जिन दुखों से भक्त कवि दुखी थे, उनका सीधा संबंध आगरा या दिल्ली के तख्त पर बैठे बादशाह से उतना न था, जितना अपने गाँव के उस समाज से, जिसका नियमन जाति-धर्म के परंपरागत नियमों से होता था तथा जिसमें राजसत्ता के स्थानीय प्रतिनिधि गाँव के मालिकों के सहयोग से दमनकारी भूमिका निभाते थे। इस ग्रामीण- व्यवस्था में, जहाँ परंपरागत जाति-धर्म जीवन के समस्त क्रियाकलापों का नियामक था, सरकार की हैसियत एक बाहरी लुटेरे से अधिक न थी जिसे बहुत कुछ अनावश्यक या फालतू मानकर भी काम चलाया जा सकता था।"[3]

भक्त कवि राज-सत्ता के प्रति उदासीन थे–इससे यह सिद्ध नहीं होता कि वे कम क्रांतिकारी थे। उलटे यह मालूम पड़ता है कि वे अपने ही समाज में पराये नहीं हो गये थे। वे अपने अनुभव से सामाजिक सत्ता के वास्तविक उपकरण जाति को पहचान सकते थे। यही कारण है कि चाहे इसके पक्ष में हों चाहे विपक्ष में,

जाति-व्यवस्था और वर्णाश्रम को सभी भक्त कवियों के सामाजिक विमर्श में केंद्रीय स्थिति जरूर प्राप्त है। अपने अनुभवों पर परायी भाषा थोपने की विडम्बना से मुक्त होने के कारण भक्त कवि राज-सत्ता के स्वरूप और तंत्र के तत्त्वतः राजनीतिक सवाल से कतराने की विडम्बना से भी मुक्त थे। निर्मल वर्मा की भारतीय (उर्फ हिंदू) परंपरा में भले ही शक्ति विमर्श को कोई स्थान न प्राप्त हो, भक्तों का अनुभव जगत् भारतीय समाज के विशिष्ट शक्ति विमर्श—वर्णाश्रम—के प्रसंग में शुतुरमुर्ग का अभिनय कहीं नहीं करता।

वर्णाश्रम अर्थात् जाति-व्यवस्था के विविध पक्षों को सैद्धांतिक तर्क देनेवाला वैचारिक आधार। इसी के साथ सभी वर्णों की स्त्रियों के लिए मर्यादा की दो टूक व्यवस्था। असल में, वर्णाश्रम 'अधिकार भेद' के जरिये गैर-द्विज जातियों और सभी जातियों की स्त्रियों को आध्यात्मिक से लेकर सामाजिक व्यवहार तक के धरातलों पर 'मर्यादा' (या कहें औकात) में रखने की अद्भुत व्यवस्था है। कबीर हों या मीराँ या सूरदास की गोपियाँ—इनकी आवाजें असल में वर्णाश्रम और अधिकार भेद की मर्यादा/लोकलाज/कुल-कानि के ही खिलाफ बुलंद होती आवाजें हैं। इनके समकालीन और परवर्ती प्रभुवर्ग की इन आवाजों के प्रति खीझ का यदि आज के राजनीतिक मुहावरे में अनुवाद किया जाये, तो समरसता के विरोधी, समाज तोड़क आदि विशेषण इन आवाजों पर बड़ी आसानी से चस्पाँ किये जा सकते हैं। आखिरकार निर्गुण राम की बात करने वालों को 'अज्ञ अंध, अकोविद' ही नहीं, 'लंपट, कपटी और कुटिल' तक गोस्वामी तुलसीदास ने कहा ही है। आधुनिक युग के आचार्य रामचंद्र शुक्ल के लिए ये निर्गुणपंथी संत 'लोक विरोधी नहीं तो लोक विद्वेषी अवश्य' थे। भारतीय भक्ति मार्ग से बाहर, विदेशी परंपरा की जकड़ में तो खैर ये थे ही !

इसमें अचरज की कोई बात नहीं है। वर्णाश्रम, अधिकारभेद और जाति-व्यवस्था के जरिये वर्ण, वर्ग और लिंगपरक उत्पीड़न का जो तंत्र बनता है, उसे 'सनातन धर्म', 'लोकधर्म' और मर्यादा' जैसे मोहक अभिधान न दिये जायें, तो वह चले कैसे ? अन्याय की डरावनी दुनिया में थोड़ा-बहुत लचीलापन न बनाये रखा जाये तो वह जिये कैसे ? और फिर जो लोग मोहक मर्यादा के इस भरम जाल की पड़ताल करने का दुस्साहस करें, उन्हें 'लोक विद्वेषी' और 'कपटी' कहकर गरियाया न गया तो जन्मजात गैरबराबरी की सच्चाई पर पड़े समरसता के परदे की चिंदी-चिंदी नहीं हो जायेगी ?

जाति व्यवस्था का अध्ययन करते हुए समाजशास्त्री डेक्लान क्विगली ने मार्के की बात पकड़ी है, "जाति की व्याख्या करने के क्रम में धर्म और राजनीति को अलगाया नहीं जा सकता। अपने प्रशासनिक और राजनीतिक हितों के चलते ब्रिटिश शासकों ने ऐसा ही किया। उन्होंने 'जाति' को विशुद्ध धार्मिक विषय के

रूप में देखा।"[4]

ब्रिटिश प्रशासकों और प्राच्यवादियों द्वारा जाति को सिर्फ धार्मिक विषय मान लेना उनके राजनीतिक हितों, प्रशासनिक सुविधाओं के अलावा एक और वजह से भी समझ में आता है। अंततः जाति उनके लिए अध्ययन और व्याख्या की ही वस्तु थी, अनुभव की नहीं। लेकिन जिन भारतीयों ने ऐसी अध्ययन दृष्टि और उसे जन्म देनेवाली बौद्धिकता आत्मसात कर ली, वे जरूर अपने ही समाज में संस्कृति के अतिथि बनकर रह गये। वास्तविक अनुभव से ज़्यादा महत्त्व हो गया– बौद्धिक संस्कृति में सम्मानप्राप्त व्याख्या का। यथार्थ के अनुभव और उसकी व्याख्या के बीच गहरी फाँक पैदा हो गयी। यही फाँक धीरे-धीरे व्यक्तिगत भोलेपन और वर्गगत चतुराई के उस संतुलित सह-अस्तित्व में परिणत हो गयी, जिसका इशारा किया जा चुका है। भारतीय समाज के मुख्य सत्ता संघर्ष और इसे लेकर मौजूद भीषण अंतर्विरोध को ही गैर-राजनीतिक, 'सामाजिक' समस्या मान लिया गया, मानो राजनीति का संबंध सिर्फ किसी बनी-बनायी व्यवस्था का संचालन करने या उसकी आलोचना करने भर से हो, मानो किसी भी समाज के वास्तविक सत्ता संघर्ष के सवाल से टकराये बिना कोई राजनीति मुमकिन होती हो।

जाति की व्याख्या में धर्म को राजनीति से अलग कर जाति को सिर्फ धार्मिक मसला (सो भी, केवल हिंदू धर्म तक सीमित) मानने का ही यह परिणाम हुआ कि जाति के संदर्भ में शब्दों के अर्थ सिर के बल खड़े हो गये। जो जाति के सवाल को राजनीति से गायब ही कर दे और इस तरह वर्ण-वर्ग-लिंग पर आधारित गैरबराबरी का न परीक्षण होने दे, न उसके खिलाफ प्रतिरोध, वह हुआ राष्ट्रवादी, समरसतावादी और प्रगतिशील ! जो जाति के खिलाफ इससे उत्पीड़ित लोगों को संगठित करना चाहे, वह हुआ जातिवादी ! जो जाति-व्यवस्था को बनाये रखकर तात्कालिक लाभ के लिए जातिपरक जोड़-तोड़ करे, वह हुआ आधुनिक, क्योंकि वह सिद्धांत में जाति जैसी गैर-राजनीतिक वस्तु से निर्लिप्त है और व्यवहार में तो 'राजनीति में सब चलता है।' जाति की बात करना और अपनी जाति के लोगों को बढ़ावा देना पर्यायवाची मान लिया गया।

शब्दों का यह अनर्थ संबंध टूटना चाहिए। बेहतर होता कि वह अनर्थ संबंध स्वयं द्विज अभिजन की पहल से टूटता और जाति की राजनीतिक वास्तविकता से समूचा समाज एक साथ टकराता। इस तरह भारतीय राष्ट्रवाद सचमुच प्रामाणिक बनता। लेकिन हमारे द्विज अभिजन के घनघोर जातिवाद और क्षुद्र चालाकियों के कारण भारतीय राष्ट्रवाद स्वयं द्विज जातिवाद पर पड़े मोहक आवरण में बदल गया है और इस आवरण की वास्तविकता को उजागर करने के प्रयत्नों को ही 'जातिवाद' कह देने में हमारे जातिवादी भद्र लोक ने कमाल की महारत हासिल कर ली है।

अपने सुचारु संचालन के लिए जाति-व्यवस्था दंड-शक्ति पर कम, सांस्कृतिक, मनोवैज्ञानिक वर्चस्व पर अधिक निर्भर करती है। वर्णाश्रम और अधिकारभेद पुनर्जन्म और कर्मफल के तर्क पर आधारित हैं। संस्कारनिर्माण की पूरी प्रक्रिया के जरिये वर्णाश्रम के शिकार और शिकारी, दोनों इस तर्क को आत्मसात कर लेते हैं। शिकारी अपने अमानवीय व्यवहार पर लज्जित होने से बच जाता है और शिकार खुद के ही कर्मों पर पछताने के लिए अभिशप्त हो जाता है। दुःख आक्रोश में यदि बदल भी जाये, तो क्रोध संगठित प्रतिकार का रूप तो नहीं ही ले पाता। ले कैसे ? जब वर्तमान दुर्दशा अपने ही पूर्वजन्म या कर्मफल के कारण हो, तो आप क्रोध किस पर करेंगे ? प्रतिकार क्यों करेंगे ? कबीर सरीखे प्रखर जिज्ञासु और प्रश्नकर्ता को भी कहना पड़ता है : "पूरब जनम हम ब्राम्हन होते, ओछे करम तप हीना। रामदेव की पूजा चूका, पकरि जुलाहा कीना।" जुलाहे के घर जन्म यदि स्वयं राम द्वारा तपहीन ब्राह्मण को दिया गया दंड है, तो फिर शिकायत कैसी ? 'सद्गति' का दुःखी चमार कड़ी लू में लकड़ी फाड़ते-फाड़ते मर भले ही जाये, ब्राह्मण की रसोई भ्रष्ट करने का पाप कैसे करे ? पिछले जन्म के पापों का यह फल भोगा, अगले जन्म में तो जानवर ही बनना पड़ेगा। खासकर तब, जब परलोक में 'क्या ऋषि-मुनि ? क्या देवता ?' सब ब्राह्मण देवता के अपने आदमी हैं। जाति-व्यवस्था की बहुचर्चित (कभी-कभी बहुत प्रशंसित) जिजीविषा का बुनियादी कारण यही है कि शिकार और शिकारी—दोनों की चेतना में यह सिर्फ इहलोक तक सीमित व्यवस्था है ही नहीं। इहलोक से परलोक तक इस जन्म से पीछे और आगे अनंत जन्मों तक चलनेवाले इहलौकिक-पारलौकिक शक्ति विमर्श और सत्ता-तंत्र का नाम है वर्णाश्रम और जाति-व्यवस्था। किस पर क्रोध करेंगे आप ? कैसे मुक्ति पायेंगे ? आशा की एक मात्र किरण सिर्फ और सिर्फ यह है कि आप अपने वर्तमान को चुपचाप ढोते चले जायें। चूँ भी की तो पाप बढ़ेगा और पाप बढ़ा तो दंड बढ़ेगा ही।

बेशक वर्णाश्रम का तार्किक और नैतिक समर्थन इस्लाम और ईसाइयत में सुलभ नहीं है। लेकिन नियति की अवधारणा से कौन-सा धर्म मुक्त है ? इस्लाम और ईसाइयत के शासकों, पुरोहितों ने नियति की विशिष्ट सामी अवधारणा के सहारे अमानवीय दास-प्रथा को धर्म-सम्मत और नैतिक ठहराया है। नियति की यही अवधारणा, थोड़े बदले रूप में, जातिगत ऊँच-नीच को भी सहज, स्वाभाविक और नैतिक मानने और मनवाने के काम आ जाती है। यही कारण है कि धर्मांतरण जातिगत ऊँच-नीच से मुक्ति पाने का बहुत ही अपर्याप्त माध्यम सिद्ध हुआ है। धर्मांतरण शायद उपयोगी होता, बशर्ते जाति धर्म विशेष की व्यवस्था-भर होती। असल में तो जाति-व्यवस्था भारतीय सत्ता-तंत्र की धुरी है। एक सामाजिक-राजनीतिक वास्तविकता, जिसे जबरदस्त सांस्कृतिक वर्चस्व की ताकत हासिल है। जिसे एक

तरफ वर्णाश्रम और अधिकार भेद से बल प्राप्त होता है, दूसरी तरफ सामी नियतिवाद से। जिसका लाभ सिर्फ हिंदू शासकों ने ही नहीं, बल्कि मुस्लिम, इसाई शासकों ने भी उठाया है और धर्म-निरपेक्ष (!) शासकों ने भी। इसी भयावह समग्रता के कारण जाति-व्यवस्था आज के परिवर्तनकर्मियों के लिए भी उतनी ही केंद्रीय चुनौती होनी चाहिए, जितनी यह मध्यकालीन भक्त कवियों के लिए थी।

जातिवाद के सच्चे विरोधियों के लिए भारतीय इतिहास का सबसे पहला सबक यह है कि द्विज जातिवाद का जवाब गैर-द्विज जातिवाद नहीं हो सकता। चुनौती जाति-व्यवस्था के वैचारिक-सांस्कृतिक वर्चस्व को चुनौती देने और उसके सामाजिक-राजनीतिक ढाँचे को ध्वस्त करने की है। तंत्र वही बना रहे; सिर्फ उसके अधिकारी और उपभोक्ता बदल जायें, यह नहीं चलनेवाला। किसी भी अन्याय का प्रतिकार वैसा ही अन्याय करके नहीं किया जा सकता। जरूरत अन्याय की संभावना मात्र का निषेध करने की है। गाँधी जी पर बेहूदा आक्रमण करनेवाले कांशीराम-पंथी और उन आक्रमणों के जवाब में गाँधीजी की रक्षा करने का दम भरनेवाले गाँधी-प्रेमी दोनों ही अपनी-अपनी जगह इस बात को समझ लें तो अपना ही भला करेंगे, गाँधीजी का नहीं। समाज को बदलने की कोई भी सार्थक यात्रा खुद से आरंभ होती है। यह आरंभ में ही समझ लेना हितकारी होगा कि भारतीय समाज की बनावट ही ऐसी है कि यहाँ न धक्कामार ब्राह्मणवाद चल सकता है, न धक्कामार गैर-ब्राह्मणवाद। किसी धार्मिक, सांस्कृतिक या भाषाई अल्पसंख्या के विरुद्ध सतत घृणा के आधार पर कोई दूरगामी राजनीति भारत में संभव नहीं है। वह अल्पसंख्या चाहे मुसलमानों/ईसाइयों की हो, चाहे ब्राह्मणों की।

जाति-व्यवस्था को सिर्फ 'जाति' तक सीमित मान लेना भयानक भूल है। यह वर्ण, वर्ग और लिंगपरक उत्पीड़न और सांस्कृतिक निर्वासन की व्यवस्था है। जरूरी नहीं है कि हरेक सवर्ण शासकवर्ग का सदस्य भी हो। असवर्ण जातियों के लिए विशेष अवसरों की व्यवस्था का नुकसान संपन्न-समर्थ सवर्ण को नहीं, दरिद्र, वंचित सवर्ण को झेलना पड़ता है। इस दरिद्र सवर्ण की हताशा को संपन्न-सवर्ण अपनी क्रोधाग्नि का ईंधन बना लेता है। इसलिए दूरदर्शी गैर-द्विज नेताओं और जातिवाद विरोधियों को प्रयत्नपूर्वक दरिद्र सवर्ण और द्विज, स्त्री को अपने साथ लेना होगा, तभी संघर्ष सचमुच समूची जाति-व्यवस्था के खिलाफ हो सकेगा। जाति को वर्ण, वर्ग और लिंग की जटिल समग्रता में देखने से इनकार करनेवाला इसका कोई भी प्रतिवाद द्विज भद्रलोक के साथ गैर-द्विज भद्रलोक का 'एडजस्टमेंट' करने तक सीमित रह जायेगा। यह एक तरह के जातिवाद का, दूसरी तरह के जातिवाद के साथ समझौता-भर होगा, न कि जाति-व्यवस्था का वास्तविक विरोध।

संदर्भ

1. 'ऐन ऑटोबायोग्रॉफी, नयी दिल्ली, 1989, पृ. 370
2. 'भारतीय परंपरा के मूल स्वर' नयी दिल्ली, 1981, पृ. 13.
3. 'दूसरी परंपरा की खोज', नयी दिल्ली, 1982, पृ. 56.
4. 'दि इंटरप्रिटेशन ऑफ कास्ट', लंदन, 1993, पृ. 83-84.

सूरत, सावरकर और द्रौपदी

"औरतों की यौन-जागरूकता की स्वीकृति और उसका समर्थन निरंकुश विचारधारा के पूर्ण विनाश का कारण बन सकता है।"

–विल्हेल्म रीख[1]

"मैंने खुद तो नहीं देखा मगर वालंटियर ने मुझे बताया कि बहुत-सी औरतों की पेशानियों पर 'पाकिस्तान जिंदाबाद' गुदा हुआ है और हाथों या सीनों पर न जाने कितनों के नाम गुदे हुए हैं।"

"लेकिन मुसलमान लड़कियाँ ऐसी सैकड़ों मेरे पास लायी गयीं जिनके हाथों पर बदमाशों ने अपने नाम और गुनाह की तारीख तक लिख दी थी। पटियाला से भागकर आई हुई एक लड़की ने मुझे अपना हाथ दिखाया, जो उसने तेजाब से जला डाला था ताकि बदनामी के उस दाग को मिटा सके, जो गुंडों ने ज़िंदगी भर के लिए गोद दिया था।

"यह सच है कि मुसलमान लड़कियाँ जब हिंदुओं के पास पहुँचीं तो उन्होंने कुछ तो बदला लेने के ख़याल से, कुछ गुस्से में और कुछ उनको हिंदू लड़की ज़ाहिर करने के इरादे से उनको गुदवाना ज़रूरी समझा और जब ये हिंदू लड़कियाँ हिंदुस्तान से निकलकर पाकिस्तान गयीं, तो वहाँ भी हाथों पर मुज़ाहिदों के नाम लिखाए हुए मुस्लिम लड़कियाँ वापस आयीं। लेकिन इस एक जुर्म में भी 'पंजाब के ज़िंदादिल लोगों' ने एक दूसरे से आगे निकल जाने की कोशिश की है। दिल्ली प्रांत से बरामद की हुई लड़कियाँ अपने हाथों पर बेल-बूटे और 'ओम्' गुदवाए हुए हमारे पास लायी गयीं और पंजाब या रियासतों से आने वाली जिस्म के गुप्तांगों पर पापियों के नाम गुदवाए, सीनों पर मुजरिमों की मुहर लिये हमारे सामने लायी गयीं।"[2]

1

दिसंबर, 1992 में सूरत और जनवरी, 1993 में सूरत और बम्बई की घटनाएँ असंदिग्ध

रूप से जघन्य थीं, पर किसी भी रूप में अभूतपूर्व नहीं। हिंसा और खासकर यौन-हिंसा किसी भी निरंकुश विश्व-दृष्टि का अहम हिस्सा है। ऐसी विश्व-दृष्टि, नारी की यौन-शक्ति तथा उसके इस तार्किक निहितार्थ को कि नारी अपने शरीर और जेहन की खुद स्वामिनी बन सकती है—कभी स्वीकार नहीं कर सकती। नारी की आत्म-चेतना फासीवादी राजनीतिक प्रारूप के लक्षणों एवं प्रतीकों को ध्वस्त करती है। हिंदू-मुसलमान-सिक्ख साम्प्रदायिकता, फासीवाद का भारतीय संस्करण मात्र हैं। जिस समाज में नारी की पूर्ण पराधीनता, वहाँ के सामाजिक मूल्यों की पवित्रता तथा शक्ति विमर्श को तय करती है वहाँ औरत एक जड़, निर्जीव प्रतीक या सामाजिक सम्मान की वाहक मात्र रहती है या फिर कभी-कभी राज्य की प्रभुता का मूर्तरूप भी ग्रहण कर लेती है।[3]

इस प्रकार नारी सत्ता के गलियारे की जटिल रणनीति का शिकार बन जाती है और उसकी यौन-भावना किसी मुकाबले का अखाड़ा। नारी-यौन-भावना की यह अंतर्निहित प्रतीकात्मकता संकट के क्षणों में मुखर हो उठती है। पुरुष सत्तात्मक राष्ट्रीयता के धर्मनिरपेक्ष संस्करण में यह प्रतीकात्मकता एक अंतर्निहित नज़रिए के तौर पर काम करती है, वहीं दूसरी ओर साम्प्रदायिक फासीवादी विचारधारा इसे अपना मुख्य मुद्दा बना लेती है। पारिवारिक दया-माया और 'हमारी' औरतों की इज़्ज़त-आबरू को लेकर की जाने वाली लफ्फाजी 'दूसरी' औरतों के प्रति इसके द्वारा दिखाई जाने वाली आक्रामकता की पूरक मात्र है। वस्तुतः फासिस्ट अपने आपको नारी के सम्मान के रक्षकों के रूप में इसीलिए पेश करते हैं क्योंकि वे उसे भावशून्य तिरस्कार एवं अपमान की दृष्टि से देखते हैं।

अपने वैयक्तिक संदर्भ में भी, बलात्कार, महज़ कामुकता का विषय नहीं है। कभी सचेतन तो कभी अचेतन ढंग से, यह नारी को क्रीड़ा-विलास की वस्तु मानने वाली समझ तथा पुरुष की शक्ति का रेखांकन है। अपने सामूहिक संदर्भ में बलात्कार घोषित रूप से एक राजनीतिक चाल बन जाता है और संगठित आक्रमण में क्रम में, वह एक प्रदर्शनीय कृत्य बन जाता है, शत्रु समुदाय के स्वायत्त प्रतीक को अपवित्र करना एक अनुष्ठान बन जाता है।

सूरत से मिली प्रारम्भिक ख़बरों ने सामूहिक बलात्कार की वीडियो रिकार्डिंग का समाचार सुनाया। सौभाग्यवश, इसकी पुष्टि नहीं हुई, तथापि यह याद रखना जरूरी है कि इससे इस तथ्य का खंडन नहीं हो जाता कि जहाँ वैयक्तिक संदर्भ में बलात्कार एक वासनापूर्ण कृत्य है, वहीं अपने सामूहिक संदर्भ में एक प्रदर्शन क्योंकि इस बात के प्रमाण हैं कि सूरत में मुसलमान नारियों का सामूहिक बलात्कार पूरी रोशनी और चमक-दमक में हुआ था।[4]

पर दुःखद बात यह है कि मध्यम वर्ग एवं बुद्धिजीवी, दोनों ही ऐसी घटनाओं को नजरअंदाज करना और यहाँ तक कि उचित ठहराना चाहते हैं। सूरत की

घटना का जायजा लेने वालों ने यह गौर किया कि इन घटनाओं को लेकर लोगों में 'ग्लानि, शर्म अथवा क्षोभ' जैसी कोई भी भावना नहीं थी। इसके विपरीत, अनेक हिंदुओं ने मुसलमानों की हत्या को, यह कहकर तर्क-संगत बताया कि अपनी हैसियत से बाहर निकलने वाले अल्पसमुदाय के लिए यह उचित सज़ा थी। अतः यह नरसंहार दैवीय कोप को शांत करने के लिए किया गया शुद्धि कार्य था।[5]

तथापि, इस संदर्भ में यह सवाल उठ खड़ा हुआ है कि स्थिति इतनी बदतर कैसे हो गई कि मार-काट, नाश-विनाश और सामूहिक बलात्कार की घटनाओं की स्वाभाविक निंदा का स्थान इनकी बेहिचक, बेझिझक स्वीकृति ने ले लिया। ज़ाहिर है, यह एक जटिल प्रश्न है जिसे विभिन्न कोणों से देखा जा सकता है। पर यह जानकर हैरानी होती है कि 'साम्प्रदायिक मन-मस्तिष्क' के सक्रिय और समर्थक, दोनों रूपों के पीछे कार्य कर रही शक्तियों पर बहुत कम ध्यान दिया गया है। अक्सर साम्प्रदायिकता को धर्मिकता तथा गुस्से और क्षोभ के सामाजिक-आर्थिक कारणों के परिप्रेक्ष्य में देखा जाता है। ऐसी स्थिति में, यह आश्चर्यजनक नहीं है कि या तो सामाजिक-आर्थिक मुद्दों के आधार पर व्यापक लोकतांत्रिक आंदोलन खड़ा करने की सलाह दी जाती है या लोगों को धार्मिक सहिष्णुता अथवा धर्म मात्र के प्रति 'तर्कवादी असहिष्णुता' बनाए रखने का मशविरा दिया जाता है। साम्प्रदायिकता के राजनीतिक संदर्भ से मुखामुखम करने का शायद ही कोई प्रयास किया जाता है, और जितना भी किया जाता है, वह बहुत थोड़ा है। अक्सर यह बात भुला दी जाती है कि साम्प्रदायिकता एक राजनीतिक योजना है, जो धर्म का प्रयोग उसके आध्यात्मिक या पारलौकिक अर्थ में नहीं करती, बल्कि उसे एक राजनीतिक समुदाय का प्रजातीय रूप मानकर चलती है। साम्प्रदायिकता का मुख्य उद्देश्य परम्परागत, धार्मिक अस्मिता को आधुनिक राजनीतिक पहचान में तब्दील कर देता है और इस बात की पुष्टि खुद साम्प्रदायिकतावादियों ने ही की है। इस दृष्टि से राष्ट्र-निर्माण की अन्य परियोजनाओं की ही भाँति साम्प्रदायिक योजना भी तत्त्वतः इहलौकिक ही होती है। अतः असली संघर्ष धर्मान्धता एवं धर्मनिरपेक्ष विश्वदृष्टि का नहीं है, असली संघर्ष तो राष्ट्रीयता की ही दो अवधारणाओं–निरंकुश और लोकतांत्रिक–के बीच है।

साम्प्रदायिकता को धामिक असहिष्णुता और सामाजिक-आर्थिक टकराव के परिप्रेक्ष्य में ही रखकर देखने की अनुचित प्रथा के कारण बहुत सारे उदारवादी समीक्षक साम्प्रदायिक दंगे को सिर्फ एक दंगे के ही रूप में लेते हैं जबकि दंगाइयों या दंगा भड़काने वालों के लिए हर दंगा दो धार्मिक समुदायों के बीच नहीं, बल्कि दो प्रजाति आधारित राष्ट्रों के बीच चल रहे अपूर्ण संघर्ष की एक छोटी-सी कड़ी मात्र है। इसी राष्ट्र-युद्ध की अवधारणा को मद्देनज़र रखते हुए साम्प्रदायिकता सामूहिक स्मृतियों का उपयोग करती है और अपने वर्तमान राजनीतिक आचरण

को न्यायोचित बतलाने के लिए झूठे ऐतिहासिक आख्यान गढ़ती है। यह नैतिकता की समानांतर अवधारणाएँ गढ़ती हैं—युद्धकालीन नैतिकता और सामान्य दिनों की नैतिकता में फर्क बताते हुए।

युद्धरत समुदाय की आत्म-छवि, साम्प्रदायिक मनोवृत्ति की जटिल निर्माण प्रक्रिया का एक महत्त्वपूर्ण पहलू है। मुसलमानों के सफाये की भयावह कहानियों, बलात्कार के महिमामंडन, लूट-पाट और नोंच-खसोट में मध्यवर्गीय स्त्री-पुरुषों की प्रत्यक्ष हिस्सेदारी के कारण दक्षिणी गुजरात का प्रमुख व्यापारी केंद्र, सूरत इसी युद्धकालीन नैतिकता के आत्मसातीकरण का प्रतीक बन गया है। तथापि, यह नैतिकता एकाएक प्रकट नहीं हो गई और न ही तथाकथित अधिक ह्रासोन्मुख और उग्रतर साम्प्रदायिक विचारधाराओं को ही इसका जिम्मेवार ठहराया जा सकता है। उपद्रवोपरान्त सूरत पर लिखते हुए इतिहासकार सुधीर चंद्रा का कहना है—

"अतः सूरत की घटनाएँ, हिंदुइज़्म की अपेक्षाकृत नरम विचारधारा के प्रतिपादनों तथा उसकी घोषणाओं और साम्प्रदायिक हिंसा की मुखर अभिव्यक्ति के सादृश्य, को प्रतिबिम्बित करती हैं। सूरत की साम्प्रदायिक हिंदू हिंसा ने साम्प्रदायिकता की आग को बढ़ावा दिया है। उसने साम्प्रदायिक हिंसा करने वालों तथा उसे बढ़ावा अथवा मौखिक समर्थन देने वालों के बीच की महत्त्वपूर्ण मनोवैज्ञानिक दीवार को तोड़ डाला।"[6] सुधीर चंद्रा जब 'अपेक्षाकृत नरम विचारधारा' की बात करते हैं तो उनका संकेत स्वामी चिन्मयानंद की ओर होता है, जिनके 'गीता प्रवचन' ने शहरी पढ़े-लिखे वर्ग को उनका प्रशंसक बना दिया है।[7] सुधीर चंद्रा को यह जानकर बड़ी हैरानी होती है कि यही चिन्मयानंद बड़ी आक्रामकता से यह कहते हैं कि "सरकार मुसलमानों को समझाए कि उन्हें त्याग करना ही पड़ेगा।" यह बड़ी ही रोचक बात है कि चिन्मयानंद जब इस लहजे में बात करते हैं तो यह हमारे गले नहीं उतरती, पर उमा भारती और विनय कटियार की ऐसी ही हरकतें बड़ी स्वाभाविक जान पड़ती हैं। पर यहाँ यह याद रखना ज़रूरी है कि मृत्यु और विध्वंस साम्प्रदायिक-फासीवादी विश्व दृष्टि का अहम हिस्सा है और नरम और गरम व्यक्तिगत विचारधाराओं पर आश्रित नहीं है। हिंसा करने वाले तथा उसे भड़काने या समर्थन देने वालों के बीच की मनोवैज्ञानिक दीवार के संबंध में तो यह बात और भी सही जान पड़ती है। हमें यह एहसास तक नहीं होता कि साम्प्रदायिक राजनीति की सारी ह्रासोन्मुखता और विध्वंसात्मकता के लिए विनय कटियारों, ऋतम्भराओं और उमा भारतियों को दोषी ठहराकर हम फासीवादियों के हाथ का खिलौना बन रहे हैं। और ऐसा करते हुए हम किसी सावरकर, किसी चिन्मयानंद, किसी विनय कटियार और सड़क के किसी बलात्कारी के बीच के नैरंतर्य को पहचान नहीं पा रहे।

जाने माने विद्वान और नाटककार जी. पी. देशपांडे की निराशा और हताशा,

सुधीर चंद्रा के आश्चर्य से भी कहीं अधिक बेचैनी पैदा करती है। अयोध्या के बाद की भारतीय राजनीति और संस्कृति की स्थिति पर टिप्पणी करते हुए वह लिखते हैं :

"अगर आप, 1923 में, 'हिंदुत्व' पर लिखी गई सावरकर की किताब और विनय कटियार के किसी भी भाषण को देखें तो इन दोनों के बीच की विभाजक दुनिया नज़र आएगी। कई धर्मनिरपेक्ष विचारकों को इसकी जानकारी भी नहीं। दूसरे शब्दों में, कई कारणों के फलस्वरूप धर्मनिरपेक्ष आख्यान में एक ठहराव आ गया है और वहीं दूसरी ओर 'हिंदू' आख्यान का ह्रास हो गया है। यह सब कुछ समानांतर ढंग से चल रहा है। और आप एक को दोष दिए बिना दूसरे को दोषी नहीं ठहरा सकते। आप धर्मनिरपेक्ष आख्यान के ठहराव का जायजा लिए बगैर हिंदू आख्यान के ह्रास की निंदा नहीं कर सकते।"[8]

आगे वे लिखते हैं :

"पॉप हिन्दुइज़्म के तहत एक पुस्तक, एक ईश्वर, एक पुजारी वर्ग, 'कुफ्र' और 'क़ाफिर' (अरबी शब्द) तथा आस्तिक और नास्तिक की अवधारणाओं की सर्जना की जा रही है। यह सब पिछले तीस या चालीस वर्षों में ही हुआ है। पहले, यहाँ तक कि 19वीं सदी के उत्तरार्द्ध में भी, 'हिंदुइज़्म', एक संगठित धर्म में तब्दील हो जाने का प्रयास नहीं कर रहा था। और इसीलिए संख्याओं के तर्क में अब एक खास किस्म की संभावना नज़र आने लगी है। संख्याओं का यह तर्क 19वीं सदी में आवश्यक नहीं था।"[9]

जी. पी. देशपांडे समकालीन 'पॉप हिंदुइज़्म' और 19वीं और 20वीं सदी के पूर्वार्द्ध के 'नव-हिंदुइज़्म' की तुलना करते हैं। यह भूलते हुए कि 'नव' और 'पॉप'–'हिंदुइज़्म' के बीच की अविच्छिन्नता उनकी विच्छिन्नता से कहीं अधिक ग़ौरतलब है। यह आश्चर्य का विषय है कि उनके जैसा विद्वान इस पर कोई टिप्पणी नहीं करता। सावरकर की विस्तृत चर्चा बाद में की जाएगी। यहाँ यह याद रखना ज़रूरी है कि सभी धर्मों की भाँति हिन्दू धर्म को भी एक पुस्तक, एक ईश्वर और दैवीय उवाचों की केवल एक मान्य व्याख्या वाले, संगठित धर्म में परिवर्तित करने की प्रक्रिया का प्रारंभ दयानंद सरस्वती और आर्य समाज ने किया। उनका 'सत्यार्थ प्रकाश' एक ख़ास क़िस्म के नैतिक अर्थ से प्रेरित होकर 'वैदिक' और 'अवैदिक' के सशक्त विभाजन की ज़ोरदार वकालत करता है। और इसी कारण से एक आदर्श आर्य-गृहस्थी में कालिदास और तुलसीदास की पुस्तकें सिर्फ इसीलिए वर्जित हैं क्योंकि वे वैदिक ग्रंथों की दयानंदी व्याख्या से मेल नही खातीं।[10] जहाँ तक संख्याओं वाले तर्क में छुपी संभावनाओं का सवाल है, वहाँ यह कतई नहीं भूलना चाहिए कि हाल ही में हुआ मीनाक्षीपुरम धर्म परिवर्तन समसामयिक 'हिंदुत्व' शक्तियों का एक शक्तिशाली औज़ार सिर्फ इसीलिए है, क्योंकि संख्याओं के समकालीन

संघर्ष में 19वीं सदी के उत्तरार्द्ध और 20वीं सदी के पूर्वार्द्ध के संघर्षों एवं धर्म परिवर्तनों एवं पुनः धर्म परिवर्तनों की स्मृतियों को जगा देने की क्षमता है। इसी प्रसंग में जनगणना की भूमिका तथा संख्यात्मक शक्ति के आधार पर औपनिवेशिक सत्ता से सुविधाएँ हासिल करने की होड़ जग-जाहिर है। 19वीं सदी के अंतिम दशक में पंजाबी आर्यसमाजियों एवं मुसलमानों का कटु वाद-विवाद तथा उससे उपजे दंगे और आर्यसमाजी नेता स्वामी श्रद्धानंद की हत्या, इन सबको 'संख्याओं की क्षमता' का चमत्कार माना जा सकता है, वस्तुतः 19वीं सदी के उत्तरार्द्ध से, संख्यात्मक शक्ति, 'समुदाय' की चिंता और आश्वस्ति, साम्प्रदायिक जागरूकता का एक महत्त्वपूर्ण अंग बन गयी है। संख्याओं के महत्त्व का चक्र, कुछ इस कदर चलता रहा कि "दोनों समुदाय सहमे-सहमे से रहते और दोनों ही अपने आपको पीड़ित अल्पसंख्यक समुदाय समझते।"[11]

और भी चिंता का विषय यह है कि सावरकर को मर्यादित और संतुलित हिंदू आख्यान का प्रतीक मान लिया गया है। वस्तुतः विनय कटियार जैसे मनोविकृतों का राजनीतिक आचरण, 'नव' और 'पॉप' हिंदुइज़्म के अविच्छिन्न तत्त्वों का सर्वोत्कृष्ट उदाहरण है। सावरकर ही ऐसी ह्रासोन्मुखता और विकृति को सैद्धांतिक सुनिश्चितता एवं मूर्तता के साथ ही नैतिक स्वीकृति भी दिलवाना चाह रहे थे। यह उनके 'शिष्ट' आख्यान का विशिष्ट योगदान है।

अपने अनुयायियों तथा आलोचकों—दोनों द्वारा समादृत व्यक्ति के लिए ये शब्द निश्चित रूप से अप्रिय हैं। उदारवादी धर्मनिरपेक्ष बुद्धिजीवी सावरकर को इतना आदर देते हैं कि एक सम्मेलन में जब मैंने यह उल्लेख किया कि सावरकर ने शिवाजी की निंदा इसलिए की है, क्योंकि उन्होंने "मुसलमान स्त्री की पवित्रता का सम्मान करके सद्गुण विकृति का परिचय दिया है" तो हिंदुत्व वालों ने संबद्ध किताबों को प्रस्तुत करने की चुनौती दी और जाने-माने उदारवादियों ने बड़ी भद्रता के साथ यह कह दिया कि, मैंने शायद सावरकर का कोई घटिया अनुवाद पढ़ लिया है !

2

हिंदू-मुस्लिम संबंधों में यौन-भावना की प्रतीकात्मकता अपेक्षाकृत कम अन्वेषित क्षेत्र है। फिर भी, यह मनोवैज्ञानिक दीवारों और आपसी प्रतिक्रियाओं को परिभाषित करने वाला शक्तिशाली तत्त्व है। उदाहरणस्वरूप, पद्मिनी और अलाउद्दीन की कथा ने न केवल आम जन-जीवन में बल्कि प्रमुख मध्यमवर्गीय बुद्धिजीवियों के बीच भी ऐतिहासिक रूप से प्रामाणिक घटना का दर्ज़ा ले लिया है। एक दंत-कथा का ऐतिहासिक घटना बन जाना उस प्रक्रिया का प्रमाण है जिसमें कि यत्र-तत्र

बिखरी हुई स्मृतियों और अनुभवों को एक विशेष ऐतिहासिक जामा पहना दिया जाता है। एक निर्मम आक्रामक का आद्यरूप होने के अतिरिक्त, अलाउद्दीन एक उग्र कामुक मुसलमान का भी प्रतीक है। दंतकथाओं और वास्तविक ऐतिहासिक घटनाओं के बीच सादृश्यता ढूँढ़ने की बजाय किसी दंतकथा या मिथक विशेष के निर्माण तथा उसकी सांस्कृतिक स्वीकृति में अंतर्निहित आशंकाओं, चिंताओं और धारणाओं को खोज निकालने का प्रयास करना चाहिए। भारतीय संदर्भ में तो यह बात और भी खरी लगती है, क्योंकि यहाँ की मौखिक परम्परा सामूहिक स्मृतियों और आशंकाओं का संरक्षण और प्रसार करने का विश्वसनीय और सशक्त माध्यम रही है। अतः, साम्प्रदायिक मनोवृत्ति के निर्माण की व्याख्या करने के क्रम में यह महत्त्वपूर्ण नहीं है कि चित्तौड़ पर अलाउद्दीन के आक्रमण का सही कारण पद्मिनी थी या कुछ और। बल्कि इस सवाल को पूछना कहीं अधिक ज़रूरी है कि क्यों एक पूरे समुदाय ने आक्रमण के इसी कारण पर विश्वास किया ? जैसा कि सुधीर कक्कड़ कहते हैं : "भारतीय मौखिक परम्परा में कहानी का महत्त्वपूर्ण आकर्षण रहा है और भारतीयों ने वृतांत के माध्यम से मुख्य सामूहिक अर्थों एवं भावनाओं को अभिव्यक्त करने का प्रयास किया है।"[12]

चेतना की गहनतर सतहों के निर्माण में इन सामूहिक भावनाओं की अपनी भूमिका है। दंतकथा का सांस्कृतिक मर्म उसके सीधे-सादे प्रत्यक्ष अर्थ से कहीं अधिक महत्त्वपूर्ण है क्योंकि वह सांस्कृतिक एवं प्राकृतिक, दोनों क्षेत्रों में अनुभव की विशिष्ट व्याख्या प्रदान करता है। ऐसी व्याख्याएँ मन में बड़े गहरे पैठकर सांस्कृतिक रूप से रूढ़िबद्ध छवियों तथा राजनीतिक पूर्वग्रहों के आत्मसातीकरण का आधार बन जाती हैं। इनकी पकड़ इतनी मजबूत होती है कि भूत-बाधा का विश्लेषण एवं अध्ययन करते हुए सुधीर कक्कड़ इस चौंका देने वाले निष्कर्ष पर पहुँचते हैं–

"भूत-बाधाग्रस्त 28 रोगियों में से 15 पर मुसलमान आत्माएँ सवार थीं। इससे यह संकेत मिल जाता है कि हिंदू अवचेतन में मुसलमान पराएपन का प्रतीकात्मक प्रतिनिधि है। रोगी अपनी निषिद्ध खाद्य-पदार्थों की भूख, कामुकता और अनियंत्रित उग्रता को मुसलमान भूत पर आरोपित करके खुद को तथा दूसरों को यह आश्वासन देना चाहता है कि उसकी अस्वाभाविक गतिविधियाँ मूर्तिभंजक, धर्मद्रोही मुसलमान की देन है, जो उसके 'अच्छे' हिंदू की आत्मछवि से कहीं भी मेल नहीं खातीं।"[13]

ऐसी परिस्थितियों में हमारे नज़रिए और प्रवृत्तियों पर मौखिक परम्परा का गहरा असर रहता है। दंतकथाओं में समसामयिक राजनीतिक अर्थ-छटाएँ इस कदर समाहित रहती हैं कि वे लोकप्रिय ऐतिहासिक आख्यानों को जन्म देती हैं और उनसे उपजी आशंकाएँ और शंकाएं हमारे अवचेतन तक को भेद डालती हैं। और जब तक ऐसी शंकाओं और आशंकाओं को बरकरार रखने वाली तथा उनका समसामयिक संस्करण गढ़ने वाली शक्तियाँ मौजूद हैं, तब तक एक लोकतांत्रिक

बहस या संवाद की शुरुआत करना बहुत दुष्कर है। धर्मनिरपेक्ष विमर्श की अपर्याप्तता का एक कारण यौन-भावना की समस्या से जुड़ा अज्ञान और उससे संबंधित धर्मनिरपेक्ष विमर्श की गैर-मौजूदगी है। इतिहासकार भगवान जोश सही कहते हैं–

"हिंदू-मुसलमान अभिजन के संबंधों का बरसों पुराना, आदिम यौन-भावना संबंधी इतिहास कुछ स्याह-स्याह-सा है। शायद इसी अनुभव ने विषम प्रतिक्रियाओं को एकजुट करके रखने वाले मनोवैज्ञानिक ढाँचे को जन्म दिया। इस चारित्रिक ढाँचे को ध्वस्त करने के लिए स्वराज्य के सामूहिक लक्ष्य के अलावा शायद किसी और लक्ष्य की भी जरूरत थी। इस अनुभव के मकड़जाल तथा उसके रूढ़िबद्ध संस्करणों से उपजी मनोवैज्ञानिक दरार और उसके राजनीतिक प्रभाव को भेदने के लिए यह एक सामूहिक लक्ष्य काफी नहीं था। इन रूढ़िबद्ध छवियों से उपजी हीन-भावना की 'मैट्रिक्स' ने रोजमर्रा के जीवन में एक खास तरह के मनोवैज्ञानिक व्यवहार को जन्म दिया।"[14]

भगवान जोश जिसे 'हीन-भावना की मैट्रिक्स' मानते हैं, वह दो विपरीत और विरोधी आद्य रूपों से अपना जीवन ग्रहण करती है। एक ओर तो कुरान के उद्धरणों के सहारे मुसलमान की अतिकामुक-बलात्कारी-रूढ़िबद्ध छवि को सिद्ध करने का प्रयास किया जाता है। बलात्कार इस्लाम मतानुयायियों का सहज स्वभाव मान लिया जाता है। दूसरी ओर, अकर्मण्य, विनीत अत्यधिक सदाचारी अर्थात अशक्त हिंदू की आत्म-छवि कामुक मुसलमान की छवि की पूरक है। उन्नीसवीं सदी के हिंदू सांस्कृतिक विमर्श से लेकर समकालीन ह्रासोन्मुख साम्प्रदायिकता की रक्तपिपासु लफ्फाज़ी तक में यह छवियाँ और उनमें अंतर्निहित अर्थच्छायाएँ मौजूद हैं। सच पूछें तो हिंदू आत्म-छवि की स्त्रैणता या उसकी पौरुषहीनता, विवेकानंद जैसे व्यक्ति के लिए भी समस्या का विषय है। हिंदू अकर्मण्यता से क्षुब्ध विवेकानंद ने इसका सारा दोष 'राधा-भक्ति', "जिसने पूरे राष्ट्र को स्त्रैण बना दिया है", के सिर मढ़ दिया।[15] इसका अर्थ यह नहीं है कि समकालीन साम्प्रदायिक विमर्श और 19वीं सदी के हिंदू सांस्कृतिक विमर्श में एक सीधा-सरल संबंध है, पर फिर भी स्त्रैणता एवं पौरुषहीनता-संबंधी आशंकाओं का साम्य गौरतलब है। लेकिन 'आत्म' और 'अन्य' की इन रूढ़िबद्ध छवियों का एक और रोचक पहलू यह है कि ये एक खास किस्म की हिंदू-मुसलमान-संबंध की संकल्पना में ही सबसे मुखर रहती हैं। इसके पीछे काम कर रहे कारणों को ढूँढ़ निकालना इस बहस का विषय नहीं, पर यह चीज़ पिछले हज़ार वर्षों के हिंदू मुसलमान-संबंधों के आलोचनात्मक सर्वेक्षण की आवश्यकता को पुनः रेखांकित करती है। हिंदू आत्म और मुस्लिम अन्य की लोकप्रिय धारणाओं के बीच एक प्रतीकात्मक संबंध है और हिंदू सांस्कृतिक विमर्श ने शायद ही कभी इन प्रचलित धारणाओं पर प्रश्नचिह्न लगाने का सचेत प्रयास किया है। दूसरी ओर, हिंदू साम्प्रदायिक विमर्श ने सजग रूप से इन धारणाओं

के रेखांकन तथा 'अशक्तता' और 'सद्गुण विकृति' के लिए हिंदुओं की निंदा करने का घोर प्रयास किया है।

सारी पुरुषसत्तात्मक विश्व-दृष्टियों में पारिवारिक और सामुदायिक सम्मान की प्रतीक नारी का स्थान सर्वोपरि है। उसकी काम-भावना पर उसके वैध 'स्वामी' का एकाधिकार इस सम्मान की धारणा का व्यावहारिक पहलू है। अतः आदर्श नारी से यह अपेक्षा की जाती है कि अपवित्र हो जाने पर वह प्राण त्याग देगी। समुदाय का सवाल सामने आ जाने पर तो अपवित्रता की थोड़ी-सी संभावना होते ही आदर्श स्त्री को प्राणों का बलिदान करने के लिए तैयार रहना चाहिए। उर्वशी बुटालिया ने दिखाया है कि सामूहिक स्मृतियों में यह बलिदान किस प्रकार गर्व और गौरव का विषय बन जाता है।[16]इसी तर्क के आधार पर दो समुदायों (समुदाय माने पुरुष) के संघर्ष में नारी पवित्रता और अपमान, दोनों का रूपक बन जाती है। और, औरत की काम-भावना को अपना माध्यम बनाकर, समुदाय विशेष की मर्दानगी अपने सम्मान की रक्षा तथा दूसरे का अपमान करती है। चौपड़ में पांडवों की करारी हार पर बल देने के लिए दुर्योधन के पास द्रोपदी के सार्वजनिक चीर-हरण का आदेश देने से बेहतर दूसरा कोई तरीका नहीं था। पाण्डव दुर्योधन के इस निंद्य कार्य का विरोध नहीं कर सकते थे क्योंकि वह पुरुषसत्तात्मक समाज के उसी नैतिक प्रतिमान से बँधे थे, जो दुर्योधन की आज्ञा को न्यायसंगत ठहराता था।

3

नारी-शरीर की प्रतीकात्मकता के बावजूद हर परम्परागत विश्व-दृष्टि में बलात्कार नैतिक रूप से घृणास्पद कार्य है और कुछ हद तक वह स्वयं बलात्कारी के लिए लज्जा का भी विषय है। बलात्कार की मान्यता और अव्यक्त स्वीकारोक्ति के बावजूद (खासकर अस्वाभाविक परिस्थितियों के बीच) उसके सैद्धांतीकरण एवं उसे न्यायोचित और आवश्यक ठहराने की कल्पना नहीं की जा सकती। जटिल मानवीय मूल्यों और धारणाओं के ताने-बाने में सभी कुछ स्याह या सफेद नहीं रहता। बलात्कारी भी अपने शिकार को ही दोषी ठहराना चाहता है। इसे कोरा पाखंड समझना मूर्खता होगी। वस्तुतः यह नैतिक अपर्याप्तता के बोध को प्रतिबिम्बित करता है, जो अपने अमूर्त रूप में एक व्यवहार-नियंत्रक के साथ-साथ पूर्ण नैतिक व्यवहार की उपलब्धि के प्रेरक का भी काम करता है। यह नैतिक आत्म-दंभ की शक्तिशाली काट होने के साथ-साथ समुदाय एवं आत्म की किसी भी अवधारणा या संरचना पर मौलिक प्रश्नचिह्न लगाने का एक प्रस्थान बिंदु भी है।

आत्म-संदेह और नैतिक अपर्याप्तता का यह बोध समाप्त हो जाए, तो क्या होगा ? यदि कोई 'राष्ट्र' या कोई विचार स्वयं को हर तरह की नैतिक पड़ताल

के परे मान ले, बल्कि नैतिक और अनैतिक के अर्थ ही उलटने पर तुल जाए तो क्या होगा ? यदि कोई राजनीतिक विमर्श सजग रूप से यह सिद्ध करने पर तुल जाए कि बलात्कार के संदर्भ में नैतिक-अनैतिक का नहीं बल्कि 'संघर्षरत' राष्ट्र की राजनीतिक जरूरतों का सवाल ही महत्त्वपूर्ण और प्रासंगिक है, तो क्या होगा ?

सावरकर के राजनीतिक विमर्श और ऐतिहासिक आख्यान में उपरोक्त सवालों के दिल दहला देने वाले जवाब मिलते हैं।

4

इस संदर्भ में, यह रोचक और स्वाभाविक, दोनों ही हैं कि सावरकर को परिष्कृत हिंदू विमर्श के प्रतीक के रूप में पेश किया गया है। यह स्वाभाविक है क्योंकि आम आदमी और बुद्धिजीवी वर्ग, दोनों ही के मन-मस्तिष्क में सावरकर का एक विशिष्ट दर्जा है। अन्य हिंदू साम्प्रदायिक विचारकों की अपेक्षा सावरकर पर सभी की विशेष श्रद्धा रही है। वह ब्रितानी साम्राज्यवाद के खिलाफ लड़नेवाले निर्भीक योद्धा के रूप में जाने जाते हैं। एक ऐसा शख्स जिसे लंबी जेल-यातना भुगतनी पड़ी। वह प्रगतिशील नज़रिया रखते थे, उन्होंने उद्योगीकरण का पुरजोर समर्थन और छुआछूत की प्रथा का घोर विरोध किया। पर सबसे अहम बात यह है कि 1857 के ग़दर को राष्ट्रीय दृष्टिकोण से व्याख्यायित करने का श्रेय उन्हें हासिल है। 'हिंदू' की परंपरागत धार्मिक परिभाषा से नितांत भिन्न 'हिंदुत्व' और 'हिंदूपन' की राजनीतिक श्रेणियाँ नियत करने का भी बीड़ा उन्होंने उठाया। 'हिंदुत्व' की प्रमुख प्रवृत्तियों का जिक्र करते हुए, सावरकर बड़े बेबाक ढंग से यह रेखांकित करते हैं कि 'हिंदुत्व' 'हिंदुइज़्म' से अलग है। वे स्पष्ट कहते हैं–

"हिंदुइज़्म शब्द से जो कुछ भी द्योतित होता है, उसमें और हिंदुत्व में समानता नहीं है। सामान्यतः 'इज़्म' को एक सिद्धांत अथवा आध्यात्मिक या धार्मिक रूढ़ियों एवं व्यवस्था पर आधारित आचार-संहिता के रूप में लिया जाता है। पर जब हम 'हिंदुत्व' की मूलभूत अर्थवत्ता तलाशने का प्रयास करते हैं, तो किसी सिद्धांत या धार्मिक रूढ़ि और सम्प्रदाय विशेष से हमारा खास ताल्लुक नहीं रहता। अगर हमारी राह में भाषाई प्रयोग आड़े नहीं आता, तो हिंदूपन 'हिंदुइज़्म' शब्द से निश्चित रूप से बेहतर रहता, 'हिंदुत्व' के समतुल्य। 'हिंदुत्व' शब्द में हमारी हिंदू सोच और कार्य-प्रणाली समाहित है।"[17]

धार्मिक विमर्श में समुदाय की कल्पना का आधार एक साझे मत या सिद्धांत के रूप में खोजा जाता है। साम्प्रदायिकता के राजनीतिक विमर्श में समुदाय मुख्यतः

एक नस्ल के रूप में देखा जाता है। एक प्रतिमान की बजाय, धर्म एक राजनीतिक समुदाय विशेष की जड़ वस्तु बन जाता है। सावरकर किसी भी दृष्टि से परम्परागत धार्मिक समुदाय का प्रजातीय पुनर्निर्माण करने वाले पहले व्यक्ति नहीं थे। पर, बेशक वे सबसे मुखर थे। एक ही प्रजातीय बोध और सामूहिक ऐतिहासिक स्मृतियों से एकसूत्र में बँधे एक हिंदू राजनीतिक समुदाय के सैद्धांतिक निर्माण के प्रयास, उन्हीं के भाषण एवं लेखों में स्पष्ट रूप ग्रहण करते हैं। परिष्कृत 'हिंदुत्व' के प्रतीक के रूप में सावरकर का प्रस्तुतीकरण काफी रोचक है, विशेष रूप से इसलिए क्योंकि उन्हीं का राजनीतिक विमर्श और ऐतिहासिक वृतांत, एक खास किस्म के दो टूक लहजे में, राजनीतिक आचरण पर धर्म द्वारा परिभाषित नैतिकता के हावी हो जाने की सारी संभावनाओं को रद्द करने का प्रयास करता है। पूरी निष्पक्षता के साथ यह कहा जा सकता है कि नैतिकता–निरपेक्ष राजनीतिक विमर्श की शुरुआत करने का श्रेय सावरकर को जाता है। 'हिंदुत्व' शीर्षक वाले निबंध, (जिसकी तुलना विनय कटियार के भाषणों से की गई है) में वो सारी जड़ प्रवृत्तियाँ मौजूद हैं, जो विनय कटियार तथा उनके जैसों का प्रतीक बन गई हैं। वस्तुतः 'हिंदुत्व' सावरकर के सोच में निर्णायक मोड़ का काम करता है। इसके प्रकाशन पूर्व, सावरकर के ऐतिहासिक वृतांत ने मध्यकालीन भारत के हिंदू-मुस्लिम वैमनस्य का लेखा-जोखा प्रस्तुत किया था, फिर भी वह शांतिपूर्ण सह-अस्तित्व और यहाँ तक कि आपसी सहयोग की भी बात करते रहे। पर 'हिंदुत्व' के साथ-साथ सावरकर के भाषणों और लेखों में एक नितांत भिन्न किस्म का इतिहास जन्म लेने लगता है, जिसका चरमोत्कर्ष उनकी मुख्य कृति, 'भारतीय इतिहास के छः स्वर्णिम युग', में होता है (यह सन् 1963 में पूरी हुई)। इस किताब के अंग्रेज़ी अनुवादक की हैसियत से एस. टी. गोडबोले (यह किताब मूल रूप में मराठी में है) की टिप्पणी है–"वीर सावरकर की किताब अकादमिक या शैक्षिक अर्थों में इतिहास नहीं है वरन हमारी हिंदू प्रजाति के विकास और संघर्ष का विस्तृत जायजा लेती हुई हमारे राष्ट्रीय जीवन की महत्त्वपूर्ण घटनाओं और युगों पर की गई टीका-टिप्पणी है।"[18] यह किताब मात्र एक ऐतिहासिक टीका ही नहीं, वरन् समूचे हिंदू राष्ट्र के लिए कुछ नैतिक सीख भी पेश करती है। इसका मकसद बतलाते हुए सावरकर लिखते हैं : 'भारत पर सिकंदर की चढ़ाई', 'भारत पर शक आक्रमण' जैसे शीर्षक वाले पाठों को पढ़कर देशी तथा विदेशी, दोनों पाठक दिग्भ्रमित होकर यह सोचने लगते हैं कि समूचे भारतवर्ष पर सिंकदर या हूणों का कब्जा था और देश गुलाम बन गया था। और इसी भ्रम के कारण, भारत के अनेक दुश्मनों तथा उनके तथाकथित शुभ-चिंतकों ने ऐसी अवधारणाएँ तथा ऐसे सिद्धांत प्रतिपादित किए जिनके अनुसार भारतीय राष्ट्र अर्थात् हिंदू राष्ट्र की पूरी जिंदगी विदेशी गुलामी में ही बीती है। ऐसी ही विद्वेष भरी और मूर्खतापूर्ण उक्तियों को सामने लाकर उनका खंडन करने

और यह दिखलाने के लिए कि या तो अनजाने में ही, भूल से, नहीं तो जान-बूझकर बैर के कारण ही इन सिद्धांतों का प्रतिपादन किया गया, यह किताब लिखी गई।"[19] इस भ्रम का खंडन करने के उद्देश्य से ही नहीं बल्कि हिंदू राष्ट्र की हार के कारणों की व्याख्या करने के लिए भी सावरकर ने घटनाओं तथा उनके कारणों की पुनः व्याख्या करने का प्रयास किया। इस योजना में कुछ ऐसी मूलभूत मान्यताएँ अंतर्निहित हैं, जो इस तथ्य को सामने लाती हैं कि सावरकर, बिखरी हुई सामूहिक स्मृतियों को समेटने तथा अनेक घटनाओं को ऐतिहासिक परिप्रेक्ष्य में देखने की कोशिश कर रहे हैं। ज़ाहिर है, यह सारे ऐतिहासिक वृतांतों में काम लाया जाने वाला आम हथियार है, पर सामान्यतः इसका प्रयोग बड़े तार्किक ढंग से किया जाता है। इतिहासज्ञ के परिप्रेक्ष्य को वहीं तक तार्किक समझा जाता है, जहाँ तक वह वस्तुगत सबूतों की रोशनी में तथ्यात्मकता एवं युक्तियुक्त नज़रिए का सहारा लेता है। सावरकर के यहाँ ऐसा कुछ नहीं है। सच पूछें, तो इस पुस्तक का असली महत्त्व तब समझ में आता है जब इसका पठन-पाठन सावरकर के राजनीतिक रंग-ढंग को मद्देनज़र रखकर किया जाए। सावरकर के राजनीतिक नज़रिए तथा नपुंसक हिंदू 'मैं' और कामुक दुराचारी मुसलमान 'वह' की लोकप्रिय अवधारणा की भाव-साम्यता बड़ी खतरनाक है। और, सावरकर की शैली की विशिष्टता के अनुरूप, न तो इन अवधारणाओं को व्याख्यायित किया जाता है और न ही इन पर प्रश्नचिह्न लगाया जाता है, बल्कि सारा आख्यान इन्हीं को प्रतिपादित कर, इन्हीं का समर्थन करता है। अतः अतीत का अन्वेषण उसकी सीमाओं को व्यापक करने की आवश्यकता से प्रेरित न होकर लोगों की भावनाओं का फायदा उठाने की इच्छा से परिचालित है। यही उसकी प्रेरक शक्ति है और इस लक्ष्य को हासिल करने के लिए इन्हीं भावनाओं को ऐतिहासिक नज़रिए का जामा ओढ़ा दिया जाता है। विल्हेल्म रीख जिसे 'राजनीतिक रहस्यवाद' कहते हैं उसकी सर्वोत्कृष्ट झाँकी यहीं देखने को मिलती है, यह आप पर निर्भर है कि आप उसे कैसे देखते हैं। इस नज़रिए की कुछ प्रवृत्तियाँ काफी सोची-विचारी हुई हैं। नैतिक निर्णयों के लिए निर्णायक संदर्भ बिंदु के रूप में ईश्वर की बजाय 'राष्ट्र' को स्थापित करने का प्रयास इन में सबसे ज्यादा गौरतलब है। हिंदू प्रजाति की अवधारणा को धार्मिक सैद्धांतिकता एवं रूढ़िवादिता से मुक्त कराने की ललक इसलिए महत्त्वपूर्ण है क्योंकि इससे धार्मिक रूढ़िवादिता के नैतिक पक्षों को दरकिनार और यहाँ तक कि रद्द करने के भी प्रयास जाहिर हो जाते हैं। ईश्वर की बजाय राष्ट्र नैतिकता का केंद्रबिंदु बन जाता है और जैसा कि यौन-भावना के खास संदर्भ में ज़ाहिर हो जाएगा, साम्प्रदायिक फासीवादी विश्व-दृष्टि के लिए यह परिवर्तन अत्यावश्यक है। इस नज़रिए का एक और महत्त्वपूर्ण पक्ष है–राष्ट्र के सारे पराजय-पराभव के लिए दोषी ठहराए जाने वाले एक आंतरिक दुश्मन का सृजन। साथ-ही-साथ, यह भी

प्रयास रहता है कि वैदिक हिंदू धर्म के प्रति सच्ची निष्ठा को ही देश-भक्ति और कौमी वफादारी का मुख्य निर्धारक तत्त्व मान लिया जाए।

5

जैसा कि पहले बताया जा चुका है, यहाँ वर्तमान की घटनाओं से सीख ग्रहण करने का प्रयास किया जा रहा है। जहाँ तक सावरकर के लेखों का सवाल है, इन सीखों को इतनी भली-भाँति और इस सफाई से प्रस्तुत किया गया है कि श्रद्धालुओं एवं अनुयायियों को अतीत और वर्तमान के बीच बड़ा सुस्पष्ट नैरंतर्य नज़र आ जाए। जैसा कि सावरकर के चरित लेखक धनंजय कीर का कहना है–

"उन्होंने कहा कि हिंदुस्तानी औरतों का अपहरण और बलात्कार जैसी पाकिस्तान की अमानवीय और नृशंस गतिविधियों पर तभी रोक लग सकती है जब उसके साथ जैसे का तैसा सुलूक किया जाए। इससे दो साल पहले सावरकर ने अपनी राय प्रकट करते हुए कहा था कि मुसलमान औरतों के मामले में शिवाजी द्वारा अपनाई गई नीति गलत थी क्योंकि इस सुसंस्कृत और मानवीय व्यवहार से इन आततायियों के दिल में हिंदू औरतों के लिए वही भावनाएँ, वही जज़्बात नहीं उभर पाएँगे। उन्होंने बिना किसी लाग-लपेट के यह कहा कि उन यातनाओं की पीड़ा का एहसास कराने के लिए उनके साथ 'जैसे को तैसा' बर्ताव करना ही उचित था।"[20]

बलात्कार के प्रति यह 'राष्ट्रवादी' नज़रिया किसी भी दृष्टि से एक भटकाव-मात्र नहीं है। 'अपनी' औरतों की सम्मान की रक्षा के लिए, प्रतिशोध की भावना या सावधानी के तौर पर 'दूसरी' औरतों की बेइज़्ज़ती का प्रस्ताव, साम्प्रदायिक फासीवादी विश्व-दृष्टि की एक खास प्रवृत्ति है।

यह नस्लकुशी का एक 'राष्ट्रवादी' 'नैतिक' ढंग है जिसका प्रलयंकारी रूप बोर्स्निया में दिख रहा है और इसे ही तथाकथित 'नरम' हिंदू साम्प्रदायिक विचारधारा के प्रवर्तक, सावकर ने एक सैद्धांतिक जामा पहनाया था। बलात्कार का यह सिद्धांतीकरण 'छः स्वर्णिम पृष्ठों' में एकाएक पैदा नहीं हो जाता। सचाई इससे कहीं अलग है, जैसा कि सावरकर के सन् 1937 के भाषणों का हवाला देते हुए भगवान जोश बताते हैं, "वी. डी. सावकर के भाषणों की यह खास प्रवृत्ति थी कि हिंदू नारियों के साथ छेड़खानी की समस्या और काँग्रेस, गाँधी एवं अहिंसा की भर्त्सना को वे एक साथ जोड़ देते थे।"[21]

अतः अहिंसा और नपुंसकता की भर्त्सना के साथ-साथ शिवाजी की नीति का विरोध–इन सबमें गहरे संबंध हैं। अगर नारी की यौन अस्मिता का ऐसा प्रयोग ह्रासोन्मुखता का प्रतीक है, तो यह तथ्य है कि सावरकर का ऐतिहासिक आख्यान

ह्रासोन्मुख सांप्रदायिक आख्यान का जनक और उसकी उपज–दोनों है।

यौन-भावना की लाक्षणिकता और प्रतीकात्मकता से असीम लगाव के अलावा एक स्वेदशी दुश्मन का सृजन फासीवादी आख्यान की एक और विशेषता है। 'छः स्वर्णिम पृष्ठ' के मुताबिक मुसलमान-पूर्व भारत में, स्वदेशी दुश्मन का यह दर्जा बौद्धों को प्राप्त था। अतः सावरकर की राय में, "जब तक, यानि 200 ईसा पूर्व तक, सम्राट अशोक अपने को वैदिक मतानुयायी मानते रहे, तब तक मौर्य साम्राज्य के उत्तर-पश्चिमी सीमा प्रहरी अपराजेय और हथियारों से पूरी तरह लैस थे। पर जिस दिन अशोक ने बौद्ध-धर्म अपना लिया, साम्राज्य की यह सुरक्षा टुकड़े-टुकड़े होकर बिखर गई।"[22]

अपने खास लहजे का इस्तेमाल करते हुए सावरकर भगवान् बुद्ध की बड़ी प्रशंसा करते हैं। पर जहाँ तक उनके अनुयायियों का सवाल है, उन्हें बहुत खरी-खोटी सुनाई जाती है। अध्याय तीन के एक समूचे अनुच्छेद का शीर्षक है–'बौद्धों की पुश्तैनी ग़द्दारी।'[23] स्वाभाविक है, इनके यहाँ भारत में बौद्ध-धर्म के ह्रास का कारण, बौद्धों की दगाबाजी के फलस्वरूप उनके प्रति उपजी वैदिकों की घोर घृणा है। बौद्धों के उत्पीड़न के जटिल इतिहास को इस प्रकार व्याख्यायित किया गया है–

"पुष्यमित्र एवं उसके सेनापतियों को युद्ध के दौरान, परिस्थितिवश राज्य-विरोधी गतिविधियों में लिप्त भारतीय बौद्धों को फाँसी देनी पड़ी और उन संघों को नष्ट करना पड़ा, जो राज्य-विरोधी गतिविधियों का केन्द्र बन गए थे। यह भारतीय साम्राज्य और उसकी स्वाधीनता को सुरक्षित रखने के लिए, दुश्मनों से किये मेल-जोल़ तथा दगाबाजी की न्यायोचित सज़ा थी। यह कोई धार्मिक उत्पीड़न नहीं था।"[24]

स्वदेशी दुश्मन के सृजन के तर्क की एक स्वाभाविक परिणति यह है कि बौद्धों की गैर-वफादारी तो पुश्तैनी है, पर वैदिक हिंदुओं का विश्वासघात सिर्फ़ अपवाद।

वैदिक-बौद्ध संबंधों की यह व्याख्या सावरकर के राजनीतिक आख्यान को ऐतिहासिक रूप से प्रमाणित करने के प्रयास के अतिरिक्त और कुछ भी नहीं है। सिद्ध करना है कि धर्म-परिवर्तन का अर्थ राष्ट्रीयता का परिवर्तन है और एक हिंदू ही सच्चा देश-भक्त हो सकता है (यह ज़रूरी नहीं कि वह वैदिक धर्मसिद्धांतों का अनुयायी हो, पर उसे वैदिक संस्कृति की महानता और उसके राजनीतिक प्रभुत्व के प्रति समर्पित होना चाहिए)। 'हिंदुत्व' में इन दोनों मुद्दों का सैद्धांतिक प्रतिपादन किया गया और 'छः स्वर्णिम पृष्ठों' में तो इसकी बस पुष्टि ही की गई। हालाँकि, 'छः स्वर्णिम पृष्ठों' पर तत्कालीन राजनीतिक मुद्दों का ज़्यादा प्रत्यक्ष असर है। बौद्धों की पुश्तैनी गैर-वफादारी की कटु आलोचना का अंबेडकर के नव बौद्ध-धर्म द्वारा उपस्थित चुनौतियों से बड़ा सुस्पष्ट संबंध है। 'हिंदू धर्म' से घृणा रखने वाले

व्यक्ति'[25] के रूप में अंबेडकर का वर्णन करते हुए सावरकर लिखते हैं–

"वो अछूत, जो आज भी इस भ्रम में हैं कि बौद्धों ने छुआछूत को कोई तरज़ीह नहीं दी और इसीलिए इस मत की प्रशंसा करते हैं, उन्हें यह अच्छी तरह समझ लेना चाहिए कि अहिंसा के सिद्धांत को उसकी सीमाओं के साथ ग्रहण करने वाली वैदिक जनता की अपेक्षा 'हिंसात्मक रूप से अहिंसक' बौद्धों के राज-काज में चंडालों, महारों एवं अन्य अछूतों की स्थिति अधिक बदतर थी। मैं एक बार फिर कहना चाहूँगा कि बौद्धों ने छुआछूत को कम करने के बजाय उसे बढ़ावा ही दिया। ये यहाँ दिये गए निर्विवाद सबूतों को मद्दे नज़र रखते हुए उन्हें इस वाक्य की प्रामाणिकता का परीक्षण कर लेना चाहिए और तब कहीं उन्हें उसका चुनाव करना चाहिए, जो उनके लिए लाभदायक हो।"[26]

तथापि, सावरकर का असली अंदाज, आख्यान में मुसलमानों के प्रवेश के साथ शुरू होता है। "हिंदू-मुसलमान के विकट युद्ध" की चर्चा के पहले विल डयूराँ का एक उद्धरण है, जिसके अनुसार 'भारत पर मुसलमानी चढ़ाई', 'इतिहास की सबसे खूनी चढ़ाई है।' सावरकर दूसरे आक्रमणकारियों एवं मुसलमानों में एक स्पष्ट भेद रखते हैं–

"...ग्रीक, शक, हूण और अन्य आक्रमणकारी, जो पंजाब के मैदानी इलाकों में बेधड़क प्रवेश करते गए, उनका एकमात्र मकसद इस देश पर राजनीतिक प्रभुत्व कायम करना था। इस राजनीतिक उद्देश्य के अलावा उनके आक्रमणों में कोई सांस्कृतिक या धार्मिक विद्वेष की भावना नहीं थी। दूसरी ओर, ये नये इस्लामी दुश्मन न केवल हिंदू राजनीतिक शक्ति को कुचलकर उसके स्थान पर समूचे भारत में मुसलमानी प्रभुसत्ता स्थापित करना चाहते थे, बल्कि उनके दिमागों में एक और खूँखार धार्मिक उद्देश्य धधक रहा था, जिसकी कल्पना तक भारत के किसी भी पुराने दुश्मन ने नहीं की थी। राजनीतिक लक्ष्यों से कहीं अधिक दानवीय, अपने धार्मिक उद्देश्यों की मद में चूर, पूरे एशिया के लाखों मुसलमान आक्रमणकारी सदी-दर-सदी अपनी पूरी आक्रामकता के साथ हिंदू धर्म, जो इस राष्ट्र की जीवनधारा था, को नष्ट करने के उद्देश्य से भारतभूमि पर पिल पड़े।"[27]

यह हिंदू साम्प्रदायिक आख्यान की प्रकृति में है कि अन्य प्रजातियों की धार्मिक व्याख्या नहीं की जाती, लेकिन इस्लाम को अपना धर्म मानने वाली अनेकानेक प्रजातियों को एक प्रजातीय इकाई, अर्थात् मुसलमान में तब्दील कर दिया जाता है। आज के हिंदू राष्ट्र के प्रमुख शत्रु के रूप में आज के मुसलमान को खड़ा कर उसे ऐतिहासिक प्रामाणिकता देने के लिए ऐसा करना ज़रूरी है। और यही प्रामाणिकता एक 'दंगे' को साम्प्रदायिक दिमाग़ के लिए एक 'युद्ध' बना देती है। फिर मुसलमान की बलात्कारी छवि को ऐतिहासिक रूप से प्रमाणित करने का प्रयास किया जाता है। तब सावरकर अपने विशिष्ट लहजे में अमूर्त रूप में नहीं

बल्कि एक कहानी या एक वृत्तांत के माध्यम से यह छवि गढ़ते हैं। यह वृत्तांत स्मृतियों को संरक्षित तथा उन्हें प्रसारित करने के लोकप्रिय तरीकों का सहारा लेता है। 'मुसलमान अर्थात् बलात्कारी' न केवल भारतीय संदर्भ में चित्रित किया जाता है, बल्कि पुर्तगाल और स्पेन तक उसकी पहुँच है, और वहाँ भी औरतें अपहृत और अपवित्र की जाती हैं।[28] भारतीय संदर्भ में, मुसलमान आक्रमणकारियों और उनके द्वारा हिंदू नारियों को अपवित्र किए जाने की घटनाओं के बारम्बार ज़िक्र से ऐसा लगने लगता है कि 'सदाचार की विकृत अवधारणा' हिंदू राष्ट्र के पराजय और पराभव के कारणों में से एक है। इस पर, सावरकर एक पूरा अध्याय खर्च करते हैं। जैसा कि पहले संकेत किया जा चुका है, 'विकृत सदाचारों' की समस्या को अमूर्त सिद्धांत में रूपांतरित नहीं कर दिया गया है, बल्कि उसे आख्यान के माध्यम से बड़ी सावधानीपूर्वक प्रचारित एवं प्रसारित किया गया है। यह एक प्रकार की मनोवैज्ञानिक असुरक्षा को जन्म देता है जिसके कारण पाठक या पाठिका सावरकर की अनुभूतियों से सहमत होने लगते हैं और उन्हें भी 'सदाचार की विकृत अवधारणा' पर झुँझलाहट होने लगती है। सवर्ण हिंदुओं की आत्म-अवधारणा, जिसके अनुसार हिंदू सदा ही सहिष्णु और सदाचारी रहे हैं और जिस कारण उन्हें अनेक यातनाएँ झेलनी पड़ी हैं, और इस झुँझलाहट में एक साम्य है। इससे, पुष्यमित्र के हाथों हुए बौद्ध-उत्पीड़न को पितृ-भूमि के प्रति उनकी ग़ैर-वफ़ादारी के कारण मिली सज़ा के रूप में, न्यायोचित ठहराने की हरी झंडी मिल जाती है। फिर, इसे धार्मिक उत्पीड़न के रूप में देखने की ज़रूरत नहीं।

सावरकर 'सद्‌गुण विकृति' की चर्चा की शुरुआत अपनी विशिष्ट शैली में करते हैं :

"वर्ण-व्यवस्था से संबंधित हिंदुओं की हास्यास्पद रूढ़ियाँ, खान-पान पर लगे अनेकों प्रतिबंध, विजातियों की शुद्धि आदि-आदि, जिसकी चर्चा हम पहले ही कर चुके हैं, और जिसने मुसलमानों की धार्मिक-राजनीतिक आक्रमण की दुधारी नीति से कहीं अधिक क्षति पहुँचाई, उसके अलावा हिंदू जेहन पर एक और आत्मघाती विकृति का पूर्ण कब्जा था। इस विकृति ने उनके घात-प्रतिघात की क्षमता को कुंद कर दिया था। विकृत सदाचारी हिंदुओं के कारण हुई हार की चोट मुसलमानों द्वारा किए गए प्रयासों से कहीं अधिक थी। अगर इस मोह के लिए एक अपेक्षाकृत नरम शब्द का प्रयोग किया जाए तो हिंदुओं की ही करारी हार पहुँचाने वाले इस मानसिक असंतुलन को हिंदू की 'सद्‌गुण विकृति' कहेंगे।"[29]

'सद्‌गुणों' की विशेषता और आवश्यकताओं पर दार्शनिक चिंतन के बाद, सावरकर इस बात पर खेद प्रकट करते हैं कि–

"रट-रटकर यह सद्‌गुण सीख लेने से कि–भूखे को भोजन और प्यासे को पानी देना चाहिए, हिंदू जहरीले गेहुँअन साँपों और काले नागों को दूध पिलाते

रहे। जिस समय मुसलमान राक्षस हिंदू मंदिरों को ध्वस्त कर रहे थे और सोमनाथ जैसी पवित्रतम प्रतिमाओं के टुकड़े-टुकड़े कर रहे थे, उन्होंने उन धूर्त मुसलमानों पर कोई कहर नहीं बरपाया, जबकि उन्हें ऐसा करने का सुनहरा अवसर प्राप्त था, और ना ही उन्होंने मस्जिद की दीवारों से एक भी ईंट निकाली क्योंकि उनके धार्मिक गुरुओं एवं पंडितों ने पर-पीड़ा का पाठ नहीं पढ़ाया था।"[30]

यहाँ एक रोचक प्रक्रिया काम कर रही है। पहले बड़े ही मनमाने ढंग से एक सहिष्णु हिंदू की आत्म-छवि गढ़कर उसकी तुलना प्रचंड असहिष्णु 'दूसरे' से की जाती है और हिन्दू को भी समान रूप से खूंख्वार बनने को कहा जाता है। इससे सद्गुणों की परंपरागत धार्मिक अवधारणाओं और उसके 'आधुनिक राष्ट्रवादी' आख्यान का फ़र्क, स्पष्ट हो जाता है।

धार्मिक सहिष्णुता के अतिरिक्त, दुश्मन की स्त्रियों के प्रति अनुचित उदारता और शौर्य दिखाना भी, सावरकर के लिए एक विकृत मनोवृत्ति है।[31] जहाँ तक सावरकर का प्रश्न है, यह केवल हत भावनाओं या सम्मान का ही मामला नहीं है बल्कि इसके पीछे एक सुनिश्चित नैतिकता और प्रणाली काम कर रही है। वह पहले अब तक सुनाई गई कहानी की तार्किक परिणति के रूप में और बाद में एक सामाजिक व्याख्या के तौर पर अपनी बात को सबके सामने रखना चाहते हैं। उनके अनुसार–

"मुसलमानी दानवीय मत के अनुसार, गैर-मुसलमानी औरतों का अपहरण और उनका जबरन धर्म-परिवर्तन हर मुसलमान का धार्मिक कर्तव्य था और मुसलमानी धार्मिक आक्रामकता के इसी एक पहलू ने हिंदुओं की संख्यात्मक शक्ति को बहुत क्षति पहुँचाई। इसने उनकी कामुकता और विध्वंसक प्रवृत्ति को बढ़ाने के साथ-साथ उनकी संख्या में भी अभिवृद्धि करवाई और इससे हिंदू जनसंख्या को नुकसान ही उठाना पड़ा। भद्रता के कारण इस कड़वे तथ्य को स्वीकार करने में अगर कुछ हिचकिचाहट होती है, तो वह महज एक बचकानी आत्म-छलना है। मुसलमानों द्वारा लाखों-करोड़ों हिंदू नारियों का अपहरण कोई इतनी मामूली बात नहीं है कि उसे धर्मांधता की संज्ञा देकर नज़रअंदाज़ कर दिया जाए और अगर यह एक पागलपन था, तो भी इसमें एक व्यवस्था थी। और मुसलमानी पागलपन का यह तरीका इतना भयानक था कि इस तथाकथित धर्मांधता को नज़रअंदाज़ करने के कारण, हिंदू राष्ट्र का नासूर हमेशा हरा बना रहा। सच पूछें, तो मुसलमानों की धर्मांधता में कोई पागलपन नहीं था, प्रकृति की आवश्यक प्रवृत्ति को ध्यान में रखते हुए यह इस्लामी जनसंख्या बढ़ाने का सुचारु ढंग था।

"पशुओं की दुनिया में भी प्रकृति के इसी नियम का पालन किया जाता है। अगर मवेशियों में बैलों की संख्या में वृद्धि हो जाती है तो मवेशियों की जनसंख्या का उत्तरोत्तर विकास नहीं होता। वहीं दूसरी ओर, गायों की अभिवृद्धि के कारण,

मवेशियों की जनसंख्या बड़ी तेजी से बढ़ने लगती है। यही मनुष्य के लिए भी सही है, क्योंकि मनुष्य भी मूलतः एक पशु है। प्रागैतिहासिक काल में वन में रहने वाली तथाकथित जंगली जनजातियाँ इस नियम से भली-भाँति परिचित थीं। आज भी जब जनजातीय युद्ध होते हैं, तो अफ्रीकी जंगली जातियाँ केवल अपने मर्द शत्रुओं को मारती हैं, औरतों को नहीं, उन्हें तो विजयी जनजाति आपस में बाँट लेती है।"[32]

जैसा कि हमने पहले देखा, यौन-भावना के इस अजीबोग़रीब समाजशास्त्र में नारी केवल एक माध्यम है, जो सम्मान का प्रतीक होने के अतिरिक्त समुदाय के लिए बच्चा जनने का काम करती है। इन दोनों भूमिकाओं का नारी व्यक्तित्व के नकार से गहन संबंध है। हिंदू-मुस्लिम संघर्ष की सावरकरीय व्याख्या में नारी की इसी माध्यम और प्रतीक वाली भूमिका की अहमियत है। यह व्याख्या एक स्तर पर अतीत और दूसरे महत्त्वपूर्ण स्तर पर, वर्तमान की ओर संकेत करती है। मुसलमानों की भर्त्सना जारी रहती है–

"उस समय के आक्रामक मुसलमान उसी बेग़ैरत धर्मांधता के साथ शत्रु-पक्ष की औरतों का जबरन अपहरण करना अपना धार्मिक कर्तव्य समझते थे। वह औरतों को आम संपत्ति समझकर उसे हानि पहुँचाते, अपवित्र करते और सुल्तान से लेकर एक अदने सिपाही तक में उसे बाँट डालते तथा अपने मत में पूरी तरह मिला-जुला लेते थे। यह उनकी संख्या को बढ़ाने वाला सुकृत्य समझा जाता था।"[33]

सावधानीपूर्वक रचित वृत्तांत, और लोकप्रिय रूढ़ छवियों तथा अचेतन पूर्वग्रहों से इसके द्वंद्वात्मक संबंधों के कारण यहाँ पर प्रयुक्त किया गया भूतकाल अभिप्रेत पाठकवर्ग के लिए वर्तमानकाल में रूपांतरित हो रहा है, जो उनकी वर्तमान अवधारणाओं का संदर्भ-बिंदु तथा वर्तमान आचरण का नैतिक औचित्य बन जाता है। नैतिक हिचकिचाहट की आखिरी रुकावट को भी तोड़ने की खातिर, सावरकर, हिंदू स्त्रियों के प्रति अत्याचार और अपमान में मुस्लिम औरतों की दानवीय भूमिका की भी चर्चा करते हैं। वे कहते हैं–

"अपने जघन्य पाप के लिए मुसलमान औरतों को कभी भी किसी हिंदू के प्रतिशोध या सज़ा का सामना नहीं करना पड़ा। नारी के प्रति उदारता को लेकर हिन्दुओं की मनोवृति बड़ी विकृत थी।

मुलमान औरतें इस बात के प्रति निश्चित थीं कि घनघोर युद्ध और उसके बाद की आपाधापी में भी, न तो हिंदू सरदार और न ही कोई आम सिपाही या आम लोग, उनका बालबाँका करेंगे।"[34]

इसके बाद सावरकर एक बुनियादी सवाल उठाते हैं–

"अगर रणक्षेत्र में विजयी हिंदुओं ने मुसलमान नारियों के साथ वैसा ही बर्ताव करने या उन्हें दूसरे तरीके से दंड देने की सोची होती; (जैसे–जबरन धर्म

परिवर्तन) तो ऐसा भुगतने के बाद वे हिंदू नारी के प्रति अपने बुरे ख़याला़त और तरीकों का प्रयोग नहीं करती।"[35]

सावरकर को इस बात का गहरा दुःख है कि–"नारी के प्रति उदार दृष्टि और शौर्य-प्रदर्शन के अद्‌भुत विचार-बोध से पीड़ित, उस काल के हिंदुओं ने देश, काल, परिस्थिति को नज़रअंदाज़ कर दिया और माना कि हिंदू औरत पर की गई ज्यादतियों का बदला नहीं लेना चाहिए, उन्होंने मुसलमान औरतों को उस वक़्त भी अपवित्र करने की बात नहीं सोची, जब वे उनके रहमो-करम पर थीं।"[36]

सावरकर की घृणा इतनी गहरी है कि मुसलमान औरतों की भर्त्सना करते वक़्त वह एक स्थान पर 'फेयर सेक्स' पद-बंध के बीच में एक प्रश्नचिह्न लगा डालते हैं (फेयर (?) सेक्स)। अतः इस समस्या के प्रति सावरकर की अवधारणा बिल्कुल साफ हो जाती है। मुसलमान स्त्री और पुरुष, दोनों ही हिंदू औरतों की पवित्रता को नष्ट कर रहे थे पर 'सदाचारी विकृत' हिंदू, उनसे वही बर्ताव नहीं कर रहे थे। और फिर यह समस्या अतीत तक ही सीमित नहीं है। हम सावरकर की उस उक्ति की पहले ही चर्चा कर चुके हैं, जिसमें वे सन् 1965 के भारत-पाक युद्ध के संदर्भ में शिवाजी की आलोचना करते हैं और जिसका हवाला उनके चरित्र-लेखक ने ही दिया है।

सद्‌गुण की विकृत अवधारणा और अनुचित शौर्य की भर्त्सना के लिए शिवाजी का चयन बहुत महत्त्वपूर्ण है। एक लोकप्रिय नायक के अतिरिक्त, मध्यकालीन भारतीय इतिहास की साम्प्रदायिक हिंदू पुनर्व्याख्या में भी शिवाजी एक महत्त्वपूर्ण पात्र हैं। वह एक पूज्य पात्र हैं, जो अपने चरित्र और नायकत्व के कारण परम आदरणीय हैं। कल्याण के मुसलमान सूबेदार की पुत्रवधू के साथ किया गया व्यवहार एक शूरवीर का राजोचित व्यवहार था, जो लोकप्रिय स्मृतियों, साहित्य और वृत्तांतों में बड़े आदर के साथ याद किया जाता रहा है। ऐसे आदर में अंतर्निहित नैतिकता और पवित्रता को चुनौती देते हुए सावरकर शिवाजी के इसी व्यवहार की भर्त्सना करते हैं। यहाँ शिवाजी तथा उनके व्यवहार के बारे में सावरकर के अपने उद्‌गार पढ़ें–

"हम अभी भी छत्रपति शिवाजी और चिम्माजी अप्पा के उन नेक कार्यों को गर्व से याद करते हैं, जब उन्होंने कल्याण के मुसलमान सूबेदार की पुत्रवधू और बसीन के पुर्तगाली सूबेदार की पत्नी को ससम्मान वापस कर दिया था। पर क्या यह आश्चर्यजनक नहीं है कि ऐसा करते वक़्त न तो शिवाजी को और न चिम्माजी अप्पा को दाहिर की राजकुमारी, कर्णवती के कर्णराज की पत्नी कमलादेवी और उसकी अत्यंत सुंदर पुत्री, देवल देवी जैसी अनेकानेक हिंदू स्त्रियों और लड़कियों की याद नहीं आई, जिन पर महमूद गजनवी, मुहम्मद गोरी, अलाउद्दीन खिलजी और कईयों ने अनेक ज़ुल्म-ओ-सितम ढाए, उनका अपमान किया और उनका

बलात्कार किया। क्यों देश के कोने-कोने तक गूँजती लाखों पीड़ित हिंदू नारियों की करुण पुकारें और चीख़, शिवाजी और चिम्माजी अप्पा के कानों तक नहीं पहुँचीं ?

"उन लाखों, उत्पीड़ित स्त्रियों की आत्माओं ने शायद यह ज़रूर कहा होगा–'हे छत्रपति शिवाजी, और हे महामहिम चिम्माजी अप्पा। मुसलमान सुल्तानों, सरदारों तथा हज़ारों मुसलमान प्रजा ने हम पर जो अकथनीय जुल्म और अत्याचार किया है उसे भूल न जाइए। उन सुल्तानों और उनके साथियों को यह समझने दीजिए कि हिंदू-विजय की स्थिति में हमारे अत्याचार और बलात्कार का बदला, मुसलमान स्त्रियों से लिया जाएगा। एक बार उन्हें इस भयानक खतरे की भनक मिल जाए कि हिंदू-विजय की स्थिति में मुसलमान स्त्रियों के साथ वही बर्ताव किया जाएगा तो भावी मुसलमान आक्रमणकारी हिंदू औरतों के साथ छेड़खानी करने की जुर्रत नहीं करेंगे।

"पर नारी-संबंधी विकृत धार्मिक विचारों के प्रचलन के कारण न तो शिवाजी और न ही चिम्माजी अप्पा मुसलमान स्त्रियों के साथ ऐसा व्यवहार कर पाए। अंततः यह हिंदू समुदाय के लिए बहुत घाटे का सौदा साबित हुआ।

"इस आत्मघाती हिंदू-बोध ने मुसलमान स्त्रियों को (सिर्फ इसलिए कि वह स्त्री थी) बचा लिया। उनका नारीत्व उनका कवच बन गया जो उनकी रक्षा करने में पूर्णतः सक्षम था।"[37]

मौखिक परम्परा, पारिवारिक स्मृतियों और अन्य औपचारिक एवं गैर-औपचारिक तरीकों से संरक्षित और प्रसारित आख्यान तथा उपरोक्त ऐतिहासिक परिप्रेक्ष्य की सादृश्यता की चर्चा हम पहले ही कर चुके हैं। पर इन आख्यानों में अंतनिर्हित 'सीख' और सभ्यता तथा मर्यादित मूल्यों के साथ उसके संघर्ष को पहचानने की जरूरत है। ऐसे आख्यानों के आधार पर सचेत या अचेत रूप में अपनी छवि गढ़ने वालों के लिए यह संघर्ष, एक यथार्थ है। यहाँ प्रतिशोध तथा 'जैसे को तैसा' देने की भावना और 'दूसरी' स्त्री का बलात्कार कर अपनी शक्ति को प्रमाणित करने के लिए उकसावा मौजूद है। पर ऐसे प्रलोभनों को वास्तविक रूप देने में बहुत से लोगों का मूल्य-बोध आड़े आ जाता है। अत्यंत पतित इंसान के ज़ेहन में भी नैतिक मूल्यों का बोध बड़े जटिल ढंग से व्यवहार पर नियंत्रक का कार्य करता है। बलात्कारी भी बलात्कार को 'नैतिक कार्य' का दर्जा देने में हिचकिचाता है। 'सद्‌गुण विकृति' की धारणा के जरिए, सावरकर इस हिचकिचाहट का झटके से अंत कर डालते हैं। वे बेझिझक सद्‌गुण को बड़े व्यवस्थित ढंग से 'विकृति' कहते हैं और वह भी शिवाजी की निंदा करते हुए।

स्पष्ट है कि सावरकर के सोच में, (जो देशपांडे जी को 'परिष्कृत' प्रतीत होता है) औरत की यौन-भावना एक माध्यम, एक प्रतीक, एक रणक्षेत्र के अतिरिक्त

कुछ भी नहीं है। जिस प्रकार आप राष्ट्रीय ध्वज के सम्मान में अपनी जान दे सकते हैं और शत्रु से उसकी रक्षा करना अपना राष्ट्रीय कर्तव्य मानते हैं, ठीक वैसे ही विचार औरतों के प्रति भी होने चाहिए अर्थात अपनी स्त्रियों के सम्मान की रक्षा करें और प्रतिशोध या पूर्वनियत प्रतिक्रिया की खातिर परायी औरतों को अपवित्र करें। 'छः स्वर्णिम पृष्ठ' अकादमिक दृष्टि से एक ऐतिहासिक कृति नहीं है। वह तो एक नीतिशास्त्र है, जिसमें एक पारलौकिक और रहस्यात्मक किस्म का राष्ट्र ईश्वर का स्थान ग्रहण कर नैतिक आख्यान का मुख्य संदर्भ-बिंदु बन जाता है। एक स्तर पर यह नैतिक फलसफा, अपराध के सहभागी और अपराधकर्ता तथा दूसरे स्तर पर प्रलोभन और झिझक की दूरियों को न केवल घटाने का काम करता है बल्कि उन्हें पूरी तरह नष्ट कर डालता है। जब कोई ऋतंभरा या कोई उमा भारती अहिंसक, धर्मनिरपेक्ष, सदाचारी और नैतिक हिंदुओं को 'हिजड़ा' बुला रही होती है तो वह उन्हीं बिंदुओं पर हिंदू समाज की निंदा और भर्त्सना के लिए गाया जाने वाला, 'राग सावरकर' ही तो अलाप रही होती है। इस 'राग सावरकर' में बड़े ही स्पष्ट और निश्चित ढंग से ग़लत को सही और सही को ग़लत करार दे दिया गया है।

यह एक विडंबना है कि 'छः स्वर्णिम पृष्ठ' के आखिर में सावरकर बताते हैं कि "इंडियन वार ऑफ इंडिपेंडेंस, 1857' (1909) हिंदू राष्ट्र के दृष्टिकोण से लिखी गई थी।"[38] वस्तुतः हिंदू राष्ट्र का यह तथाकथित 'दृष्टिकोण' सावरकर की उत्तरोत्तर कृतियों में विकसित हुए दृष्टिकोण से बिल्कुल भिन्न हैं। उस किताब में सावरकर मौलवी अहमद शाह की चर्चा इन शब्दों में कर सकते थे–

"इस साहसी मुसलमान का जीवन इस बात का प्रमाण है कि इस्लामी सिद्धांतों पर विवेकसम्मत श्रद्धा और भारतीय भूमि के प्रति गहरा प्रेम, इन दोनों में कोई वैषम्य या विरोध नहीं। और एक सच्चा मुसलमान अपनी मातृभूमि के लिए प्राण देकर गौरवान्वित महसूस करेगा।"[39]

व्यावहारिक स्तर पर सूरत में जो हुआ, सावकर ने वैचारिक स्तर पर उसे बहुत पहले ही कर दिखाया था। उन्होंने मुसलमान को समाज-निकाला देकर उसे एक अमानवीय जाति बना दिया जिसे मानवीय मूल्यों और गुणों के फायदे नहीं मिलने चाहिए। इस प्रक्रिया में एक अत्यंत सरल और खास नैतिक बिंदु को प्रमाणित करने भर के लिए ही इतिहास का प्रयोग किया जाता है, अर्थात बलात्कार अपराध नहीं है। वस्तुतः यह मुसलमान के खिलाफ प्रयुक्त किया जाने वाला मान्य हथियार है। इस दृष्टि के मुताबिक देश, काल, परिस्थिति, व्यक्ति और संदर्भ निरपेक्ष होकर इसे हर हाल में नैतिक रूप से घृणास्पद समझना, 'सद्‌गुणों की विकृति' है और इसी विकृति पर हिंदू राष्ट्र के पराजय और अपमान का ऐतिहासिक उत्तरदायित्व है।

अतः सूरत के सूरमा अपनी शर्म के लिए उत्तरदायी, इस विकार को दूर

करने का प्रयास कर रहे थे और उन्हें इसकी पूरी अनुमति थी। वे निर्दोष औरतों का बलात्कार नहीं कर रहे थे, वे तो हिंदू राष्ट्र और खासकर हिंदू नारियों के प्रति अत्याचार में सहभागी रह चुकी औरतों को दंड दे रहे थे। वे बलवा नहीं कर रहे थे, वे तो सहस्राब्दि पुराने युद्ध में एक लड़ाई लड़ रहे थे। उनका यह कार्य कोई 'धार्मिक अनुष्ठान' (जैसा कि सुधीरचंद्र समझते हैं) नहीं था। उस पर तो 'उग्र राष्ट्रवाद' की छाया थी। तसलीमा नसरीन की तरफदारी करने वाले जिन जाने-माने बुद्धिजीवियों ने सूरत पर चुप्पी साध ली, वे 'उचित दंड' के रूप में इस कार्य को न्यायसंगत ठहराकर सावरकर और उनके जैसों की ही भाँति उचित को अनुचित और अनुचित को उचित ठहराने की दार्शनिक योजना में अपना योगदान कर रहे हैं।

धर्म निरपेक्ष आख्यान में ठहराव और साम्प्रदायिक आख्यान की ह्रासोन्मुखता की चर्चा से ऐसा प्रतीत होता है कि कभी-न-कभी एक सुसंस्कृत, परिष्कृत आख्यान था जिसका अब पतन हो गया है। असल में विनय कटियारों तथा ऋतंभराओं से सावरकर का वैषम्य दिखाना ही धर्मनिरपेक्ष आख्यान के ठहराव और अपर्याप्तता का परिचायक है।

6

अपनी बहस के क्रम में हमने द्रोपदी का उल्लेख किया था। द्रोपदी की क्षुब्ध पुकार और नारीत्व और नैतिकता के कोण से पित्तृसत्तात्मक संरचनाओं से किए गए उसके प्रश्नों को महाभारत ने बहुत सहेज कर रखा है। जब उसे राजसभा में निर्वस्त्र किए जाने की तकलीफ़देह सज़ा सुनाई जाती है, तो वह उस सभा से प्रश्न करती है जहाँ कोई धर्म की बात नहीं करता। उस 'धर्म' को चुनौती देती है, जो सत्य पर आधारित नहीं है। उस सत्य से ज़िरह करती है, जो छल-कपट से बिंधा पड़ा है। सांस्कृतिक रूप से यह बड़ा महत्त्वपूर्ण है कि इस शर्मनाक अनुभव से द्रोपदी की रक्षा उसके कर्तव्यशील, पौरुषवान पति नहीं बल्कि तथाकथित 'स्त्रैण' कृष्ण करते हैं।

द्रौपदी, यौन-जागरूक नारी की मान्यता एवं स्वीकृति का मिथकीय आद्य-रूप है। पित्तृसत्तात्मक सांस्कृतिक आख्यान को ऐसी ही यौन-जागरूक नारियों से डर लगता है। यह एक सारगर्भित संयोग है कि सीताओं, सावित्रियों और पद्मिनियों के इस देश में, शायद ही किसी लड़की का नाम द्रोपदी मिले।

यौन-जागरूक नारियाँ अपनी संख्यात्मक शक्ति के बल पर ही फासिस्टों की ताकत को ऐन आधा कर दे सकती हैं, और इसी कारण साम्प्रदायिक और फासीवादी विश्व-दृष्टियों को इनसे खतरा है। ऐसी स्त्रियाँ इतिहास, संस्कृति और नैतिक-मूल्यों के सारे फासिस्ट ढाँचे को रद्द कर देती हैं। वे अपने आप को केवल

सम्मान का प्रतीक तथा प्रजनन का माध्यम मानने से इंकार करती हैं। ऐसी खतरनाक संभावनाओं का पत्ता साफ करने हेतु साम्प्रदायिक-फासीवादी आख्यान के लिए यह लाज़िमी हो जाता है कि वह नारी के इसी दर्जे को रेखांकित और पुनः रेखांकित करे कि वह सिर्फ सम्मान का प्रतीक और प्रतिशोध का माध्यम है। विरोधी-सी जान पड़ने वाली यह मान्यताएँ वस्तुतः परस्पर पूरक हैं। ठीक उसी प्रकार से, जैसे बलात्कार को राजनीतिक अस्त्र मानने वाली 'परिष्कृत विचारधारा' और राजनीति प्रेरित बलात्कार के उत्सव के सहभागी एक ही वर्णक्रम के दो रंग हैं। और दोनों यौन-जागरूक नारी अर्थात् द्रोपदी से डरते हैं– इसीलिए उसका दमन, उसका बलात्कार उनके लिए एक नैतिक कर्तव्य और सांस्कृतिक अनुष्ठान का दर्जा रखता है।

संदर्भ

1. 'दि मास साइकॉलजी ऑफ फासिज़्म'; पेलिकन बुक्स, लंदन 1975 पृ.138.
2. बेगम अनीस किदवई, 'आज़ादी की छाँव में'; नेशनल बुक ट्रस्ट, नई दिल्ली, 1990 पृ.156-7 और पृ. 336
3. नारी राष्ट्रीय सम्मान और राजकीय प्रभुसत्ता का प्रतीक मात्र बनकर रह गई है। 1947 के विभाजन, दंगों के दौरान अपहृत औरतों की समस्याओं का समाधान करने में भारतीय राज्य द्वारा अपनाई गई नीति में यही परिलक्षित होता है। सरकार की सारी नीतियाँ 'राष्ट्रीय सम्मान' को वापस पाने की दृष्टि से बनाई गई थीं। नारी को अपनी नियति तय करने वाली व्यक्तिगत इकाई के रूप में नहीं देखा जा रहा था। इसका विस्तृत और शोधात्मक रूप जानने के लिए देखें : ऋतु मेनन और कमला भसीन 'रिकवरी, रप्चर, रेसिस्टेंस : अॅब्डक्शन ऑफ वीमेन ड्यूरिंग पार्टीशन', रिव्यू ऑफ वीमेन स्टडीज़, इकॉनामिक एण्ड पॉलिटिकल वीकली (इपॉवी), अप्रैल 24, 1993.
4. असगर अली इंजीनियर, 'बैशन ऑफ कम्युनल एमिटी क्रम्बल्स', इपॉवी, फरवरी, 1993, पृ. 263.
5. जैन ब्रेमेन, 'एण्टी-मुस्लिम पोगरोम इन सूरत', इपॉवी, अप्रैल 17, 1993, पृ. - 741
6. सुधीर चंद्रा, 'ऑफ कम्यूनल कान्शयसनेस एण्ड कम्युनल वायलेन्स : इम्प्रेशन्स फ्रॉम पोस्ट-रॉयट, सूरत', इपॉवी, सितंबर 11, 1993 पृ. - 1883.
7. वही, पृ. - 1883.
8. जी. पी. देशपांडे, 'पॉलिटी एण्ड कल्चर इन दि वेक ऑफ अयोध्या', इपॉवी, फरवरी 6, 1993, पृ. - 219.
9. जी. पी. देशपांडे, 'पॉलिटी एण्ड कल्चर इन वेक ऑफ अयोध्या', इपॉवी, फरवरी 6, 1993, पृ. - 219.
10. दयानंद सरस्वती के अनुसार–वैसी किताबें विषयुक्त भोजन के समान हैं और उनका परित्याग आवश्यक है। देखें–उनका 'सत्यार्थ प्रकाश', दयानंद संस्थान, नई दिल्ली, 1974, पृ. - 52.

11. केनेथ डब्ल्यू जोंस, 'आर्य-धर्म : हिंदू कांशसनेस इन नाइंटीन्थ सेंचुरी पंजाब,' मनोहर प्रकाशन, नई दिल्ली, 1976 पृ. - 125.
12. सुधीर कक्कड़,'इण्टीमेट रिलेशन्स : एक्सप्लोरिंग इंडियन सेक्सयूलिटी'', पेन्गयूइन, नयी दिल्ली, 1990, पृ. - 1.
13. सुधीर कक्कड़, 'शमन्स मिस्टिक्स, एण्ड डॉक्टर्स', ऑक्सफोर्ड यूनिवर्सिटी प्रेस, नयी दिल्ली, 1982, पृ. - 87.
14. भगवान जोश, 'विमेन एण्ड सेक्सयूलिटी इन द डिसकोर्स ऑफ कम्युनलिज़्म एण्ड कम्युनल वॉयलेन्स', 'हिंसा की समस्या' पर सेमिनार (इंडियन इन्स्टीच्यूट ऑफ एडवांसड स्टडीज़, शिमला) में यह पर्चा पढ़ा गया, सितम्बर 9-13, 1991. माइमियोग्राफ़, पृ. - 6.
15. केनेथ डब्ल्यू जोंस, 'द न्यू केम्ब्रिज़ हिस्ट्री ऑफ इंडिया, सोशयीरिलिजियस रिफॉर्म मूवमेण्ट्स इन ब्रिटिश इंडिया'; ऑरियेण्ट लॉगमैन, नयी दिल्ली, 1989, पृ. 44-45.
16. उर्वशी बुटालिया, ''कम्युनिटी, स्टेट एण्ड जेण्डर : ऑन वीमेन्स एजेंसी ड्यूरिंग पार्टिशन'. रीव्यू ऑफ़ विमेन स्टडीज़, इपॉवी, अप्रैल 24, 1993.
17. विनय दामोदर सावरकर, 'हिंदुत्व : हू इज़ ए हिंदू ?' (छठा संस्करण) भारती साहित्य सदन, नयी दिल्ली, 1989.
18. विनय दामोदर सावरकर, 'द सिक्स ग्लोरियस एपक्स ऑफ इंडियन हिस्ट्री', पृ. - 124, राजधानी ग्रंथागार, नयी दिल्ली 1971, 'ए वर्ड इन कॉन्फिडेंस' (अनुवादक की टिप्पणी).
19. वही, पृ. - 124.
20. धनंजय कीर, 'वीर सावरकर', पॉपुलर प्रकाशन, बंबई, 1966, पृ. - 539.
21. भगवान जोश, पूर्वोद्धृ पृ. - 7.
22. ''द सिक्स ग्लोरियस एपक्स ऑफ इंडियन हिस्ट्री,' पृ. - 71.
23. वही, पृ. -103.
24. वही, पृ. - 85
25. वही, पृ. - 131
26. वही, पृ. - 141.
27. वही, पृ. -129-30.
28. वही, पृ. - 146.
29. वही, पृ. -167.
30. वही, पृ. - 169
31. वही, पृ. - 181.
32. वही, पृ. - 174-75.
33. वही, पृ. - 176.
34. वही, पृ. - 178.
35. वही, पृ. - 180.
36. वही, पृ. - 181.
37. वही, पृ. -179-180.
38. वही, पृ. - 461.
39. 'द इंडियन वार ऑफ इंडिपेंडेंस 1857, राजधानी ग्रंथागार, नयी दिल्ली, 1986, पृ. - 456.

सांस्कृतिक बहस का एक रूपक : "कण-कण में व्यापे हैं राम"

'नाम रूप से बढ़कर है।'[1]

यह लेख साम्प्रदायिकता-विरोधी आंदोलनों का ऐतिहासिक विवरण या विस्तृत समीक्षा नहीं है। यहाँ लक्ष्य है, हिन्दू साम्प्रदायिकता के सांस्कृतिक सार और राजनीतिक कार्यक्रम का विश्लेषण और इसके वामपंथी-उदारपंथी प्रतिवाद की अपर्याप्तता की थोड़ी-सी चर्चा। सन् 1989 में बाबरी मस्ज़िद के बहाने फैलाए गए साम्प्रदायिक उन्माद के बीच साम्प्रदायिकता-विरोधी आंदोलन (दिल्ली) के एक कार्यकर्ता के तौर पर मैंने एक नारा गढ़ा था–"कण-कण में व्यापे हैं राम, मत भड़काओ दंगा लेकर उनका नाम।" इस निर्दोष-से दीखने वाले नारे की जैसी प्रतिक्रियाएँ हुईं, वे मेरे लिए अकल्पनीय थीं। न केवल हिन्दू साम्प्रदायिकता की ताकतों, बल्कि उनसे लड़ रहे वामपंथियों-उदारपंथियों को भी इस नारे ने बहुत विचलित किया। स्वयं साम्प्रदायिकता-विरोधी आंदोलन के भीतर इस नारे पर जैसी तीखी बहसें हुईं, और जितना गंभीर विचार-विमर्श हुआ, उसका हम सभी के लिए स्थायी महत्त्व है। दूसरी ओर यह महत्त्वपूर्ण है कि बाबरी मस्ज़िद को ध्वस्त करने और साम्प्रदायिक उन्माद फैलाने के षड्यंत्रों के खिलाफ अपने जन-जागरण में उत्तर प्रदेश के तत्कालीन मुख्यमंत्री मुलायम सिंह यादव ने इस नारे का जमकर इस्तेमाल किया। ज़ाहिर है कि हिन्दू साम्प्रदायिकता को यह नारा ख़तरनाक लगा, क्योंकि यह राम को फासीवादी राजनीति का प्रतीक बना देने का विरोध करता था। दूसरी ओर इस नारे के प्रति वामपंथी-उदारपंथी विरोध तथा अरुचि की जड़ साम्प्रदायिकता की उस समझ में निहित थी, जो सिर्फ़ धार्मिक अस्मिता की निंदनीय राजनीति के रूप में साम्प्रदायिकता को पहचानती है। कुछ मित्रों को आशंका थी कि यह नारा मुसलमानों को नहीं सुहाएगा। खुशी की बात है कि यह आशंका निर्मूल सिद्ध हुई। मेरे अपने व्यक्तिगत अनुभवों के अलावा तथा कथित निम्न जातियों और मुसलमानों के सामाजिक आधार पर राजनीति करनेवाले मुलायम सिंह द्वारा इस नारे को अपनाना भी यह दिखाता है कि हमारे आम आदमी के मिजाज़, रीति-रिवाज और संवेदना

से वामपंथी साम्प्रदायिकता-विरोध कितनी दूर खड़ा है।

1

स्वातंत्र्योत्तर भारत के इतिहास में सन् 1992 सबसे ज़्यादा पीड़ादायी और उथल-पुथल भरे वर्षों में से एक था। 6 दिसम्बर को बाबरी मस्ज़िद का गिराया जाना फासीवादी आक्रामकता का चरम बिन्दु ही नहीं, बल्कि समकालीन राजनीतिक विमर्श में अभूतपूर्व वैधता हासिल कर लेने के साथ आक्रामक जन-समर्थन तैयार कर लेने में हिन्दू राष्ट्रवाद की सफलता का भी संकेत था। राजनीतिक और बौद्धिक, दोनों क्षेत्रों में भारतीय राष्ट्रपरक और वामपंथी-उदारपंथी, दोनों ही प्रकार का धर्मनिरपेक्ष विमर्श कैसी किंकर्त्तव्यविमूढ़ता में फँस गया था, उसका एक दुःखद प्रमाण अगस्त सन् 1993 में भी मिला। हिन्दू साम्प्रदायिकतावादी बिना किसी ख़ास मेहनत के दिल्ली और अयोध्या में 'सहमत' की प्रदर्शनी वापस करवाने में इस सतही तर्क से कामयाब हो गए कि वहाँ प्रदर्शित एक पैनल हिंदू भावनाओं को ठेस पहुँचाता था। हद तो यह है कि लोक सभा के अध्यक्ष ने भी इस प्रदर्शनी के प्रति सदन के असंतोष को सर्वसम्मति से ज़ाहिर किया, बावजूद लोकसभा में वामपंथियों की अच्छी खासी संख्या के। किस बात पर यह सारा हंगामा बरपा था ? प्रदर्शनी का एक पैनल दशरथ-जातक में दी गई राम-कथा की सूचना देता था। हंगामें का अन्तर्निहित अर्थ स्पष्ट था–राम-कथा वही, जो जनसंघी सुनाएँ। और इस अर्थ का कोई प्रतिवाद न होने का अनर्थ भी स्पष्ट है–यह कि हिन्दू-भावना हिन्दू वोट-बैंक का रूप ले चुकी है, जिसके डर से मा.क.पा के महासचिव तक को 'सहमत' की आलोचना करनी पड़ी।[2]

स्वाभाविक रूप से नवम्बर, 1993 के विधानसभा चुनावों के परिणामों ने हिन्दू राष्ट्रवादियों को हतप्रभ कर दिया, क्योंकि उनके अनुसार यह मतदान उनकी फ़ासिस्ट राजनीति पर लिया गया जनमत-संग्रह था। दूसरी ओर, जो लोग हताश थे और चुनावों में साम्प्रदायिकता की अवश्यम्भावी विजय को मन मारकर स्वीकार करने की तैयारी कर रहे थे, वे भी चुनाव नतीजों से दंग रह गए। उनके लिए यह सुखद आश्चर्य की घड़ी थी। यह सच है कि सवर्णों के बीच भाजपा की स्थिति और भी मजबूत हुई है, लेकिन जिस विशाल जन समुदाय को भाजपा. 'मोनोलिथिक' हिन्दू राष्ट्रवाद में भेड़ देना चाहती थी, उसने वोट देते समय अपनी जातिगत पहचान को रेखांकित किया। भारतीय समाज को साम्प्रदायिक आधार पर बाँटने की भाजपाई कोशिश फ़िलहाल हमारे सांस्कृतिक अनुभव की उस वास्तविकता से मात खा गई है, जिसकी राजनीतिक अभिव्यक्ति को कभी अज्ञानवश और कभी दुष्टतावश जातिवाद कह दिया है। यह तथाकथित जातिवाद असल

में ब्राह्मणवादी सामाजिक-व्यवस्था के सांस्कृतिक-राजनीतिक प्रभुत्व के लिए एक चैलेंज है। हिन्दुओं और मुसलमानों के बीच एक आड़ा विभाजन पैदा कर देने के भाजपाई कार्यक्रम को हिन्दू और व्यापकतर भारतीय समाज में पड़ी वास्तविक टेढ़ी दरारों, उसकी जातिगत और वर्गगत असलियत से जूझना पड़ रहा है।

भारतीय समाज के सांस्कृतिक मिजाज़ को जो लोग समझना चाहते हैं, तथा उसमें प्रगतिशील हस्तक्षेप करना चाहते हैं, उनके द्वारा इस केन्द्रीय सांस्कृतिक विरोधाभास की और अधिक उपेक्षा घातक होगी। यह नहीं भूलना चाहिए कि 19वीं सदी के उत्तरार्द्ध से लेकर आज तक हिन्दू साम्प्रदायिकता अपने आपको घातक जातिगत विभाजन के प्रति एक सजग प्रतिक्रिया के रूप में प्रस्तुत करती रही है। दूसरे शब्दों में हिन्दू साम्प्रदायिकता, जो अपने आपको पाखण्ड वश 'सांस्कृतिक राष्ट्रवाद' कहती है, आत्म-घोषित रूप से दलित जातियों को उस मोनोलिथिक वैचारिक संरचना में घसीट लेने की कोशिश है, जो ब्राह्मणवादी सामाजिक व्यवस्था को बनाए रखने वाली राजनीति का एक आवरण-मात्र है। यह कोशिश नयी नहीं है। हिन्दू राष्ट्रवाद असल में ब्राह्मणवादी सामाजिक व्यवस्था की परम्परा-प्राप्त सांस्कृतिक रणनीति की समकालीन राजनीतिक अभिव्यक्ति-भर है।

2

साम्प्रदायिकता की सांस्कृतिक रणनीति को समझने में ही वामपंथी-उदारपंथी धर्मनिरपेक्ष विमर्श की अपर्याप्तता सबसे ज़्यादा प्रकट होती है। यह विमर्श ऐसा वैचारिक मॉडल तैयार करने में असफल रहा है, जो जाति-प्रथा की समस्याओं और साम्प्रदायिकता की राजनीति के परस्पर गुँथाव को समग्ररूप में देख सके। साम्प्रदायिकता द्वारा प्रस्तुत सांस्कृतिक अवधारणाओं और इसके द्वारा की जाने वाली भाषिक विकृतियों से लड़ने की असमर्थता इस मूलभूत असफलता की स्वाभाविक परिणति है। प्रमुख धर्मनिरपेक्ष विमर्श की मूलभूत मान्यताएँ कुछ इस प्रकार हैं–साम्प्रदायिकता साझे सामाजिक धार्मिक हितों वाले धार्मिक समुदाय की छद्म-चेतना है, जिसे विवेकहीन धार्मिकता के सहारे हिंसक असहिष्णुता में बदल दिया जाता है। साम्प्रदायिक चेतना समाज के अभिजन की राजनीतिक-आर्थिक प्रतिस्पर्द्धा की सत्ता-प्रेरित अभिव्यक्ति है। यह निहित स्वार्थों के हित में रुग्ण मध्यकालीन दृष्टिकोणों का प्रयोग करती है। इसलिए इससे लड़ने की सबसे उपयोगी अल्पकालीन रणनीति है, मिली-जुली संस्कृति और धार्मिक सहिष्णुता की अच्छाइयों का प्रचार; और सबसे उपयोगी दीर्घकालीन रणनीति है, व्यापक लोकतांत्रिक संघर्षों के ज़रिए लोगों की सोच को विवेकपरक बनाना।

इन मान्यताओं ने एक ऐसी स्थिति को पैदा किया है, जहाँ यह स्वाभाविक

ही है कि ज़्यादातर साम्प्रदायिकता विरोधी संगठनों ने किसी बृहत्तर राजनीतिक संगठन के हिस्से के रूप में सक्रिय रहना चुना है, या कम-से-कम किसी ऐसे राजनीतिक विमर्श को अपना आधार बनाया है, जो साम्प्रदायिकता को महज़ हाशिए पर खड़ी विकृत मानसिकता की समस्या मानता है। यह समझ 'अवास्तविक समस्याओं के अवास्तविक समाधान' खोजने की ओर जनता की ऊर्जा को मोड़ देने वालों को उजागर करने तक ही ऐसे संगठनों की भूमिका को सीमित करती है। 'साम्प्रदायिकता-विरोधी आन्दोलन' शायद पहला संगठन था, जिसने साम्प्रदायिकता के सांस्कृतिक और राजनीतिक कार्यक्रम को लगातार महत्त्व दिया, और इस बारे में गहरा सोच-विचार करने की कोशिश की। सन् 1984 के सिख-विरोधी नरसंहार के संदर्भ में साम्प्रदायिकता के आधिपत्यवादी कार्यक्रम की राजनीतिक-सांस्कृतिक समस्याओं की सैद्धान्तिक बहस में मूलगामी हस्तक्षेप को विकसित करने के काम को बहुत ज़रूरी बना दिया। लेकिन 'साम्प्रदायिकता-विरोधी आंदोलन' उस समय एक अपवाद था, और अब भी है। आमतौर से तो ठेठ वामपंथी-उदारपंथी या राष्ट्रवादी धर्म निरपेक्षतावादी भी किसी साम्प्रदायिक अपील के असर को रोकने और उसके मतदाता-वर्ग को सीमित करने के लिए ऐतिहासिक के सामने मिथकीय, धर्मनिरपेक्ष के सामने धार्मिक और बौद्धिक के सामने आध्यात्मिक को गौण बना देने की कोशिश पर ही भरोसा करते हैं। साम्प्रदायिकता के राजनीतिक कार्यक्रम और सांस्कृतिक सार-तत्त्व के विश्लेषण का प्रयत्न बहुत कम होता है; और उससे भी कम प्रयत्न साम्प्रदायिकता के सांस्कृतिक मिजाज़ और उसके राजनीतिक रूपक-निर्माण के केन्द्रीय प्रतीकों से मुख़ातिब होने का होता है। जैसा कि साम्प्रदायिकता से संघर्ष करने में सक्रिय रूप से शामिल प्रमुख मार्क्सवादी इतिहासकार के. एन. पनिक्कर कहते हैं–

"धर्मनिरपेक्षतावादी, जो पहले विवेकानन्द को एक पुनरुत्थानवादी और पुराणपन्थी के रूप में खारिज़ कर चुके थे, सामान्य जन-चेतना में विवेकानन्द के प्रभाव को पहचानने के लिए अब जागे हैं। संघ परिवार विवेकानंद पर जो आरोपित करता है, उसका खण्डन करने वाले उनके ही धर्म-संबंधी विचारों का आज धर्मनिरपेक्ष मत उपयोग करना चाहता है। दुर्भाग्य से, धर्मनिरपेक्षतावादियों ने लगभग तीस वर्षों की देर कर दी है, और विवेकानन्द को साम्प्रदायिक मिथक-शास्त्र पहले ही हड़प चुका है। अब उन्हें दोबारा हासिल करना अगर असंभव नहीं, तो कठिन अवश्य होगा।"[3]

यह अकेले विवेकानन्द तक सीमित समस्या नहीं है। यह साम्प्रदायिकता की राजनीतिक समस्या मानने के बावजूद उसे धार्मिकता के 'स्वाभाविक' विस्तार के रूप में ही समझने का तार्किक परिणाम है। यहाँ यह तथ्य दिलचस्प है कि हिन्दू साम्प्रदायिकता वास्तव में हिन्दू धार्मिकता का तिरस्कार करती है। यह प्रत्यक्ष विरोधाभास समझ में आने लगता है, अगर कोई सावधानी से साम्प्रदायिक हिन्दू

विमर्श और इसके राजनीतिक काम-काज की पड़ताल कर देखे।[4] यह बेवजह नहीं है कि हिन्दू साम्प्रदायिकता खुद को 'साधारण हिन्दू धार्मिकता'[5] से भिन्न और कभी-कभी तो उसके खिलाफ खड़े हिन्दू 'राष्ट्रवाद' के रूप में परिभाषित करने की ज़िद करती है। सैद्धान्तिक और व्यावहारिक प्रयोजनों के लिए इसको विश्लेषित किया जाना ज़रूरी है कि हिन्दू साम्प्रदायिकता अपने आपको किस तरह देखती है; क्योंकि आत्म-बोध किसी भी विचारधारा के लिए निर्णायक होता है और समाज के उस हिस्से को तय करता है, जो इसका लक्ष्य बनाया जाना है। ऐसे आत्म-बोध से जीवनानुभवों पर लागू किए जाने वाले परिप्रेक्ष्य भी निर्धारित होते हैं और ऐतिहासिक स्मृतियों के गड्ड-मड्ड समूह में से निकालकर गढ़े जाने वाले ऐतिहासिक वृत्तान्त की प्रकृति भी निर्धारित होती है। बदले में ये परिप्रेक्ष्य और वृत्तांत पहले से उपलब्ध धार्मिक और सांस्कृतिक प्रतीकों के इस्तेमाल की प्रक्रिया को तय करते हैं।

इस रोशनी में देखा जाय, तो अपनी सैद्धान्तिक संरचना और ऐतिहासिक वृत्तान्त में साम्प्रदायिक राष्ट्रवाद धर्मनिरपेक्ष राष्ट्रवाद की ही पद्धति को अपनाता है। 'राष्ट्र' कहे जाने वाले मनोराज्य के शाश्वत अस्तित्व और एक राष्ट्र-राज्य का आधुनिक रूप अर्जित करने की इस राष्ट्र की अपरिहार्यता को सिद्ध करने के लिए यह अपना निजी ऐतिहासिक वृत्तान्त निर्मित करता है। धर्मनिरपेक्ष राष्ट्रवाद की तरह यह सजग तौर पर अनेकता में एकता के अन्तर्निहित सिद्धान्त की अपीलों के ज़रिए 'कल्पित समुदाय' के आंतरिक शक्ति-संघर्षों को कालीन के नीचे खिसका देता है। हिन्दू राष्ट्रवाद के सबसे महत्त्वपूर्ण नारों में-से एक है—"पंथ अनेक, फिर भी हिन्दू एक।" साम्प्रदायिक राष्ट्रवाद उतना ही आधुनिक और वैचारिक रूप से आत्म-सजग है, जितना कि धर्मनिरपेक्ष राष्ट्रवाद। दूसरे शब्दों में, साम्प्रदायिकता पहले से मौजूद, पुरानी पड़ गई धार्मिक पहचान की ही राजनीति नहीं है, बल्कि धार्मिक, सांस्कृतिक और राजनीतिक अस्मिताओं को पुनर्निर्मित और संगठित करने वाली राजनीति है।

साम्प्रदायिकता 'धर्म की राजनीति' भर नहीं है, क्योंकि यह पारम्परिक धार्मिक समुदाय के लिए ही राजनीतिक सत्ता पर कब्जा करने की कोशिश नहीं करती। इसके विपरीत यह धार्मिक-राजनीतिक समुदाय की परिभाषा के लिए एक नए प्रतिमान को प्रस्तावित करने का प्रयास करती है। हिन्दू राष्ट्रवाद में 'हिन्दू' एक उतना ही 'निर्मित होता हुआ राष्ट्र' ('ए नेशन द मेकिंग') है, जितना कि भारतीय राष्ट्रवाद में 'भारतीय'। इसलिए साम्प्रदायिक कार्यक्रम आंतरिक संघर्षों को छिपाने या पीछे धकेल देने के लिए होता है, या इससे भी बेहतर यह कि वह प्रतिरोध, असहमति और विद्रोह की सभी आवाज़ों को अपने आधिपत्य की धारा में समाहित कर लेने की कोशिश करता है। इस तरह हिन्दू राष्ट्रवाद के सांस्कृतिक कार्यक्रम

को समझने-सुलझाने में पहले से मौजूद धार्मिक अस्मिताओं की राजनीति के रूप में ही साम्प्रदायिकता को देखना सबसे बड़ी बाधा साबित हुआ है। इससे भी ज़्यादा दुःखद असफलता रही है, साम्प्रदायिकता के आधिपत्यवादी इरादों और उसके प्रतिरोध की सभी संभावनाओं को पहचानने की असफलता।

साम्प्रदायिकता का सांस्कृतिक मर्म समझने के लिए इसकी उत्पत्ति और विकास को भारतीय, विशेष रूप से हिन्दू समाज के आंतरिक शक्ति संघर्षों तथा औपनिवेशिक शिक्षित समुदाय द्वारा झेली गई सांस्कृतिक हीन भावनाओं से जोड़कर देखा जाना चाहिए। यह शिक्षित समुदाय पारम्परिक धार्मिकता की जगह एक ऐसे सशक्त 'राष्ट्रीय' धर्म को लाना चाहता था, जो इस समुदाय की सांस्कृतिक हीनता-ग्रंथि में निहित आक्रामकता को वहन करने में सक्षम हो। पारस्परिक धर्म-बोध के प्रति तो इस शिक्षित-समुदाय के मन में तिरस्कार का भाव था। हिन्दी क्षेत्र में, और उसके साथ पंजाब में 19वीं सदी में नवजागरण के नाम पर दयानन्द सरस्वती और उनके आर्यसमाज को जो लोकप्रियता प्राप्त हुई, उसका गहरा संबंध इस हीनता-ग्रंथि-जनित आक्रामकता से है। इस लोकप्रियता को आर्यसमाज की औपचारिक सदस्यता तक सीमित करके देखना भारी भूल होगी। औपनिवेशिक शिक्षित समुदाय को जैसा सांस्कृतिक-बौद्धिक मिजाज़ उपयुक्त लग रहा था, आर्यसमाज उसी का पुंजीभूत, संगठित रूप था। यही कारण है कि 'भारत-भारती' लिखने वाले 'राष्ट्रकवि' मैथिलीशरण गुप्त आस्था से वैष्णव होने के बावजूद इतिहास-दृष्टि और संस्कृति-बोध में आर्यसमाजी मिज़ाज का परिचय देते हैं। धर्म के स्थान पर आक्रामक राष्ट्रीय धर्म ले आने का किसी ने प्रतिवाद ही न किया हो, ऐसी बात नहीं है। दयानन्द के समकालीन भारतेन्दु भारतवर्ष का सांस्कृतिक मर्म वेद-भक्ति को नहीं, वैष्णवता को मानते थे और वैष्णवता के प्रस्थान-बिन्दु से ही दयानन्द के गले में चौंसठ वेधक सवालों की 'दूषण-मालिका' पहनाने की हिम्मत रखते थे। इस तरह 19वीं सदी से ही धर्म का अभिप्राय और आशय एक दूरगामी सांस्कृतिक बहस का मुद्दा बना हुआ है। दयानन्द की ही परम्परा में सावरकर और गोलवलकर जैसे हिन्दू राष्ट्रवादी चिन्तकों के यहाँ 'लोकप्रिय धार्मिकता' लगातार तिरस्कार की वस्तु है। तथाकथित राष्ट्रीय धर्म और जनता के अपने अनुभव के लोक-धर्म के बीच द्वन्द्व आज तक ज़ारी है। लोग सारे तनावों और हिंसा के बावजूद अभी भी मज़ारों पर जाते हैं और तथाकथित धर्म-संसद में बैठे महंत-मठाधीश हिन्दू धर्म/राष्ट्र के नाम पर लोगों की इस हरकत के खिलाफ फतवे ज़ारी करते हैं। जिस लोक-अनुभव और परम्परा के धर्म-बोध से छद्म-राष्ट्रवादी और मठाधीश पीड़ित हैं, उसका आधार भक्ति-संवेदना है, जिसकी अपनी एक स्वायत्त ज्ञान-मीमांसा है, अपना एक मूल्य-बोध है और अनुभवों की व्याख्या करने का अपना एक 'मॉडल' है। समझने की बात यह है कि भक्ति-संवेदना और उससे जुड़ा जीवन-बोध, उसकी संकेतन-प्रणाली

केवल मध्यकालीन काव्य तक सीमित नहीं है, जैसा कि आमतौर से समझ लिया जाता है। यह केवल ऐतिहासिक पड़ताल का नहीं, समकालीन हस्तक्षेप का विषय है। असल में भक्ति-संवेदना और इसकी संकेत-प्रणाली अब तक वह रंगभूमि बनी हुई है, जिसमें सांस्कृतिक वर्चस्व का जानलेवा संघर्ष लगातार चल रहा है।

इसी कारण साम्पद्रायिकता आज भी भक्ति-संवदेना और उससे जुड़ी हुई प्रथाओं तथा विश्वासों पर आक्रमण करती है। अन्य फासीवादी प्रवृत्तियों की तरह साम्प्रदायिकता भी संकेतों और प्रतीकों की ताकत को सोख लेना चाहती है, क्योंकि इसे मालूम है कि लोगों पर शासन करने के लिए उनकी भाषा पर एकाधिकार क़ायम करना ज़रूरी है। भाषा अन्ततः वास्तविकता को महज़ प्रतिबिम्बित करने से ज़्यादा भी बहुत कुछ करती है। वह जनता की चेतना में वास्तविकता को निर्मित करती है। इससे भी आगे भाषा 'सच' की नैतिक, सांस्कृतिक परिकल्पनाओं की रचना करके वास्तविकता को रूपान्तरित करती है। कहना ग़ैर-ज़रूरी है कि भाषा और साहित्य की कोई भी परम्परा शताब्दियों के अंतराल में परस्पर-पूरक और विरोधी परिकल्पनाओं तथा परिप्रेक्ष्यों को धारण करने वाले अर्थों की एक सृजनात्मक संहति ('मैट्रिक्स') बन जाती है। इसी के चलते एक आधिपत्यवादी ढाँचे में सामाजिक संबंधों को पुनर्निर्मित करने का कोई भी कार्यक्रम वाचिक संकेतों की बहुस्तरीय जटिलता को नष्ट करने तथा अंतर्विरोधी संकेतन-प्रणालियों को अपने निजी सांस्कृतिक कार्यक्रम की सपाट और इकहरी प्रतिक्रियाओं में घटा देने से शुरू होना चाहिए, और वह भी 'सच' की एक-मात्र वैध अभिव्यक्ति के दावे के साथ। दूसरे शब्दों में सपाट संस्कृति-बोध साम्प्रदायिकता के अस्तित्व की पहली शर्त है।

हिन्दू राष्ट्रवाद के प्रतीकों की राजनीति का सारांश यही है। सामान्य जन-चेतना और सांस्कृतिक विमर्श में आज भी सुरक्षित राम के पारम्परिक विचार की समृद्धि तथा जटिलता को तोड़ते हुए, एक सपाट मुहावरे में राम को बदल लेना इसकी सबसे बड़ी ज़रूरत थी। वामपंथी-उदारपंथी धर्मनिरपेक्ष विमर्श राम के इस साम्प्रदायिक अवमूल्यन पर काबू पाने में या तो इसलिए असफल होता है कि वह लोकप्रिय धार्मिकता के प्रति औपनिवेशिक शिक्षित समुदाय सरीखी अवज्ञा से ग्रस्त है, या फिर इसलिए कि वइ इसके रूपों के प्रति ज़्यादा-से-ज़्यादा एक 'रणनीतिक' रुख़ अख़्तियार करता है। दूसरी ओर साम्प्रदायिक संघर्ष के इस भीषण समय में लोकप्रिय धार्मिकता की दुर्गति का एक मार्मिक उदाहरण देखें। बाबरी मस्जिद को ध्वस्त किए जाने के परिणामस्वरूप कानपुर में हुए दंगों के बारे में दिखाई गई एक दूरदर्शन रिपोर्ट में एक निरक्षर स्त्री ने अपने भयावह अनुभव की कहानी सुनायी, जो निर्मल आस्था की एक पीड़ा-भरी अभिव्यक्ति है। उसने अपने घबड़ाए हुए पड़ोसियों को अपने घर में आश्रय दिया था। कुछ दंगाई उसके पास पहुँचे

और 'जय श्रीराम' का नारा लगाकर अपने हिन्दू होने को प्रमाणित करने का आदेश उसे दिया। उसने इनकार कर दिया। जैसा उसने बाद में बताया, कि निर्दोषों की हत्या का पाप 'राम' का नाम लेने भर से कैसे धुल सकता था? समूचे ब्रह्माण्ड में व्याप्त परिकल्पना को दिए गए नाम के रूप में राम; और हत्या की राजनीति को वैध बनाने के लिए इस्तेमाल किए जाने वाले नाम के रूप में राम—वह स्त्री इन दो रूपों में (बिना इतने सारे शब्दों का व्यवहार किए) फ़र्क कर रही थी। यही वह फ़र्क है, जिसे मिटा डालने के लिए हिन्दू साम्प्रदायिकता कटिबद्ध है, और जिसे दुर्भाग्य से वामपंथी-उदारपंथी धर्मनिरपेक्षता किसी काम का ही नहीं समझती।

3

राम की इन दो परस्पर-विरोधी अवधारणाओं के बीच फ़र्क करने की अनिच्छा या असमर्थता ज्ञान की उस संस्कृति में बद्धमूल है, जो ठेठ उदार बुद्धिजीवी-वर्ग के दृष्टिकोणों को निर्मित करती है। यह उन्हें उनकी अपनी परम्परा और सांस्कृतिक वातावरण के प्रति अजनबी बना देती है, या ज़्यादा-से-ज़्यादा उस वातावरण में उन्हें स्नेह से भरे हुए, फिर भी दूर खड़े मेहमानों की हैसियत बख़्शती है। इस स्थिति में उदार बुद्धिजीवी-वर्ग के साथ-साथ उसके हिन्दू राष्ट्रवादी प्रतिपक्ष का भी साझा है। लोकप्रिय सांस्कृतिक अनुभव के बरअक्स दोनों एक ही ढंग पर काम करते हैं। उनके लिए यह अनुभव सिर्फ़ एक कार्यक्षेत्र है, जहाँ वे अपने वैचारिक प्रयोगों को सम्पन्न करने की कोशिश कर सकते हैं। इस तरह उदार बुद्धिजीवी विमर्श पूरी तौर से विरोधी बौद्धिक और राजनीतिक मुद्राओं से शुरुआत करने के बावजूद तथाकथित सांस्कृतिक राष्ट्रवाद के बहुत-से कार्यक्रमों के साथ प्रतिमानों और अवधारणाओं की समानता रखता चलता है।

विवेकानन्द पर अपना दावा जताने में तीस वर्षों की देर, जिसे लेकर पनिक्कर सचमुच दुखी हैं, वह केवल कुछ व्यक्तियों की भटकन या चूक नहीं है। वामपंथी-उदारपंथी विमर्श की सांस्कृतिक हालत का यह एक स्वाभाविक परिणाम है। हिन्दू राष्ट्रवादी विमर्श विवेकानन्द को राजनीतिक हिन्दुत्व के समर्थक के रूप में प्रस्तावित और प्रतिष्ठित करता है। वामपंथी-उदारपंथी विमर्श विवेकानन्द को पुनरुत्थानवादी और पुराणपंथी मानकर ठीक इसीलिए खारिज़ करता है कि वह इस प्रस्ताव से सहमत होता है। इस सहमति के मूल में वह पद्धति है, जिससे धार्मिक और सांस्कृतिक विमर्शों का मूल्यांकन किया जाता है। असहमतियाँ परस्पर विरोधी राजनीतिक मुद्राओं से उपजती हैं, लेकिन वास्तव में वे संस्कृति के विमर्श को विकसित करने में एक-दूसरे को प्रेरित करती हैं। हिन्दू साम्प्रदायिक विमर्श

और ब्राह्मणवादी सामाजिक व्यवस्था की सांस्कृतिक रणनीतियाँ ब्राह्मणवादी सामाजिक व्यवस्था के उग्र रक्षक के रूप में राम को निर्मित करती हैं, उदारपंथी धर्मनिरपेक्ष विमर्श राम पर एक उग्र आक्रमण के साथ शुरुआत करता है, क्योंकि वह इस निर्मिति से सहमत होता है। हिन्दू राष्ट्रवाद का राजनीतिक रूप से विरोध करते हुए भी वामपंथी-उदारपंथी विमर्श संस्कृति और संकेतन-प्रणाली के बारे में उसी के दावों को वैध ठहराता है। अलौकिक होते हुए भी कारुणिक ढंग से मानवीय राम के रूप की समृद्धि और जटिलता की उपेक्षा करते हुए हिन्दू राष्ट्रवाद राम को समय के प्रवाह में जम गई मूर्ति में रूपान्तरित कर देने का प्रस्ताव करता है। इस पद्धति को खुशी से मंजूर करते हुए वामपंथी-उदारपंथी विमर्श राम की ऐतिहासिकता पर गंभीर बहस में दाख़िल होता है। सिर्फ एक राम-कथा को वास्तविक या प्रामाणिक मानने के हिन्दू राष्ट्रवाद के दुराग्रह के विरुद्ध राम की विविधता को रेखांकित करने की कोशिशें हुई हैं। लेकिन ये कोशिशें भी एक ऐतिहासिक आख्यान को लोक-प्रचलित कथाओं और अवधारणाओं की बहुलता के बरअक्स रखने तक सीमित हैं। दीर्घकालीन सांस्कृतिक और तत्कालीन राजनीतिक हस्तक्षेप, दोनों के लिए महत्त्वपूर्ण यह कठिन सवाल फिर भी रह जाता है कि–क्या इन आख्यानों के बाहर भी कोई राम है ?

कानपुर की उस निरक्षर स्त्री ने इस सवाल का जवाब दिया था। यही काम 'साम्प्रदायिकता-विरोधी आंदोलन' के नारे ने भी किया। अपने कार्यक्रम के प्रति इस नारे के अत्यन्त नुकसानदेह प्रभाव को महसूस करते हुए हिन्दू साम्प्रदायिकतावादियों ने इसका उग्र प्रत्याख्यान किया। नारे में मौलिक कुछ भी नहीं था। ऐन इसी वज़ह से तो हिन्दू राष्ट्रवादी तिलमिला उठे थे। इस नारे ने सिर्फ़ इतना किया कि उन 'राम' के साथ जनता के तादात्म्य की मौजूद स्मृतियों और अनुभवों को रेखांकित कर डाला, जो किन्हीं दिए गए आख्यानों की ज़बरदस्ती के बाहर एक स्पंदित रूपक की तरह विद्यमान हैं। और यह रेखांकन अभूतपूर्व नहीं था। गाँधी के राम ऐसे ही राम थे, जो आख्यानों में मौजूद थे और उनके बाहर भी थे, इतिहास में थे और उसके परे भी थे।

सच यह है कि आधुनिकता से बहुत पहले 'राम' को लेकर यातनादायी संघर्ष हुए हैं, जिनकी छाया आजकल के विवादों पर पड़ रही है। ऐसे संघर्ष की पहली प्रमुख अभिव्यक्ति 'रामचरितमानस' है। एक ज़बरदस्त विचारधारात्मक रचना होने के साथ-साथ 'रामचरितमानस' उच्चतम स्तर की कविता भी है। तुलसीदास इसलिए प्रभावशाली हैं कि वे प्रतिभाहीन, कोरे प्रचारक नहीं थे; उनकी सृजनात्मकता और उनके व्यक्तित्व में एक करुण मानवीय आयाम है। उन्हें ब्राह्मणवादी सामाजिक-व्यवस्था के प्रखर प्रवक्ता के रूप में तो जाना जाता है, लेकिन यह कभी-कभार ही याद किया जाता है कि अपने बाद के दिनों में उन्हें उसी सामाजिक

व्यवस्था के अन्याय बर्दाश्त करने पड़े थे, जिसकी वकालत अपनी कविता में उन्होंने की थी। उनका दुःख उनकी 'कवितावली' में विचलित कर देने वाली अभिव्यक्ति पाता है। लेकिन 'रामचरितमानस' के तुलसीदास, 'निम्न-जन्मा' कबीर और उनके समानधर्माओं के निर्भीक विचारों के विरुद्ध सशक्त विवाद-कला से लैस हैं और अपने सांस्कृतिक अभिप्रायों में सबसे ज़्यादा स्पष्ट हैं। जिसे उम्बर्टो इको 'रचनाकार का अभिप्राय' और 'रचना का अभिप्राय'[6] कहते हैं, 'रामचरितमानस' की संरचना में ये एक-दूसरे में घुल-मिल जाते हैं। तुलसीदास असुविधाजनक सवालों और संदेहों से त्रस्त हैं, जिनके जवाब उनकी रचना देती है।

जिस संशयग्रस्त माहौल ने तुलसीदास को परेशान कर दिया था, वह ब्राह्मणवादी सामाजिक व्यवस्था के केन्द्रीय संकट से उत्पन्न हुआ था। तुलसीदास के पहले से चली आ रही निर्गुण भक्ति ने अत्यन्त कठोर व्यंग्यात्मकता और निर्भीक तर्कों के सहारे ब्राह्मणवादी सामाजिक-व्यवस्था के प्रतिमानों की पड़ताल की। तुलसीदास का काव्यगत सरोकार इस जाँच-पड़ताल और इससे ब्राह्मणवादी सामाजिक व्यवस्था को पहुँची क्षति का प्रतिरोध करना था। इस सांस्कृतिक संवाद का सबसे दिलचस्प विवरण यह तथ्य है कि ब्राह्मणवाद-विरोधी संदेहों और सवालों के प्रवक्ता स्वयं राम थे—वे राम, जिन्हें कबीर और नानक सरीखे भक्त कवियों ने किसी खास आख्यान से जोड़े जाने से इनकार किया था। कबीर इसे बहुत स्पष्ट कर देते हैं कि उनके राम सभी आख्यानों के परे हैं और सभी कथाओं के बाहर हैं—"ना दशरथ घरि औतरि आवा। ना लंका का राव सतावा।।" यह सीधा-साधा, लेकिन गंभीर कथन कबीर के राम को विभिन्न कथाओं और प्रतिद्वन्द्वी आख्यानों की न्यूनतम सहमति तक के परे ले जाता है। 'आख्यानों के बाहर के ये राम' कानपुर की उस स्त्री और ग़ैर-हिन्दुओं समेत उसके लाखों हमवतनों की चेतना में आख्यानों के राम के साथ-साथ ही मौजूद थे। बोल-चाल की हिन्दी में और साहित्यिक हिन्दी में 'राम-कहानी' शब्द का अभिप्राय 'राम की कहानी' नहीं होता, बल्कि 'एक व्यक्ति की अपनी कहानी' होता है, और यह केवल हिन्दुओं द्वारा प्रयोग किया जाने वाला शब्द नहीं है।[7]

'रामचरितमानस' एक विशेष आख्यान के राम के भीतर 'आख्यानों के बाहर के राम' को भी खींच लेने की सजग कोशिश है। दरअसल यह उन लोगों से राम को छीन लेने की कोशिश है, जिन्होंने ब्राह्मणवादी सामाजिक व्यवस्था के सांस्कृतिक आधिपत्य और शक्तिशाली ढाँचे को चुनौती देने की हिम्मत की थी। तुलसीदास के यहाँ पार्वती 'दूसरे' राम की धारणा की वैधता के बारे में भगवान शंकर से प्रश्न करती हैं, जिसके जवाब में वे ऐसे किसी राम के भक्तों के विरुद्ध कठोरतम शब्दों का प्रयोग करते हैं :

"कहहिं-सुनहिं अस अधम नर, ग्रसे जे मोह पिसाच।
पाखंडी हरिपद-बिमुख, जानहिं झूठ न साँच।। 114।।

अग्य अकोविद अंध अभागी। काई विषय मुकुर-मन लागी।।
लंपट कपटी कुटिल बिसेखी। सपनेहुँ संत-सभा नहिं देखी।।
कहहिं ते वेद-असम्मत बानी। जिन्ह के सूझे लाभ नहिं हानी।।
मुकुर मलिन अरु नयन बिहीना। रामरूप देखहिं किमि दीना।।
जिन्हके अगुन न सगुन विवेका। जल्पहिं कल्पित वचन अनेका।।
हरि मायाबस जगत भ्रमाहीं। तिन्हहिं कहत कछु अघटित नाहीं।।
बातुल भूत-बिबस मतवारे। ते नहिं बोलहिं बचन बिचारे।।
जिन्ह कृत महामोह-मद पाना। तिन्ह कर कहा करिअ नहिं काना।।"[8]

'आख्यानों के बाहर के राम' को खारिज़ करने का और ख़ास तौर से उनसे शक्ति अर्जित कर रहे लोगों के तिरस्कार का यह अभिप्राय 'रामचरितमानस' की समूची बनावट में रचा-बसा है।

लेकिन तुलसीदास 'आख्यानों के बाहर के राम' को पूरी तौर से खारिज़ नहीं करते। वे केवल इस प्रतिद्वन्द्वी राम को ब्राह्मणवादी सामाजिक व्यवस्था की आधिपत्यवादी संस्कृति में शामिल कर लेने की कोशिश करते हैं, यह रुख़ अख़्तियार करते हुए कि "अगुनहिं सगुनहिं नहिं कछु भेदा।" हालाँकि घुमा-फिराकर वे कबीर-सरीखे विरोधी दृष्टिकोणों वाले लोगों को अपमानित करने से नहीं हिचकते; उनका इरादा राम की तमाम निर्मितियों को रद्द कर देने का नहीं है, बल्कि उनकी बहसधर्मी ऊर्जा को नष्ट कर देने, उन्हें निस्तेज कर देने का है। विडंबना यह है कि वाद-विवाद करने, मगर फिर अपने साथ मिला लेने वाला यह ढंग भक्ति-संवदेना की प्रकृति और प्रतिमानों द्वारा अनुकूलित था। और इस संवेदना की प्रकृति में अपने सारे उग्र विरोध के बावजूद तुलसी कबीर के साथ साझा रखते थे।

इस संवदेना की प्रकृति पर आगे चलकर चर्चा होगी, यहाँ सिर्फ़ इतना कि इन्हीं साझा प्रतिमानों की बदौलत तुलसी के बाद होने वाले विमर्श में राम ने अर्थों की अभूतपूर्व संश्लिष्टता और समृद्धि अर्जित की। अपने राम में 'आख्यानों के बाहर के राम' को शामिल करके तुलसीदास ने एक कथा के नायक या धार्मिक श्रद्धा के एक आलम्बन को एक गंभीर, करुण छवि में रूपांतरित कर दिया, जो अलौकिक होने के बावजूद रावण द्वारा अपनी पत्नी का अपहरण किए जाने पर भयभीत महसूस करने की हद तक मानवीय है–"घन घमंड गरजत नभ घोरा। प्रियाहीन डरपत मन मोरा।।" आचार्य हज़ारी प्रसाद द्विवेदी ने बिल्कुल ठीक कहा है कि "तुलसीदास जी के राम हमारे मन के विविध अभावों की पूर्ति करते हैं।"[9] द्विवेदीजी तुलसी के राम को परिभाषित करने के लिए 'विभाव-पुरुष' शब्द का

प्रयोग करते हैं, जिसका आशय यह है कि तुलसी के बाद के विमर्श में राम एक सांस्कृतिक संदर्भ-बिन्दु में विकसित होते रहे हैं, जो विश्वासों और भाव-दशाओं की विविधता को धारण करता है।

भक्ति-काव्य विमर्श के यही राम हैं, जो सामान्य जन-मानस में आज भी 'विभाव-पुरुष' और साथ ही, आख्यानों के बाहर की वास्तविकता के एक प्रतीक की तरह सक्रिय हैं। हिन्दू साम्प्रदायिकतावादी विमर्श विविध और परस्पर विरोधी भावनाओं के इस वाहक का सजग आह्वान करता है, लेकिन उसे आधिपत्यवादी राजनीति के एक प्रतीक में बदल देने की दृष्टि से। इस प्रकार यह राम को एक विशेष आख्यान तक सीमित कर देने की कोशिश करता है, और बौद्ध तथा जैन-परंपराओं में मिलने वाले आख्यानों को एकदम मिटा डालने का इच्छुक है। यह राम को एक झण्डे या एक राष्ट्रीय प्रतीक की तरह 'निर्मित होते हुए हिन्दू राष्ट्र' ('हिन्दू नेशन-इन-द-मेकिंग') के राजनीतिक प्रतीक में रूपान्तरित कर देना चाहता है। यही कारण है कि 'राष्ट्रीय स्वयंसेवक संघ' के प्रचारकों ने 'साम्प्रदायिकता-विरोधी आंदोलन' का नारा गढ़ने वाले को इस्लाम के प्रतीकों के बारे में भी ऐसे नारे गढ़ने की चुनौती दी थी।[10] उनका आशय स्पष्ट था। 'राम' उनके लिए हिन्दू राष्ट्र के राजनीतिक प्रतीक हैं, ठीक इसी तरह वे इस्लामी धार्मिक प्रतीकों को भी सिर्फ राजनीतिक प्रतीकों के रूप में देखना चाहते हैं।

कैसी विडम्बना है कि इसी पद्धति की कुछ पूर्वमान्यताओं का सहारा लेकर वामपंथी-उदारपंथी विमर्श राम के विमर्श को इस तरह विकसित करने की गलती का शिकार होता है, जैसे कि राम वास्तव में एक विशेष प्रकार के ही बोध तक सीमित प्रतीक हों। ऐसा करके यह न केवल साम्प्रदायिक कार्यक्रम की सफलता में, बल्कि संश्लिष्ट अर्थ-समूहों को एक सपाट समझ में बदल देने के ख़तरनाक खेल में भी योगदान करता है। इस तरह का विमर्श एक खास पहलू तक अपने को सीमित कर लेता है और एक संश्लिष्ट बोध पर अपनी सपाट बुद्धिहीनता को आरोपित करने की चेष्टा करता है। उदाहरण के लिए, यह तर्क दिया गया है कि पारम्परिक हिन्दू धार्मिकता के राम कोमल हैं, लगभग स्त्रैण हैं, जबकि इसके विपरीत हिन्दू राष्ट्रवादी विमर्श के राम योद्धा-सरीखे हैं। असलियत यह है कि लोक-धारणा के 'विभाव-पुरुष' राम कुसुमादपि कोमल, वज्रादपि कठोर हैं। राम-कथा के विभिन्न रूपों के अखण्ड पाठों तथा 'राम-लीला' के राम हमेशा इसी तरह प्रस्तुत होते हैं। किसी साधारण हिन्दू से यह कहकर कि उसके राम सिर्फ कोमल हैं, आप स्वयं को हास्यास्पद ही बनाते हैं।

संश्लिष्टता को इकहरा और सपाट बना देने की इस साझा पद्धति के सवाल को छोड़ भी दिया जाये, तो विविधता के वाहक 'विभाव-पुरुष' राम से विभिन्न तरीकों से जुड़ने के सामान्य लोगों के बहुत सारे उदाहरण हैं। ऐसा नहीं है कि

लोक-संवेदना ने सीता, शम्बूक और राम की आपस में गुँथी हुई 'ट्रेजेडी' पर ध्यान नहीं दिया है। राम ने सीता को एक झूठे तथा निराधार लोकापवाद के कारण वनवास दिया, और शम्बूक का वध किया, क्योंकि उसने तपस्या करने का साहस किया था, जो एक निम्न-जाति शूद्र होने के नाते उसके लिए वर्जित थी। लेकिन इस कहानी में राम–आदर्श आधुनिक शासक या समकालीन हिन्दी सिनेमा के खलनायक नहीं हैं, बल्कि वे स्वयं ब्राह्मणवादी समाजिक व्यवस्था की पवित्रता की आचार-संहिता अथवा 'मर्यादा' के प्रतिमानों के ट्रैजिक शिकार हैं। ब्राह्मणवादी व्यवस्था के लिए, जिसकी वे रक्षा करते हैं, अपनी पत्नी और घनिष्टतम मित्र सीता को गँवाकर अंततः वे एक 'पराभूत नायक' ('ट्रैज़िक हीरो') हैं। राम की तमाम लोकप्रिय समीक्षाएँ मौजूद हैं–अवध और मिथिला के क्षेत्रों के लोक-गीत राम द्वारा सीता को दिए गये वनवास के प्रसंगों से सम्पन्न हैं। इस तरह के एक अवधी लोक-गीत में सीता राम को इन शब्दों में याद करती हैं–"गुरु जी राम निरमोहिया के मुँहवा जियत नाहीं देखबि हो।"[11] एक दूसरे लोक-गीत में जब धरती माता अपनी अभागी बेटी सीता को धारण करने के लिए फट जाती हैं, राम उन्हें वापस थाम लेने के लिए दौड़ते हैं। लेकिन सीता की देह तक वितृष्णा के कारण उनकी उपस्थिति को सहन नहीं कर पाती और उनके कोमल केश राम के हाथ का स्पर्श पाते ही तलवार-सरीखी तीखी घास में बदल जाते हैं–"फटी हैं धरती, समाए लगी सीता, लपकि धरे राम केस। आस सतवन्ती से रानी सीतल देइ, कुस की सन्थरिया होइ जायँ।"[12] सीता की अपनी जन्म-भूमि मिथिला के एक लोक-गीत में सीता को वनवास दिया जा रहा है, जबकि विश्वास यह दिलाया गया है कि वे अपने कृपालु पति द्वारा दोहद पूरा करने के लिए भेजी जा रही हैं। और जब लक्ष्मण सीता को उनकी नियति बताने के हृदय-विदारक कर्तव्य को निबाहते हैं और उन्हें वन में असहाय छोड़कर चल देते हैं, तब पूरा गर्भ लिए सीता अपने निरपराधता पर टूटकर रो पड़ती हैं।

लेकिन अगर जनता इस सबके बावजूद राम को पूजती है, तो उसकी संलग्नता स्वभावतः उतनी से कहीं अधिक गहरी है, जितनी तक 'संस्कृति के मेहमानों' की खोज पहुँच पाती है। लोकप्रिय कल्पना में राम के प्रतीक की ताकत को समझने के कुछ स्वागत-योग्य प्रयत्न इधर हुए हैं। 'खाकी शॉर्ट्स, सैफ्रन फ़्लैग्स' शीर्षक महत्त्वपूर्ण पुस्तिका के लेखक-गण राम को आँसुओं में नहायी हुई एक छवि के रूप में देखते हैं, और इस सही निष्कर्ष तक पहुँचते हैं, कि "साधारण पुरुष और स्त्रियाँ दूसरे मिथक-नायकों की अपेक्षा उनके साथ अपने को ज़्यादा अभिन्न महसूस कर सकते हैं।"[13] इस अभिन्नता को समझने के लिए लोकप्रिय दृष्टिकोणों और विश्वासों की संहति ('मैट्रिक्स') में भक्ति-संवेदना ने जो योगदान किया है, उसे

ध्यान में रखना आवश्यक है।

4

प्रमुख समकालीन व्याख्याओं में (वे हिन्दू सांस्कृतिकता की हों, या हिन्दू राष्ट्रवादिता की, वामपंथी-उदारपंथी चरित्र की हों, या इतिहासकारों के 'सब-आल्टर्न स्कूल' तक की हों) भक्ति को गुप्त-साम्राज्य और उसके पहले के दिनों से चले आ रहे एक रेखीय 'निरन्तर समग्र' के रूप में समझा जाता है। इन व्याख्याओं के अनुसार मध्यकालीन भक्ति-काव्य की संवेदना वैदिक या शास्त्रसम्मत धार्मिकता का एक भावसंवलित पुनर्कथन-भर है। नतीजे के तौर पर–

"भक्ति की विविध प्रवृत्तियों को समेट लिया जाता है··· उस हिन्दू आध्यात्मिकता के बहुत सारे क्षणों के रूप में, जो एक उच्च परंपरा और एक निम्न परंपरा में, दार्शनिक (या वैदान्तिक) और कथात्मक (या पौराणिक वंशावलियों की) और लोकप्रिय गीतात्मकता (या भक्ति) में बँटी होने के बावजूद कुल मिलाकर अनिवार्यतः एक ही है।"[14]

इस तरह सगुण भक्ति को विशुद्ध भारतीय परंपरा का वैध विस्तार माना जाता है और निर्गुण भक्ति को 'पराये' मुसलमान के अशुभ प्रभावों के अंतर्गत हुआ भटकाव। जितना इस सह-संबंध से ज़ाहिर होता है, भक्ति-काव्य अपनी संपूर्ण विविधता में उससे कहीं बड़े सांस्कृतिक और काव्यात्मक संदर्भ से पोषित है और वास्तव में शास्त्रसम्मत धार्मिकता के साथ इसका अत्यंत असहज संबंध है। एक-दूसरे से होड़ लेते हुए अपने सांस्कृतिक कार्यक्रमों और अपने अलग-अलग, यहाँ तक कि परस्पर-विरोधी पाठक-समुदायों के बावजूद कबीर और तुलसी इस असहजता के साझीदार हैं। इस प्रकार भक्ति-काव्य की अवधारणा अनसुलझे विवादों की एक रंगभूमि दिखलाती है–एक संवेदना, जो पूर्ण रूप से विकसित विश्व-दृष्टि बनने के लिए लगातार संघर्ष कर रही है। लेकिन आधुनिक विश्लेषणात्मक विमर्श में इसे एक तैयार उत्पाद का कमतर दर्ज़ा दे दिया गया है, जिसने इन संघर्षों को प्रभु-वर्गों और उनकी आधिपत्यवादी संस्कृतियों के समर्थन में पहले से ही सुलझा रखा है।[15]

ऐसी स्थिति में यह आश्चर्यजनक नहीं कि भक्ति को 'विनय की अनुपम विचारधारा'[16] के रूप में समझा जाए, या 'भारतीय धर्म में रुग्ण आत्म-तिरस्कार की प्रवृत्ति'[17] के लिए उसे ज़िम्मेदार ठहराया जाए। इसी तरह वामपंथी इतिहासकार इरफान हबीब ने यह तर्क दिया है कि कबीर ने ईश्वर की "उस न्यायाधीश के रूप में कल्पना की है, जो ग़ैर-सूफी इस्लाम में शायद सबसे केन्द्रीय तत्त्व है", और आगे चलकर वे यह विस्मयकारी वक्तव्य देते हैं कि, "कबीर की कविताओं

में ईश्वर तथा मनुष्य के संबंध की आधारशिला के रूप में प्रेम पर बहुत कम जोर दिया गया है।"[18] यहाँ कबीर में न्यायप्रिय या प्रेमपूर्ण ईश्वर की केन्द्रीयता पर विस्तृत बहस में जाने का अवकाश नहीं है। लेकिन जैसा कि कवि को सराहने-चाहने वाले सामान्य लोग जानते हैं, कबीर की कविता की संवेदनात्मक अंतर्धारा ही शुद्ध और सीधे-सादे प्रेम की है–"पंजरि प्रेम प्रकासिया, अंतरि भया उजास। मुख कस्तूरी महमही, बानी फूटी बास।।" भक्ति-काल की संवेदना को ठीक-ठीक पकड़ पाने में ऐसी आलोचनात्मक असफलताओं का वामपंथी-उदारपंथी समझ की इसी अपर्याप्तता से घनिष्ठ संबंध है कि भक्ति पहले से ही सुलझा लिए गए संघर्षों का सांस्कृतिक रूप-भर है। असल में भक्ति एक ऐसी संकेतन-प्रणाली लगातार बनी हुई है, जिसमें परस्पर-विरोधी दृष्टिकोण सामान्य जन-चेतना में अपनी-अपनी वैधता को सिद्ध करने की कोशिश कर रहे हैं। इससे भी ज़्यादा महत्त्वपूर्ण बात यह है कि भक्ति-संवेदना में धार्मिक ओर साहित्यिक रचना के बीच भेद लगभग नहीं होता है। 'रामचरितमानस', 'ज्ञानेश्वरी' ओर 'गीत-गोविन्द' जैसी रचनाएँ जिनके लिए रची गई थीं, उनके लिए सिर्फ साहित्यिक रचनाएँ नहीं हैं। दूसरी ओर राम-कथा के अधिकांश धर्म-निरपेक्ष विश्लेषण 'धार्मिक' और 'साहित्यिक' को पूरी तरह से अलग-अलग चीजें मानकर चलते हैं।[19]

आचार्य हज़ारी प्रसाद द्विवेदी का वाक्यांश, "नाम रूप से बढ़कर है", भक्ति-काव्य की अवधारणा की अनिवार्य विशेषताओं में से एक का सार प्रस्तुत करता है। दूसरे धर्मों के अनुयायियों से भिन्न, हिंदू अब भी जब एक दूसरे का अभिवादन करते हैं, तो अपने इष्ट देवी-देवताओं का नाम लेते हैं ('राम-राम', 'जय श्री राम', 'जय शंकर', 'जय श्री कृष्ण' और 'राधे-राधे' भी) इसका मूल तर्क सीधा-सा है। ईश्वर के रूप को आप अपने विचार में नहीं बाँध सकते और फिर उसके रूपों की संख्या भी अनंत है। लेकिन नाम सारे रूपों के सार-तत्त्व को व्यक्त करता है। इसलिए जिस क्षण आप भगवान् का कोई नाम लेते हैं, आप उसके साथ एक भावात्मक रिश्ते में दाख़िल होते हैं। इसीलिए नाम रूप से बढ़कर है। नाम और रूप के इस रिश्ते का हिंदू राष्ट्रवाद अपने स्वभाव के अनुकूल दुष्ट प्रयोग करता है। वह नाम के प्रति लोगों के लगाव और नाम ही के ज़रिए भगवान् से अपने संबंध को प्रकट करने के रिवाज़ का प्रयोग समूचे समाज पर एक तानाशाही मिजाज़ आरोपित करने के लिए करता है। धार्मिक-सांस्कृतिक रीति-रिवाजों के प्रति हिन्दू राष्ट्रवाद का रवैया मूलतः वही है, जो लोकतांत्रिक संस्थाओं के प्रति है। धर्म और लोकतंत्र, दोनों ही का उपयोग हिन्दू या किसी भी प्रकार की साम्प्रदायिकता कुल मिलाकर इसी इरादे से करती है कि धर्म और लोकतंत्र, दोनों का सत्यानाश किया जा सके।

5

प्रारंभिक हिंदू राष्ट्रवादियों में से एक लाला लालचंद ने सन् 1908 में लिखा था कि–

"ज़रूरी है अपने समुदाय के स्वामित्व वाली सभी चीज़ों को प्यार करना। इस चीज़ के रूप में धर्म हो सकता है, देश का कोई भूभाग हो सकता है, या सभ्यता का एक दौर हो सकता है। ये सब आंतरिक भावनाओं के केवल बाहरी वस्त्र हैं। यही आग है, जिसे मैं फिर प्रज्वलित करना चाहता हूँ।"[20]

लालचंद के लिए यह आग थी, महज़ 'भौगोलिक देशभक्ति' के विरुद्ध 'साम्प्रदायिक देश-भक्ति' की भावना। लालचंद उतने परिष्कृत नहीं थे, जितने कि हिंदू राष्ट्रवाद के परवर्ती विचारक, जिन्होंने 'साम्प्रदायिक' की जगह एक ज़्यादा व्यापक और सम्मान्य विशेषण 'सांस्कृतिक' का प्रयोग किया। लेकिन जो निरंतरता है, वह स्पष्ट है। धर्म समुदाय को परिभाषित नहीं करता, बल्कि 'समुदाय' का धर्म पर स्वामित्व है। 'समुदाय' राजनीतिक है और धर्म उसकी राजनीति के जड़ प्रतीकों में से एक है–देश-भक्ति के राजनीतिक विचार से जो आन्तरिक भावनाएँ निर्मित होती है उन 'आन्तरिक भावनाओं के केवल बाहरी वस्त्रों में से एक।' हिन्दू साम्प्रदायिकता या तथाकथित 'सांस्कृतिक राष्ट्रवाद' के परवर्ती आचरण की खास अंतःप्रेरणा धार्मिक क्षेत्र में पारंपरिक हिंदू धर्म और राजनीतिक क्षेत्र में 'भारतीय प्रचार' (लालचंद के शब्द) से लड़ने की रही है। 'हिंदू धर्म' और 'भारतीय राष्ट्र'–दोनों ही 'हिंदुत्व' या 'हिंदूडम' के ख़िलाफ पड़ते हैं।

सावरकर ने उपनिवेश-विरोधी राष्ट्रीय आंदोलन के नेताओं को 'छद्म राष्ट्रवादी' बताया, क्योंकि उनके विमर्श में राष्ट्रवाद हिंदू राष्ट्र की सांस्कृतिक और जातिगत शुद्धता के विचार पर आधारित था, जहाँ 'हिंदू' 'आस्तिकों के एक समुदाय' का नहीं, बल्कि एक प्रजातीय समूह का वाचक था। 'इज़्म' प्रत्यय अन्ततः विचारों के एक समुच्चय के साथ सैद्धांतिक रूप से स्वैच्छिक संलग्नता की एक अवस्था को सूचित करता है, जबकि 'त्व' प्रत्यय ऐसी किसी स्वैच्छिकता को स्पष्टतः असंभव बना देता है। इसी के चलते सावरकर लिखते हैं, कि "भाषिक प्रयोग हमारे रास्ते में बाधक न होते तो हिन्दूनेस (हिन्दूपन) एक बेहतर शब्द रहा होता।"

हिन्दू 'धर्म' में आस्था रखने वाले के रूप में कोई अपने को पहचाने–सावरकर के हिन्दुत्व के अनुसार यह उसके लिए पर्याप्त नहीं है। उसको इस विचार का भी समर्थन करना चाहिए कि धार्मिक विश्वास एक राजनीतिक समुदाय से जुड़े होने की आंतरिक भावना के केवल बाहरी वस्त्र हैं। व्यवहार में उसको हिंदू धार्मिकता के स्वयं-नियुक्त राजनीतिक व्याख्याताओं के सांस्कृतिक आधिपत्य के प्रति समर्पित होना चाहिए, या फिर अपमान अथवा मृत्यु-दण्ड तक भुगतना चाहिए–यही वह नियति थी, जो 'सीधे सादे धार्मिक हिंदू' महात्मा गाँधी के साथ घटित हुई। 'राष्ट्रीय

स्वयंसेवक संघ' अपने आपको एक 'सांस्कृतिक संगठन' कहने में एकदम सही है, क्योंकि वह अपने को केवल राजनीतिक से भिन्न एक सांस्कृतिक कार्यक्रम का श्रेय देता है। इस शब्दावली में 'राजनीतिक' केवल संसदीय और ग़ैर-संसदीय राजनीति के रोज़मर्रा के ब्योरे को सूचित करता है, और 'सांस्कृतिक' राजनीतिक विकल्पों के प्रयोग के लिए एक नियंत्रित अवकाश को निर्मित करने के व्यापक कार्यक्रम को सूचित करता है।[21]

राष्ट्रीय स्वयंसेवक संघ के विमर्श में संस्कृति सामूहिक अनुभवों, रचनात्मक हस्तक्षेपों और शक्ति-संघर्षों से ऊर्जा ग्रहण करने वाली स्पंदनशील वास्तविकता नहीं है, बल्कि संघर्ष और दमन को छिपा लेने वाली ऐसी व्यवस्था है, जो नफ़रत और विध्वंस के शब्द-जाल को फैलाते हुए अपना काम करती है। हिन्दू 'सांस्कृतिक राष्ट्रवाद' वास्तव में नाज़ी नस्लवाद से होड़ करने की बेशर्म कोशिश है। गोलवलकर ने यहूदियों के साथ हिटलर के सलूक और उसके 'जातीय अभिमान' के लिए उसकी सराहना की थी; और भारत में अल्पसंख्यकों के साथ उसी तरह के सलूक की वकालत की थी। यह सन् 1938 में था।[22] हालाँकि उनके बाद के लेखक में ऐसे जोशीलेपन की जगह एक तार्किक चालाकी ने ले ली, लेकिन तर्क का बलाघात और उसका ढाँचा वही रहा। उनकी 'बंच ऑफ थॉट्स' (1966) राष्ट्रीय स्वयंसेवक संघ की गीता मानी जाती है। इस किताब में गोलवलकर उपनिवेश-विरोधी राष्ट्रवाद को प्रतिक्रियावादी बताते हैं–

"राष्ट्र की हमारी अवधारणा का आधार निर्मित करने वाले क्षेत्रीय राष्ट्रवाद और सामूहिक संकट के सिद्धांतों ने हमारे वास्तविक हिंदू राष्ट्रत्व की प्रेरक और सकारात्मक अन्तर्वस्तु से हमें वंचित कर दिया था और 'स्वतंत्रता-आंदोलनों' में से कइयों को दरअसल ब्रिटिश-विरोधी आंदोलन बना दिया था। अंग्रेज़ी-राज के विरोध को ही देश-भक्ति और राष्ट्रवाद के बराबर माना जाता था। इस प्रतिक्रियावादी दृष्टि से स्वाधीनता-संघर्ष के समूचे दौर, उसके नेताओं और सामान्य जनता पर घातक असर पड़े थे।"[23]

इस सांस्कृतिक राष्ट्रवाद की रचना-सामग्री मृत्यु और विनाश के महिमामण्डन से भरी पड़ी है। बृहत्तर सांस्कृतिक कार्यक्रम एक श्रेष्ठ ढंग से कार्यान्वित किया जाना है, राष्ट्रीय स्वयंसेवक संघ के सहारे खास तौर से, क्योंकि वह गैर-राजनीतिक है, इसलिए राजनीतिक रूप से अनुत्तरदायी संगठन है। वह बिना खुद चुनाव लड़े अपने राजनीतिक मोर्चे भाजपा को नियंत्रित करता है, और परिवर्तनशील नामावलियों के अंतर्गत काम करने वाले तथा आपस में अच्छी तरह से जुड़े हुए संगठनों के एक समूह के जरिए संस्कृति के अपने मत को प्रचारित करता है–यह भ्राँति पैदा करते हुए कि उसकी विचारधारा 'हिंदूपन' की स्वतःस्फूर्त अभिव्यक्ति है।

अपने इन ख़तरनाक इरादों को छिपाने के लिए ही साम्प्रदायिकता सांस्कृतिक

प्रतीकों का दुष्ट प्रयोग करती है। यह एक दोहरी चाल चलती है–जो धार्मिक है, उसका राजनीतिक महत्त्व है, और दूसरी तरफ़ जो राजनीतिक है, वह धार्मिक पवित्रता से अनुप्राणित है। इसके अलावा यह धार्मिक रीति-रिवाजों की प्रकृति के लचीलेपन का इस्तेमाल करती है, कभी तो धर्म के नैतिक आयाम का उल्लेख करते हुए, जिससे कि नैतिकता का एक-मात्र रक्षक होने का अपना दावा प्रदर्शित किया जा सके; और कभी धर्म को केवल एक जाति-सूचक संज्ञा मानते हुए, जिसके आधार पर यह प्रजातीय तौर से परिभाषित राष्ट्र का अनन्य समर्थक होने का दावा करती है। उपयुक्त ऐतिहासिक बिन्दु पर धार्मिक रीति-रिवाज़ राजनीतिक प्रतीकों में तब्दील हो जाते हैं–वे चाहे कोई पूजा-पद्धति हों, चाहे पवित्र मूर्ति या पवित्र ग्रंथ। ऐसे रूपान्तरण के बाद धर्म की विवेकहीनता और मध्यकालीन प्रतीकवाद की निस्सारता पर चोट करना निरर्थक हो उठता है। ऐसे संदर्भ में धार्मिक प्रतीक और मिथकीय रूप उन नामों में रूपान्तरित हो जाते हैं, जिनका सत्ता के लिए संघर्षरत लोग आह्वान करते हैं, और जटिल राजनीतिक स्थितियों पर उनको आरोपित करते हैं।

पहले ही बताए जा चुके कारणों से 'राम' नाम इन नामों में सबसे शक्तिशाली और सबसे ज़्यादा प्रतिस्पर्द्धा का केन्द्र सिद्ध हुआ है। इसलिए शक्ति-संघर्षों की वास्तविकता और उनकी प्रतीकात्मकता की ओर से आँखें मूँद लेना ख़तरनाक होगा।

संदर्भ

1. आचार्य हजारीप्रसाद द्विवेदी द्वारा उल्लिखित भक्ति-संवेदना का एक अनिवार्य सिद्धांत–'हजारीप्रसाद ग्रंथावली', (नयी दिल्ली : राजकमलन प्रकाशन, 1981), 5 : 427.
2. देखिए : हरिकिशनसिंह सुरजीत का लेख ('सहमत के विरुद्ध इन साम्प्रदायिक प्रचारों का मुँहतोड़ जवाब दें !')–'पीपल्स डेमोक्रेसी', नयी दिल्ली, 5 सितम्बर, 1993, पृ.–1-2)।
3. के. एन. पनिक्कर, 'कल्चर एण्ड कम्युनलिज़्म', 'सोशल साइंटिस्ट', नयी दिल्ली, 21 : 3-4 (1993), 27.
4. उदाहरण के लिए देखिए, नीलाद्रि भट्टाचार्य, 'मिथ, हिस्ट्री एण्ड द पॉलिटिक्स ऑफ राम जन्म भूमि', 'एनाटॉमी ऑफ ए कन्फ्रंटेशन' में, संपादक-सर्वपल्ली गोपाल (नयी दिल्ली : वाइकिंग, 1991). 122-40.
5. महात्मा गाँधी के हिंदू राष्ट्रवादी हत्यारे नाथूराम गोडसे द्वारा दिए गये वक्तव्य का मूल तर्क यही था। उसने हिंदूडम के विचार में अपना विश्वास भी व्यक्त किया था, और गाँधी जी की 'सीधी-सादी, विवेकहीन तथा अन्धविश्वासों-भरी' धार्मिकता के प्रति अपनी

नफ़रत भी। यह वक्तव्य अब प्रकाशित रूप में उपलब्ध है। देखिए, 'मे इट प्लीज़ योर ऑनर', (दिल्ली : सूर्य प्रकाशन, 1987)

6. उम्बर्तो इको, 'इण्टरप्रेटेशन एण्ड ओवरइण्टरप्रेटेशन' (कैम्ब्रिज : कैम्ब्रिज यूनिवर्सिटी प्रेस, 1992), 25.

7. नज़ीर बनारसी द्वारा अपने कविता-संग्रह में दी गई आत्म-कथात्मक टिप्पणी, 'राष्ट्र की अमानत राष्ट्र के हवाले', जिसका शीर्षक है, 'अपनी राम-कहानी, अपनी जुबानी', बाबू जगमोहन दास शाह चैरिटेबॅल ट्रस्ट द्वारा प्रकाशित, बनारस, 1992.

8. 'रामचरितमानस' के 'बाल-काण्ड' के दोहा क्रमांक–114 का कड़वक, गीता प्रेस, गोरखपुर, 1975, पृ. - 65.

9. आचार्य हज़ारीप्रसाद द्विवेदी, 'ग्रंथावली', 4 : 523-527.

10. देखिए, शैलेश मटियानी का लेख, 'साम्प्रदायिकता-विरोध की साम्प्रदायिकता', 'पांचजन्य', विशेषांक, 26 जनवरी, 1992, नयी दिल्ली, पृ. -76-79.

11-12. इन गीतों को उपलब्ध कराने के लिए मैं अपने मित्रों, वागीश झा और कमलानन्द झा के प्रति आभारी हूँ।

13. तपन बसु एवं अन्य, 'खाकी शॉर्ट्स, सैफ्रन फ़्लैग्स', (नयी दिल्ली, ओरिएण्ट लाँगमैन, 1993), 82.

14. एजाज़ अहमद, 'इन थियरी', (बम्बई, ऑक्सफ़ोर्ड यूनिवर्सिटी प्रेस, 1993), 261.

15. ज्ञानेश्वरी-विषयक साहित्य अकादमी के सेमिनार में प्रस्तुत किए गये अपने लेख 'भक्ति–एन इण्टरफेस ऑफ़ पोएट्री एण्ड फ़िलॉसफ़ी' में इस विषय पर मैंने कुछ विस्तार से लिखा है। (नयी दिल्ली, अगस्त 17-18, 1990), मेरा निबंध 'काव्य और शास्त्र का मुखामुखम' भी देखिए–'समास', संपादक–अशोक वाजपेयी, राधाकृष्ण प्रकाशन, नयी दिल्ली, 1 :1 (1992), पृ. -111-120.

16. रंजीत गुहा, 'डॉमिनेंस विदाउट हिजेमोनी एण्ड इट्स हिस्टॉरिऑग्राफ़ी', 'सब-आल्टर्न स्टडीज़', संपादक–रंजीत गुहा (नयी दिल्ली, ऑक्सफ़ोर्ड यूनिवर्सिटी प्रेस, 1989), 6 : 259.

17. रिचर्ड लेनॉय, 'द स्पीकिंग ट्री' ('न्यूयॉर्क : ऑक्सफ़ोर्ड यूनिवर्सिटी प्रेस, 1974), 206.

18. इरफ़ान हबीब, 'मेडीवॅल पॉपुलर मोनोथिज़्म एण्ड इट्स ह्यूमनिज़्म : द हिस्टॉरिकल सेटिंग', 'सोशल साइंटिस्ट', 21 : 3-4 (1993), 85.

19. उदाहरण के लिए, देखिए–रोमिला थापर, 'हिस्टॉरिकल परसपेक्टिव ऑन द स्टोरी ऑफ़ राम', 'एनाटॅमी ऑफ कन्फ्रण्टेशन', संपादक–एस. गोपाल; और सुवीरा जायसवाल, 'हिस्टॉरिकल इवल्यूशन ऑफ द राम लीजेंड', 'सोशल साइंटिस्ट', 21 : 3-4 (1993), 89-97.

20. के. डब्ल्यू. जोंस द्वारा उद्धृत, 'आर्य धर्म : हिंदू कॉन्शसनेस इन नाइंटींथ सेंचुरी–पंजाब', (नयी दिल्ली : मनोहर पब्लिकेशन, 1976), 287.

21. हिन्दुओं को सैन्य-प्रशिक्षण देकर राजनीति के हिंदूकरण की कोशिश की जाती है। 'सहमत' की प्रदर्शनी पर बनावटी ढंग से उत्पन्न किए गए विवाद के प्रति वामपंथी-उदारपंथी और राष्ट्रवादी धर्मनिरपेक्ष शक्तियों के लापरवाह रवैये ने सावरकर द्वारा सैद्धांतिक रूप से लिखित और 'राष्ट्रीय स्वयंसेवक संघ' द्वारा लागू किए गए 'राजनीति के हिंदूकरण' के कार्यक्रम की सफलता का ही संकेत दिया।

22. गोवलकर की किताब 'वी : अवर नेशनहुड' हाल ही में दिलचस्प विवाद का विषय रही

है। 'राष्ट्रीय स्वयंसेवक संघ' ने अपने जाने-पहचाने कपटपूर्ण अंदाज़ में इस किताब से पल्ला झाड़ने की कोशिश की है। इस किताब में गोलवलकर ने 'हिंदूस्थान' के ग़ैर-हिंदू लोगों से यह साफ-साफ माँग की है, कि उन्हें 'हिंदू संस्कृति और भाषा को अपना लेना' चाहिए, हिंदू संस्कृति और धर्म को आदर तथा श्रद्धा देना सीखना चाहिए, और 'हिंदू जाति तथा संस्कृति को महिमा-मण्डित करने वाले विचारों' से भिन्न किसी विचार को मन में नहीं लाना चाहिए। गोलवलकर आगे कहते हैं कि अगर वे इन निर्देशों का पालन नहीं करते हैं, तो वे 'हिंदू राष्ट्र द्वारा पूर्णतया अधीनीकृत देश में बगैर किसी चीज़ पर दावा जताए, किसी विशेष अधिकार से बहुत दूर, बगैर किसी सुविधा के, नागरिक अधिकारों से भी वंचित होकर रह सकते हैं।' देसराज गोयल द्वारा उद्धृत, 'राष्ट्रीय स्वयंसेवक संघ', (नयी दिल्ली : राधाकृष्ण प्रकाशन, ए-1979), 157.

23. एम. एस. गोलवलकर, 'बंच ऑफ़ थॉट्स', (बैंगलोर : विक्रम प्रकाशन), 1966; 142-143.

आस्था और आलोचना

आस्था और विवेक में क्या संबंध है ? किसी भी आस्था के संदर्भ में आलोचना को कहाँ तक जाने की छूट मिलनी चाहिए ? कुछ मान्यताएँ, कुछ वस्तुएँ, कुछ विचार क्यों कर ऐसे पवित्र मान लिए जाएँ कि उनका कोई विश्लेषण-विवेचन संभव ही न रह जाए ? विभिन्न कारणों से जिन रीति-रिवाजों या सामाजिक मान्यताओं ने आस्था की हैसियत हासिल कर ली है, उनमें बदलाव जिन लोगों को ज़रूरी लगता है, वे क्या रणनीति अपनाएँ ? समाज-सुधार केवल भीतर से ही होता है या बाहरी दबावों की उसमें कोई भूमिका हो सकती है ? समाज के सुधार और परिवर्तन के संदर्भ में बाहरी और भीतरी को परिभाषित कैसे किया जाए ? और सबसे बड़ा सवाल यह है कि तर्केतर आस्था, जो किसी व्यक्ति-चित्त का एक अंश होती है, वह अपने आपको हर प्रकार के तर्क का एक मात्र स्रोत समझने वाले सत्ता-प्रतिष्ठान का रूप कैसे ले लेती है ?

उपरोक्त सवाल केवल अकादमिक महत्त्व के नहीं हैं। सलमान रुश्दी और तसलीमा नसरीन का जो कुछ हुआ, उसके बाद एक साधारण मुसलमान शरीयत के बारे में खुले मन से सोचने की हिम्मत कहाँ से जुटाए ? प्रोफ़ेसर पिशौरा सिंह के ऐतिहासिक शोध पर अकाल तख्त के सेंसर की जो कैंची चली, उसके बाद आदि ग्रंथ के वर्तमान पाठ की ऐतिहासिकता पर कुछ भी कहने की हिम्मत कोई सिक्ख (या ग़ैर-सिक्ख) विद्वान कहाँ से लाएगा ? 'सहमत' की 'हम सब अयोध्या' प्रदर्शनी को लेकर जो बवाल खड़ा हुआ, उसके बाद किसकी-हिम्मत होगी कि लोगों से कहे कि रामकथा सिर्फ वाल्मीकि और तुलसीदास ने ही नहीं रची है। बेशक सवाल दूसरी तरफ से भी पूछे जा सकते हैं। मसलन यही कि किसी एक व्यक्ति को क्या अधिकार है कि वह लाखों लोगें की भावनाओं को ठेस पहुँचाए—या दो-एक आपित्तजनक बातों के आधार पर सारी-की-सारी आस्था पर आक्रमण करे ! या फिर आस्था के समूचे तर्क और विश्वास को उसके मूल रूप में समझे बिना उसकी आलोचना करे ! इकबाल मसूद को सख़्त एतराज़ है कि सलमान रुश्दी ने अरबी भाषा में कुरान पढ़े बिना, संदिग्ध अनुवाद के ही आधार पर इस्लाम और पैगम्बर पर इतनी तीखी चोटें कर दी ।[1] सती-प्रथा के विरोधियों पर 'जनसत्ता'

सम्पादक का भी मुख्य आरोप यही था कि ये लोग सती के सांस्कृतिक तर्क और भावनात्मक मर्म को समझे बिना ही सती-प्रथा पर बढ़-बढ़कर बातें करते हैं।

'जनसत्ता' के उस संपादकीय से लेकर 'सहमत' की प्रदर्शनी पर हिंसक हमले तक, सलमान रुश्दी से लेकर तसलीमा नसरीन विवाद तक के घटना-क्रम को एक ऐतिहासिक-सांस्कृतिक पाठ की तरह पढ़ना चाहिए। इस तरह इन अलग-अलग दीखती घटनाओं में अंतर्निहित आशय को समझने तथा आस्था और आलोचना के बीच के तनावपूर्ण, लेकिन अपरिहार्य संबंध का बोध प्राप्त करने की सहूलियत होगी।

आरंभ तसलीमा नसरीन से ही करें। अपने पितृसत्ता-विरोधी विचारों की बेबाक अभिव्यक्ति के लिए तसलीमा बांग्लादेश के चर्चित, विवादास्पद और मुल्लाओं द्वारा लांछित लेखकों में गिनी जाती हैं। लेकिन उपन्यास 'लज्जा' के प्रकाशन के साथ दो परस्पर-विरोधी दीखने वाली, लेकिन असल में परस्पर पूरक घटनाएँ हुईं। बांग्लादेश के कट्टरपंथियों को तसलीमा इस्लाम की दुश्मन नज़र आने लगी और हमारे हिंदू राष्ट्रवादियों को दुश्मन का दुश्मन–दोस्त वाले तर्क से तसलीमा पर बड़ा प्रेम उमड़ने लगा। बाल ठाकरे से लेकर विद्यानिवास मिश्र तक और उमा भारती से लेकर निर्मल वर्मा तक को 'लज्जा' के सहारे यह कहने का अवसर मिला कि मुसलमान हिंदुओं पर कितना अत्याचार करते हैं और इस्लाम कितना कट्टर तथा असहिष्णु धर्म है। इस्लाम की नकारात्मक छवि 'लज्जा' ने प्रस्तुत की है, इसलिए 'लज्जा' और उसकी लेखिका अपराधी है, यह बांग्लादेश के कट्टरपंथियों का तर्क था। यह नकारात्मक छवि हमारी अपनी करतूतों पर पर्दा डालने के काम आती है और इस्लाम की हमारे द्वारा प्रस्तुत छवि को पुष्ट करती है। इसलिए 'लज्जा' का उपयोग अयोध्या, बंबई और सूरत की लज्जा के प्रति निर्लज्ज रवैया अपनाने के लिए किया जाना चाहिए–यह हिन्दू राष्ट्रवादियों की मंशा है। इसीलिए तसलीमा की अनुमति के बिना ही 'पांचजन्य' में 'लज्जा' का धारावाहिक प्रकाशन शुरू हो गया और तसलीमा द्वारा भाजपा को साम्प्रदायिक करार दिए जाने के बावजूद हिंदू राष्ट्रवादियों को कोई उलझन महसूस नहीं हुई।

यह सही है कि तसलीमा की बेचैन आवाज़ का उपयोग हिंदू राष्ट्रवादी ही नहीं, यूरोपीय सत्ता-प्रतिष्ठान भी अपने ढंग से कर रहा है। कुछ मुस्लिम बुद्धिजीवियों की राय में सलमान रुश्दी ओर तसलीमा के बहाने यूरोपियन ईसाइयत एशियाई इस्लाम से अपना सदियों पुराना हिसाब चुकता कर रही है। तथ्य के रूप में ये दोनों बातें सही हैं, लेकिन क्या कोई भी रचनाकार इस तरह के सोच-विचार से अपने रचना धर्म का निर्धारण करे ? वर्षों पहले नर्गिस दत्त ने सत्यजित राय पर आरोप लगाया था कि उनकी फिल्में विदेशों में भारत की छवि धूमिल करती हैं। इस तरह के तर्क की संरचना को समझने की जरूरत है। भारत, बांग्लादेश, अमेरिका

या टिम्बकटू ऐसी सामाजिक-राजनीतिक इकाइयाँ हैं, जिनमें अव्वल तो कोई गंभीर समस्या है नहीं और अगर है भी तो उसका निपटारा अन्दर-ही-अन्दर चुपचाप किया जाना चाहिए, ताकि देश/समाज/धर्म/आस्था की दुनिया में बदनामी न हो। इन इकाइयों के केन्द्र में जो है, असल में वही महत्त्वपूर्ण है, परिधि की आवाज़ों की उपेक्षा की जा सकती है। इन इकाइयों की वर्तमान संरचना प्रश्नातीत है। इस पर आधारित आत्म-छवि या आम राय को चुनौती देने का कोई भी यत्न गद्दारी है। दूसरे शब्दों में, शाश्वत और सनातन कही जाने वाली आस्था असल में वर्तमान सत्ता प्रतिष्ठान को दिया गया मोहक नाम है। इस्लामी समाज में स्त्री के शोषण पर बहस करना आस्था को चोट पहुँचाना है। भारत में रक्तपात, घृणा और झूठ पर तथाकथित मंदिर का निर्माण करना आस्था की माँग है। दया, करुणा से लेकर सहिष्णुता और लोकतंत्र तक के मूल्य मनोहर अमूर्त्तन है, जिनपर अधिकार का दावा कोई भी कर सकता है। हिंदू तो स्वभाव से ही उदार और सहिष्णु होते हैं। इस्लाम संसार का सबसे ज़्यादा समतापरक और न्यायपरक धर्म है और उसमें स्त्रियों की स्थिति संसार के सभी धर्मों से बेहतर है। अमूर्त्त मूल्यों पर अधिकार के इन दावों को वास्तविक व्यवहार और अनुभव के संदर्भ में जाँचने की माँग नाकाबिले-बर्दाश्त है।

यहाँ यह दो टूक कहने की ज़रूरत है कि किसी भी सत्ता-प्रतिष्ठान की (वह अपने आपको धार्मिक आस्था का नाम दे या राष्ट्रवाद का) आलोचना करना सर्जनात्मक शब्द का अधिकार है। जब भी कोई आस्था आलोचना से बचना या आलोचना की जान लेना चाहती है, तो वह असल में अपनी ही बुनियादी कमज़ोरी उजागर कर रही होती है। आतंक पर उतारू आस्था सच की निरीहता से डरती भी है और उस पर लीपा-पोती करने की कोशिश भी करती है। ऐसी कोशिशों के आगे बार-बार यही कहा जाना चाहिए–

"दो तो ऐसी निरीहता दो
कि इस दहाड़ते आतंक के बीच
फटकार कर सच बोल सकूँ
और इसकी चिन्ता न हो
कि इस बहुमुखी युद्ध में
मेरे सच का इस्तेमाल
कौन अपने पक्ष में करेगा ?"

–विजयदेव नारायण साही

इस्लाम, तसलीमा, 'लज्जा', फतवा, उस फतवे का बांग्लादेश के जनवादियों द्वारा विरोध–इन सबको शुद्ध सारवादी तरीकों से अमूर्त बना देने के बजाय परस्पर

संबद्ध प्रक्रिया के रूप में देखना चाहिए। तसलीमा अपने संदर्भ से कटी हुई घटना नहीं है। पिछले कई वर्षों से बांग्लादेशी समाज खुलेपन और कट्टरता के बीच गहरी ज़द्दोज़हद से गुज़र रहा है। इस संघर्ष का एक रूप स्त्रियों की स्थिति से जुड़ा हुआ है, बल्कि कहना चाहिए कि बांग्लादेश की औरतें विभिन्न स्वयंसेवी संगठनों के ज़रिए पिछले दस वर्षों में अपनी सामाजिक उपस्थिति का अच्छा-खासा एहसास कराने में सफल हुई हैं। इसीलिए पिछले वर्षों में कई ऐसी घटनाएँ प्रकाश में आयी हैं, जिसमें कि सामाजिक कार्यकर्ताओं और उनके प्रभाव में आने वाली महिलाओं के ख़िलाफ़ स्थानीय मुल्ला-मौलवी फतवे ज़ारी करते रहे हैं। और स्थानीय लोग उनपर अमल कर उनको सज़ा भी देते रहे हैं। ठीक उसी तरह, जैसे मेहसाना मे रोशनी को सजा दी गई और राजस्थान में भँवरी नामक कार्यकर्ता को बलात्कार के ज़रिए उसकी औकात बता दी गई। बांग्लादेशी समाज में पुरुष सत्ता के वर्चस्व को पिछले दस साल में धीरे-धीरे आत्म-सजग होती औरतों ने ज़बर्दस्त चुनौती दी है। परिवार-नियोजन को इस्लाम-विरोधी करार दिए जाने के बावजूद बांग्लादेश की चालीस फीसदी स्त्रियाँ परिवार-नियोजन के साधनों का उपयोग कर रही हैं। घरेलू रोजगार से लेकर गाँवों-शहरों के सामाजिक जीवन तक में वे अपनी सक्रिय उपस्थिति जता रही हैं। स्वभावतः आत्म-सजग स्त्री से डरने वाली पुरुष-सत्ता बौखलाई हुई है। आत्म-सजगता की इस प्रक्रिया में जो भावनाएँ, अन्याय और असमानता के प्रति विरोध के जो स्वर बांग्लादेशी औरत के मन में उमड़-घुमड़ रहे हैं, तसलीमा का मुखरपन उन्हीं स्वरों को व्यवस्थित रूप में अभिव्यक्त करने की संभावना रखता है। दूसरे शब्दों में तसलीमा का लेखन एक तरफ़ बांग्लादेशी राज्य की सीमाएँ उजागर करता है (ढाका की लज्जा को उजागर कर) और दूसरी तरफ़ उस समाज की कूढ़मग़ज़ तथा हिंसक पुरुष-सत्ता के प्रति आम औरत की बेचैनी से जा जुड़ता है।

तसलीमा के लेखन की साहित्यिक गुणवत्ता बहुत ऊँचे दर्ज़े की नहीं है, दूसरी ओर सलमान रुश्दी का लेखन साहित्यिक दृष्टि से भी अत्यन्त महत्त्वपूर्ण है, लेकिन ऊपर वर्णित सामाजिक वास्तविकता के चलते तसलीमा के लेखन की सांस्कृतिक महत्ता और संहार-क्षमता रुश्दी के लेखन से कहीं अधिक है। रुश्दी यूरोपीय मेट्रोपोलिस की भाषा में लिखते हैं और जाने-जनजाने उसके नज़रिए में बाकी दुनिया को देखते हैं। तसलीमा अपने समाज की भाषा में लिखती हैं और स्थानीय रंगत से रँगी अपनी पहचान के लिए दुनिया से जगह तलब करती हैं। रुश्दी का लेखन केन्द्र से परिधि की ओर जाता है और तसलीमा का लेखन केन्द्रिकता का दावा करने वाली कई धारणाओं को एक साथ चुनौती देता है, चाहे वह राष्ट्र-राज्य (बांग्लादेश) हो, चाहे वह नारी-विरोधी पुरुष-सत्ता हो, और चाहे वह शुद्ध सारवादी कट्टरपंथ। इसी स्थिति को तसलीमा के खिलाफ़ फतवा जारी करने वालों के कौण

से देखें। एक तो वैसे ही स्त्रियों ने नाक में दम कर रखा था, ऊपर से तसलीमा का लेखन स्त्रियों के ऊट-पटांग सवालों को व्यवस्थित और सांस्कृतिक धरातल पर सम्मानित रूप देता है। स्त्रियों के ये सवाल जिस सत्तातंत्र को बींधते हैं, उसे हमने प्रश्नातीत इस्लामी आस्था का नाम दे रखा है। तसलीमा इस्लाम-विरोधी है, क्योंकि वह हम पुरुषों की सत्ता को चुनौती दे रही है। ऊपर से तसलीमा ने पुरुष सत्ता के प्रति अपनी नारीवादी आलोचना को राज्यसत्ता के प्रति अपनी मानववादी आलोचना से जोड़ दिया। 'लज्जा' लिखकर उन्होंने दिखा दिया कि नारीवाद हो या पर्यावरणवाद, समकालीन सत्तातंत्र की विविध आलोचनाएँ अंततः गहरे मानवीय सरोकार की ही अभिव्यक्तियाँ हैं। इसीलिए नारी अधिकारों की लड़ाई अल्पसंख्यकों, दलितों, वंचितों और हाशिये पर फेंक दिए गये अन्य लोगों की लड़ाई से असम्पृक्त नहीं रह सकती। जिस कारण तसलीमा के लेखन में नारीवाद और मानववादी सरोकार एक हो गए, ठीक उसी कारण उनके ख़िलाफ़ पुरुष-सत्ता और कट्टरपंथ एक हो गए और सत्ता और दमन की इस एकता ने अपने आपको नाम दिया है—इस्लामी आस्था। तसलीमा का अपराध ठहराया गया है, कुरान में संशोधन की माँग। असल में तसलीमा का अपराध है, पुरुष-सत्ता और कट्टरपंथ के शिकारों की कराहों को अपनी रचना में दर्ज़ करना।

प्रसंगवश यह भी याद कर लें कि 'सेटेनिक वर्सेज़' के लिए रुश्दी को मौत की सज़ा सुनाने वालों ने इस बात का उल्लेख नहीं किया है कि 'सेटेनिक वर्सेज़' में इमाम खुमैनी का भीषण कार्टून प्रस्तुत किया गया है। फतवे की वज़ह पैगम्बर के प्रति आस्था थी या इमामी सत्ता के कार्टून के प्रति चिढ़—असली सवाल यह है। जो लोग सलमान रुश्दी को भारत में शरण देने के इच्छुक थे, उनके लिए भी एक जानकारी, रोचक अथवा संभवतः हृदय-विदारक होगी। उपन्यास की जटिल संरचना में एक धरातल पर सारे-का-सारा घटनाक्रम जिब्रील फरिश्ता द्वारा महाउण्ड के जीवन पर बनाई गई फिल्म की पटकथा के रूप में उभरता है और इस फिल्म की समाप्ति पर जिब्रील फरिश्ता ऐन ऐसी ही फिल्म रामकथा पर बनाने की घोषणा करता है। कहने का आशय यह कि इस्लामी कट्टरपंथ को घातक और हिंदू राष्ट्रवाद को सहज मानने वाले महानुभाव अपने आपसे पूछें कि वे 'सेटेनिक वर्सेज़' के लहजे में लिखी गई रामकथा को कहाँ तक झेल पाते ! उन्होंने भी तो संघ-गिरोह की हिसंक विचारधारा को ऐन उसी तरह रामभक्ति का वाचक बना दिया है, जैसे फ़तवेबाज़ इमामों ने इस्लाम को अपनी सत्ता का।

तसलीमा विवाद के बहाने समूचे इस्लाम को ही असहिष्णु बताने का प्रतिवाद करते हुए असगर अली इंजीनियर कहते हैं : "सहिष्णु या असहिष्णु व्यक्ति होता है, धर्म नहीं।"[2] इंजीनियर का तर्क है कि सहिष्णुता-असहिष्णुता की समस्या व्यक्ति-विशेष के मनोवैज्ञानिक स्वभाव की समस्या है और हर धर्म की तरह इस्लाम

के अनुयायियों में भी दोनों तरह के लोग सदा पाए जाते हैं। इसी क्रम में वे आगे कहते हैं कि "धर्म में मूल्यपरक बातें भी होती हैं और संदर्भजनित भी। चूँकि-मूल्यपरक बातें सभी धर्मों में लगभग एक-सी हैं, इसलिए उन्हें आधार बनाकर संदर्भजनित बातों को बदलते हुए धार्मिक आस्थाओं को समयानुकूल बनाया जाना चाहिए। इसीलिए सामाजिक-धार्मिक सुधार मूल्यपरक बातों को आधार बनाकर भीतर से ही किया जा सकता है। सारी आस्था की आलोचना करते हुए बाहर से नहीं।"[3]एक अन्य लेख में इंजीनियर असहमति और कुफ़्र में फ़र्क करते हैं और असहमति को सहनीय तथा कुफ़्र को निंदनीय मानते हैं।[4] इन बातों पर विचार करने की ज़रूरत है। यह बात सही है कि सहिष्णुता और असहिष्णुता व्यक्ति के मनोवैज्ञानिक रचाव से संबंधित हैं, लेकिन वह मनोवैज्ञानिक रचाव जिन संस्कारों को धारण किए हुए है, उनके स्रोत सिर्फ व्यक्ति के मन तक सीमित नहीं होते। इन संस्कारों के परस्पर गुँथे हुए कई स्रोत होते हैं—ऐतिहासिक स्मृतियाँ, उन स्मृतियों को दिया गया वैचारिक परिप्रेक्ष्य, समूह-विशेष की सांस्कृतिक विरासत और निश्चित रूप से वह धार्मिक आस्था, जिसके परिवेश में व्यक्ति पला-बढ़ा है। इस तरह व्यक्ति की सहिष्णुता या असहिष्णुता इतनी व्यक्तिपरक नहीं है कि हम उसके संदर्भ में धार्मिक आस्था और सांस्कृतिक विरासत की चर्चा को अप्रासंगिक मान लें।

इस प्रसंग में इस्लाम की अपनी विशिष्ट समस्या से मुँह चुराना असंभव है। समूचे मानवीय अस्तित्व को शुभ और अशुभ में बाँटते हुए अपने आपको शुभ की एक-मात्र व्याख्या मानना—यह सभी सेमेटिक धर्मों का सामान्य लक्षण है। इसीलिए पंडित हजारी प्रसाद द्विवेदी की शब्दावली में "इन धर्मों में नैतिकता का प्रतिमान आचरण कम और विश्वास ज़्यादा है।" मसीहा के पुनरागमन की अवधारणा के कारण ईसाइयत में यह सम्भावना है कि धर्मशास्त्र के वर्तमान वचन को ही सत्य का अंतिम पाठ न माना जाए। इसी के साथ यह भी सत्य है कि ईसाइयत के वर्तमान रूप का विकास उद्योगीकरण, आधुनिकीकरण और प्रबोधन की प्रक्रियाओं से जूझते हुए हुआ है। चर्च की सर्वव्यापी सत्ता को सत्ताओं की बहुलता से समझौता करने पर विवश होना पड़ा है।

इस्लाम की समस्या यह है कि अंतिम पैगम्बर की अवधारणा इसके मूलभूत आस्थातंत्र (डॉग्मा) का अनिवार्य अंग है। ऊपर से अपने ऐतिहासिक संदर्भ के कारण इस्लाम आत्मसजग रूप से व्यक्ति और समाज के समूचे जीवन को नियमित करने वाला 'टोटल सिस्टम' है। यह विशेषता निस्संदेह संदर्भजनित है, लेकिन स्वाभाविक रूप से यह इस्लाम के मूल्यपरक पहलू में गहरे में गुँथ गई है। इस 'टोटल सिस्टम' की वैधता का स्रोत है कुरान, जो अंतिम पैगम्बर के ज़रिए प्रकट होने के कारण सत्य का अंतिम पाठ है। इसीलिए इस्लाम की संदर्भ जनित सर्वसत्तावादी परिणतियाँ इस्लामी आस्था में शाश्वत मूल्य का रूप धारण कर लेती

हैं। इस सर्वसत्तावादी मूल्य-मीमांसा का एक मृदु रूप यह है कि आप इस्लाम को समयानुकूल बनाने का प्रयत्न करें, यह ठीक है; लेकिन यह कहना कुफ़्र हो जाएगा कि पैगम्बरे-इस्लाम सत्य के अंतिम व्याख्याकार या ईश्वर के अंतिम संदेशवाहक नहीं हैं। जबकि दार्शनिक धरातल पर किसी भी मूलगामी आलोचना का प्रस्थान-बिन्दु ही यह है कि कोई सत्य अंतिम नहीं होता। सत्य निरपेक्ष या 'एब्सल्यूट' अवश्य होता है, लेकिन हमारे बोध में वह भाषा के ज़रिए शब्द-सापेक्ष होकर ही आता है। कुरान का सत्य भी अंततः शब्द-सापेक्ष सत्य है और इसीलिए वह निरपेक्ष सत्य की एक विशिष्ट अभिव्यक्ति है, अंतिम और समग्र अभिव्यक्ति नहीं! यह बात कहना अगर कुफ़्र है, तो यह ज़रूरी कुफ़्र है। यह कुफ़्र किए बिना मूल्यपरक और संदर्भजनित में फ़र्क करना भी असंभव है।

बेशक, जिसे हम दर्शनशास्त्र में 'निरपेक्ष सत्य' कहते हैं, वह मनुष्य के भावतंत्र में एक तरह के सनातन नैतिक-बोध के रूप में मौजूद रहता है, लेकिन जीवन-व्यवहार में उसका साक्षात्कार हर मनुष्य, हर सभ्यता और हर संस्कृति की अपनी विशिष्ट स्थिति के अनुरूप ही होता है। मूल्यपरक और संदर्भजनित में गहरी द्वन्द्वात्मकता का संबंध है और इसमें-से सार को गहना और थोथे को उड़ा देना जिस विवेक से संभव होता है, वह स्वयं सतत ऐतिहासिक प्रक्रिया का परिणाम है। इसलिए मूल्यपरक और संदर्भजनित के बीच वैसा शुद्ध-स्वच्छ विभाजन संभव नहीं है, जैसा इंजीनियर करना चाहते हैं। जहाँ तक बाहर और भीतर का सवाल है, तो इस तर्क को यदि इसकी तार्किक परिणति तक पहुँचाएँ, तो नतीजे बहुत भयानक निकलेंगे। 'जनसत्ता' (18 सितम्बर, 1987) के कुख्यात सती-समर्थक संपादकीय का मूल तर्क यही था। जिन्होंने वेद-पुराण और स्मृतियों का अध्ययन नहीं किया, जिन्हें मिताक्षरा विधि का कुछ अता-पता नहीं है, बल्कि जो संस्कृत का एक अक्षर नहीं जानते; उन्हें भला क्या अधिकार है कि वे सती-सरीखे आस्था के प्रश्न में दखलंदाज़ी करें। ठीक इसी लहजे में इकबाल मसूद सलमान रुश्दी से कुपित हैं कि अरबी आती नहीं है, चले हैं 'सेटेनिक वर्सेज़' लिखने ! यहीं नही, हबीब तनवीर के नाटक 'जमादारिन' पर पत्थर फेंकने वालों का तर्क-यही था कि वे मुसलमान होकर हिंदू आस्था में टाँग क्यों अड़ाते है। बाहरी-भीतरी की समस्या महत्त्वपूर्ण है, लेकिन उस रूप में नहीं, जिस रूप में इंजीनियर उसे पेश करते हैं। अव्वल तो यह कि सवाल सिर्फ तथाकथित समाज-सुधार का नहीं, बल्कि आस्था का नाम धारण किए सत्ता-प्रतिष्ठान को चुनौती देने का है। इस कोण से देखने पर भीतरी होने का अर्थ कुफ़्र से बचते हुए असहमति दर्ज़ करने तक सीमित नहीं है। भीतरी होने का अर्थ यह नहीं हो सकता कि आप सत्ता-प्रतिष्ठान द्वारा प्रचारित 'डॉग्मा' के कुछ रूपों की तो आलोचना करें, लेकिन उसके मूल प्रस्थान-बिन्दु पर कोई सवाल न उठाएँ। भीतरी और बाहरी होना असल में सांस्कृतिक अवस्थिति का रूपक

है। यदि आप अपने समाज से, उसकी भाषा से और उसकी सांस्कृतिक स्थिति से अंगांगिभाव से जुड़े हुए हैं, तो आप भीतरी हैं, अन्यथा बाहरी। इस अर्थ में तसलीमा नसरीन अपने समाज के लिए उतनी ही भीतरी हैं, जितने कि असगरअली इंजीनियर। बल्कि कुछ ज़्यादा ही। जैसा कि हमने कुछ देर पहले देखा, तसलीमा का लेखन पुरुष-सत्ता के प्रति विद्रोह की अव्यवस्थित सम्भावना को व्यवस्थित विचार की वास्तविकता का रूप दे सकता है। तसलीमा राष्ट्र-राज्य ही नहीं, बल्कि पुरुष-सत्ता की पहली इकाई पुरुषप्रधान परिवार के लिए भी असुविधाजनक है। इस अर्थ में वे चौके से लकर पलँग तक संभावित विद्रोह की प्रतीक हैं। बाहरी-भीतरी के इस अवस्थितिपरक परिप्रेक्ष्य की उपेक्षा अनजाने ही इंजीनियर जैसे प्रगतिशील समाज-सुधारक को बनवारियों की ('जनसत्ता' के सती-समर्थक संपादकीय के असली लेखक) पंक्ति में बैठा देती है।

इकबाल मसूद इस बात पर रुष्ट हैं कि तसलीमा और सलमान रुश्दी जैसे 'घटिया' लेखकों के उत्साही समर्थक आम मुसलमान को कट्टरपंथी और हिंसक छवि प्रदान करने के पश्चिमी षड़यंत्र में हाथ बँटा रहे हैं। यह बात सही है कि पश्चिमी मीडिया ऐसे विवादों का उपयोग सचमुच आम मुसलमान को असहिष्णु और आक्रामक निरूपित करने के लिए करता है। हमारे अपने देश में भी इन विवादों का उपयोग ऐसी ही छवि के निर्माण और साथ ही मुसलमानों के ख़िलाफ़ की गई हिंसा पर पर्दा डालने के लिए किया जा रहा है, यह भी सच है। लेकिन सवाल यह है कि क्या यह सच नहीं कि 'सेटेनिक वर्सेज़' पर प्रतिबंध लगाने की माँग करते हुए सैयद शहाबुद्दीन ने उपन्यास को पढ़ने तक की ज़रूरत नहीं समझी थी ? कारण उनके अपने शब्दों में, "गटर में क्या है, यह जानने के लिए गटर में पाँव डालना ज़रूरी नहीं है।" क्या यह सच नहीं है कि अमीना प्रकरण को भी इस्लाम और मुसलमानों को बदनाम करने की साज़िश बताया गया था ? क्या यह सच नहीं है कि जो अंग्रेज़ी का एक जुमला नहीं पढ़ सकते, ऐसे नौजवानों को ऐसी कमीज़ें पहनाकर सड़क पर उतारा गया, जिन पर लिखा हुआ था कि 'आई एम रेडी टु किल रुश्दी' ? क्या यह सच नहीं है कि किसी कहानी के नीम पागल चरित्र का नाम मुहम्मद होने के कारण बंगलौर के एक अख़बार के ख़िलाफ़ हिंसक प्रदर्शन हुए थे ? और क्या यह सच नहीं है कि कुछ ही दिन पहले रिलीज़ हुई फिल्म 'आतिश' के एक गाने में 'या मुस्तफ़ा' शब्द होने से जामा मस्ज़िद के नायब इमाम इतने कुपित हो उठे कि गाने पर रोक लगाने की नौबत आ गई ?

इन सारे उदाहरणों की जवाबदेही आम मुसलमानों पर नहीं, बल्कि इकबाल मसूद जैसे जनमत-निर्माता बुद्धिजीवियों पर है। हिंसक और आक्रामक मुसलमान की छवि बनाने के यूरोपियन प्रोज़ेक्ट और मुस्लिम समुदाय के बीच जो विडम्बनापूर्ण संबंध है, उसे 'सेटेनिक वर्सेज़' का ही एक वाक्य बड़े मार्मिक ढंग से व्यक्त करता

है। पश्चिम और पूर्व के संबंध को निरूपित करते हुए उपन्यास का एक पात्र कहता है, "वे हमें परिभाषित करते हैं और हम उन परिभाषाओं को सही सिद्ध करने पर तुल जाते हैं।" (–'दे डिफाइन अस, एण्ड वी सकंब टू दि डिफिनेशंस'।) 'उन्होंने' कहा कि भारतीय बड़े परलोकोन्मुख होते हैं और 'हमारी' एक पूरी बौद्धिक पीढ़ी भारत की ख़ास आध्यात्मिकता की खोज और रेखांकन करने में लग गई। 'उन्होंने' कहा कि हिंदू कमजोर होते हैं, क्योंकि बहुत-से देवताओं की उपासना करते हैं और 'हमारे' समाज-सुधारकों ने यह सिद्ध करने के लिए ज़मीन-आसमान एक कर दिया कि हिंदू धर्म एकेश्वरवादी है। कम-से-कम अब तो ग़ैर-यूरोपीय लोगों को यूरापीय परिभाषाओं पर सकारात्मक या नकारात्मक ढंग से खरे उतरने की आत्महंता विडम्बना से मुक्ति पानी चाहिए। इस्लामी या किसी भी आस्था को प्रश्नातीत भावना का मसला आदि मान भी लें, तब भी यह सवाल आस्थाधारियों को अपने आपसे पूछना चाहिए कि क्या सचमुच उनकी आस्था इतनी दुर्बल है कि किसी उपन्यास या फ़िल्मी गाने से उसके अस्तित्व को ख़तरा पैदा हो जाए। ज़ाहिर है कि ये सवाल सबसे पहले बौद्धिक विमर्श में पूछा जाना चाहिए। इसीलिए यह ज़िम्मेदारी आस्था से जुड़े या उसका सम्मान करने वाले बुद्धिजीवी की है कि यह 'अपने' लोगों को 'उनकी' परिभाषाओं को सही सिद्ध करने की विडम्बना से रोकें। इस ज़िम्मेदारी को निभाए बिना किसी भी तरह के सांस्कृतिक साम्राज्यवाद या आक्रमण-भर की निंदा करना एक खोखला 'रेटॉरिक' है, जिसका उपयोग अपने समाज के आंतरिक सत्ता-संघर्ष और तनावों पर पर्दा डालने के लिए किया जाता है। जैसे तसलीमा और रुश्दी का उपयोग इस्लाम-विरोधी यूरोप कर रहा है, ठीक उसी प्रकार क्या इकबाल मसूद इस्लामी कट्टरपंथ को यह न्यौता नहीं दे रहे हैं कि वह उनका उपयोग करे ? संघर्ष जब परिभाषाओं का है, तो ज़रूरत नई पभिाषाएँ प्रस्तावित करने की है। और यह तभी संभव है, जबकि आस्था में इतना आत्मविश्वास हो कि वह कठोरतम आलोचना को उसकी अपनी प्रमाणिकता के संदर्भ में जाँचते हुए उससे खुली बहस कर सके।

किसी भी आस्था को उसके तथाकथित शुद्ध सार में रिड्यूस करने की बजाय यदि उसे ऐतिहासिक रूप से विकासमान प्रक्रिया के रूप में देखें, तो पाएँगे कि कम-से-कम भारतीय इस्लाम ने वैसे आत्मविश्वास का परिचय बार-बार दिया है, जिसकी चर्चा हमने ऊपर की है। रहीम, रसखान और नज़ीर अकबराबादी जैसे कवियों की चेतना में कई ऐसी बातें अंतर्भुक्त हैं, जिन्हें आज के इस्लामी कट्टरपंथी बेधड़क कुफ़्र करार देंगे। ग़ैर-इस्लामी परम्परा के अवतारों को अपनी संवेदना के केंद्र में आने देना दोहरा कुफ़्र है। अव्वल तो ईश्वर को संसार का निर्माता (और इसीलिए इससे भिन्न) मानने की बजाय उसे सर्वव्यापी मानना, फिर धरती पर मनुष्य के रूप में ईश्वर की उपस्थिति (अवतार) को संभव मानना ! उसके प्रेम

के गीत गाना, फिर से जन्म लेकर (पुनः कुफ़्र) ब्रजरज का कण बन जाने की कामना करना, शिव जी के ब्याह के गीत लिखना—यह सब कुफ़्र है। इन कवियों की मौजूदगी को हमारे समाज की सामासिक संस्कृति का प्रमाण माना जाता है। (प्रसंगवश यह पद 'सामासिक संस्कृति' बहुत उपयुक्त नहीं है, ख़ैर !) इसे हिंदू धर्म की सहिष्णुता का भी प्रमाण माना जाता है। लेकिन क्या वास्तव में इन कवियों का अस्तित्व हिंदू धर्म से कहीं ज़्यादा भारतीय इस्लाम की उदारता और सहिष्णुता का प्रमाण नहीं है ? ऐसी उदारता और सहिष्णुता, जो आस्था के आत्म-विश्वास से सहज रूप से उत्पन्न होती है। वह आधुनिक समय नहीं था, बल्कि कट्टरता के लिए बदनाम मध्यकाल था, लेकिन रसखान और नज़ीर के ख़िलाफ़ फतवे ज़ारी करने और उन पर अमल करने की ज़रूरत मध्यकालीन इस्लाम को महसूस नहीं हुई। उर्दू कवि मीर तक़ी 'मीर' यहाँ तक कह गए कि, "कशका खैंचा, दैर में बैठा, कब का तर्क इस्लाम किया', और 18वीं सदी के भारतीय इस्लाम के खतरे में होने का नारा नहीं लगा। मीर के इस मिसरे में 'कशका' का अर्थ है तिलक, 'दैर' का मंदिर और 'तर्क' का अर्थ है त्याग देना ! ज़रा सोचें कि इमामों और सैयदों के हाई-टेक इस्लाम के इस दौर में ऐसा मिसरा लिखने वाले शायर की क्या गत होती ?

उपरोक्त उदाहरणों से यह सिद्ध नहीं होता कि मध्यकाल में धार्मिक उत्पीड़न नहीं होता था। खूब होता था, और उस उत्पीड़न से वास्तव में हमारा मूल तर्क पुष्ट ही होता है। 'आस्था' असल में राजसत्ता और समाजसत्ता के सांस्कृतिक वर्चस्व और आधिपत्य को दिए गए नामों में-से एक है। इस अर्थ में 'आस्था' सहज बोध और आध्यात्मिक अनुभव से कहीं ज़्यादा एक सांस्कृतिक सत्ता-प्रतिष्ठान की आत्मछवि है, और इसीलिए वह आध्यात्मिक अनुभव, निजी धार्मिकता और सहजबोध के ऐसे किसी भी अनुभव का दमन करती है, जो आस्था का नाम धारण करने वाली सत्ता को गंभीर चुनौती देने में सक्षम हो। आस्था के इस सत्तापरक आशय का निर्वाह करने के लिए ही मंदिर तोड़े जाते थे—यह हम सब जानते हैं। लेकिन आस्था को ऐन इसी आशय (सत्ता-प्रतिष्ठान और सांस्कृतिक वर्चस्व) में ग्रहण करते हुए मस्जिदें भी तोड़ी गईं—और महाराजा रणजीत सिंह जैसे 'धर्मनिरपेक्ष' शासक ने गोवध ही नहीं, अजान पर भी रोक लगा दी थी—यह भी सच है। ईसाई चर्च के इतिहास के अध्येता बताते हैं कि कुछ विचार-परम्पराओं को 'हेरेसी' का नाम देकर उनका दमन किया गया। चर्च-द्वारा अनुशासित सर्वानुमति ('कंसेंसस'—इस शब्द का सटीक सांस्कृतिक प्रतिशब्द होगा—लोकधर्म या मर्यादा) को पाप से बचाने के लिए ! असल में, चर्च द्वारा उत्साह से संरक्षित आस्था, लोकधर्म और मर्यादा का संबंध केवल परलोक से नहीं, बल्कि ऐन इस लोक में स्थापित और संचालित पदानुक्रम से था। 'हेरेसी' कहकर उत्पीड़ित किए गये विचार असल में इस

पुरोहिती-राज्यसत्तापरक पदानुक्रम के ख़िलाफ़, इस सत्तातंत्र को 'आस्था' का दर्ज़ा दे देने वाले चर्च की ईसाइयत के ख़िलाफ़ एक वैकल्पिक ईसाइयत की संभावना प्रस्तुत करते थे। ऐन इसीलिए वे 'हेरेटिक' के रूप में परिभाषित किए गये।[6] ठीक उसी प्रकार, जैसे हमारे निर्गुण संत तुलसीदास द्वारा "अज्ञ, अकोविद, अंध, अभागी" और आचार्य रामचन्द्र शुक्ल द्वारा 'लोकविरोधी नहीं तो लोक विद्वेषी' कहकर परिभाषित किए गये।

इन ऐतिहासिक अनुभवों की रोशनी में ही आस्था और आलोचना के अंतस्संबंध पर विचार होना चाहिए। आस्था का मध्यकालीन सत्तातंत्र जहाँ एक ओर धार्मिक उत्पीड़न करता था, वहीं सर्जनात्मक शब्द में व्यक्त होने वाली संवदेना और आलोचना के साथ बहुत दूर तक सह अस्तित्व भी रखता था। उसे अपनी क्षमता पर कम-से-कम इतना विश्वास तो था कि रसखान और मीर की काव्य-संवेदना को बर्दाश्त कर ले। सच तो यह है कि कम-से-कम मध्यकालीन भारत में इस्लामी और गैर-इस्लामी, दोनों ही तरह की आस्थाओं ने सहज अनुभव पर आधारित लोकधर्मी संवेदना और उसकी काव्याभिव्यक्ति को सिर्फ़ बर्दाश्त नहीं किया, बल्कि उसके ज़रिए स्वयं को अधिक संपन्न, अधिक प्रशस्त भी बनाया। सूफ़ियों, संतों की संवेदना सिर्फ़ शास्त्रपरक इस्लाम और हिंदूधर्म को कविता में व्यक्त-भर नहीं कर रही थी, वह एक नयी ज्ञान-मीमांसा भी प्रस्तुत कर रही थी। और इस नयी ज्ञान-मीमांसा की सर्वाधिक शुभ परिणति यह हुई कि इसके बाद न तो हिंदू धर्म 'शुद्ध' रह पाया और न इस्लाम। दोनों ही धर्मों के जो रूप आज के भारत में सुलभ हैं, उनकी रचना में सूफ़ी भक्तिकाव्य-संवेदना का केन्द्रीय योगदान है। सर्जनात्मक शब्द, कविता आलोचना के प्रति सहिष्णुता का सर्वाधिक लाभ आस्था को ही हुआ है–वह सिर्फ़ सत्ता-प्रतिष्ठान बन जाने से बची है; आलोचना के ही फलस्वरूप उसके मूल्यपरक पहलुओं का लगातार नवीकरण हुआ है और अभी भी हो रहा है।

समकालीन समाज में प्रचलित आस्था के उत्तरोत्तर असहिष्णु और स्पर्श-कातर होते चले जाने का निश्चित ऐतिहासिक संदर्भ है। आस्था की आक्रामकता विडंबनापूर्ण ढंग से उसकी हीनता-ग्रंथि को ही अभिव्यक्त करती है। यह हीनता-ग्रंथि आस्था से स्वयं को परिभाषित करने वाले सांस्कृतिक सत्तातंत्र द्वारा अनुभूत असुरक्षा से उत्पन्न होती है। साधार या निराधार ख़तरे और संकट के बोध से जूझती सांस्कृतिक सत्ता उन तमाम लोगों पर कठोरतर अनुशासन और मर्यादा लागू करना चाहती है, जो उस सत्ता के साथ आस्था के सूत्र से गुँथे हुए हैं। आधुनिक युग में इस्लामी कट्टरता का एक कारण यह भी है। मुस्लिम समुदाय की साधार-निराधार आशंकाएँ आस्था के संकट का रूप ले लेती हैं। मुसीबत यह है कि बढ़ती कट्टरता और आस्था की असहिष्णुता से इन आशंकाओं को एक मनोहर व सशक्त नाम ज़रूर मिलता है, लेकिन उनकी समाप्ति में कोई सहायता नहीं मिलती। उलटे इन 'बाहरी'

खतरों से निबटने से नाम पर सामुदायिक आस्था के ठेकेदार 'भीतरी' दमन और शोषण को ज़ारी रखने में कामयाब हो जाते हैं। मुस्लिम मर्द को चार शादियों की छूट होनी चाहिए–क्योंकि आस्था का सवाल है, पहचान का मसला है। हिंदू मर्द को अपनी विधवा को साथ ले मरने का हक़ होना चाहिए–क्योंकि आस्था का प्रश्न है। सीरियन-ईसाई मर्द को अपने समाज की स्त्रियों से भेदभाव की छूट होनी चाहिए–क्योंकि दैवी शास्त्रवचन पर संकट है। आस्था की सतत आलोचना इसीलिए ज़रूरी है, ताकि समूची आस्था को सत्तातंत्र-विशेष अपनी दैवी सनातनता और प्रश्नातीतता सिद्ध करने का ज़रिया न बना ले।

आशंका से उत्पन्न असहिष्णुता का एक अधिक चिंताजनक उदाहरण यह ऐतिहासिक-सांस्कृतिक प्रक्रिया है, जिसे 'हिंदू धर्म का सामीकरण' कहा गया है। सभी धर्मों से सर्वथा भिन्न, हिंदू धर्म का दार्शनिक प्रस्थान 'निरपेक्ष सत्य' के अनेक तथा एक-से प्रामाणिक पाठों की संभावना को स्वीकार करता है। काल की चक्रीय अवधारणा और पैगंबर के बरअक्स अवतार की अवधारणा के कारण हिंदू आस्था में न तो किसी एक किताब को कुरान या बाइबिल जैसा केन्द्रीय दर्ज़ा हासिल है, न किसी एक तीर्थ नगर को मक्का या जेरूसलम जैसा। और-तो-और, स्वयं को सनातन कहने वाली इस आस्था ने खुद को उस तरह की शब्दावली में पाभिाषित करने तक की चेष्टा लंबे अर्से तक नहीं की, जैसी शब्दावली में सभी धर्म-खुद को परिभाषित करते हैं। मध्य-कालीन धर्मकोश 'दबिस्ताँ-ए-मजाहिब' के लेखक के सामने हिन्दुओं की आस्था को परिभाषित करने का संकट बड़ा विकट था। न कोई एक किताब–न कोई एक पैगम्बर–जिसे मानने से कोई हिंदू हो जाए और न मानने से हिंदू न रहे। लेकिन 'दबिस्ताँ-ए-मजाहिब' के लेखक ने उस तरह बुनियादी हिंदू 'डॉग्मा' की रचना या खोज नहीं की, जैसे हम आधुनिक लोग करते हैं। उसने इस आस्था से जुड़े जनसमुदाय की अत्यन्त सटीक परिभाषा की–"हिंदू वे हैं, जो एक साझे वैचारिक ढाँचे के भीतर एक-दूसरे से लगातार बहस और संवाद करते रहते हैं।"[7] साझे वैचारिक ढाँचे और दिव्यता की सनद हासिल 'डॉग्मा' का फ़र्क स्पष्ट है। अनुभूत सत्य के हर पाठ के प्रामाणिक हो सकने की सैद्धान्तिक स्वीकृति के ही कारण हिन्दू आस्था में सांस्कृतिक सत्ता का अनुशासन विचारणा की सरणी से कम और आचरण की सरणी से अधिक संचालित होता था। और आचरण का अर्थ था, वर्णाश्रम के अनुकूल आचरण। इसीलिए किसी हिंदू को दंडित करने का तरीक़ा जाति-बहिष्कार ही हो सकता है, धर्म-बहिष्कार नहीं। विचार एवं आस्था के धरातल पर बहुत दूर तक छूट, लेकिन समाजिक आचरण के धरातल पर विषमतामूलक वर्णाश्रम और जाति का कठोर अनुशासन यह हिंदू विश्व-दृष्टि का मूलभूत अंतर्विरोध है। इस अंतर्विरोध की शुभ परिणति यह हुई कि कठोरतम आलोचना को भी 'कुफ्र' या 'हेरेसी' नहीं कहा गया, और अशुभ परिणति यह

हुई कि लगभग हर आलोचना और उसके सामाजिक आधार को एक और जाति के रूप में जाति-व्यवस्था में अंतर्भुक्त कर लिया गया। कबीर की सारी ज़िरह की परिणति अंततः ऐसे कबीरपंथ में हुई, जिसकी कम-से-कम एक धारा कबीर को संस्कृत का महान् विद्वान् ही नहीं बल्कि सामाजिक व्यवहार में 'जाति-शुद्धता' का समर्थक सिद्ध करने में लगी हुई है।[8]

यों तो 'अनेकान्त' को एक दार्शनिक पद्धति के रूप में जैन दर्शन में गढ़ा गया, लेकिन व्यवहारतः इसकी मान्यता भारतीय विचार-परम्परा की लगभग सभी धाराओं में है। इन धाराओं से अपना बौद्धिक और भावनात्मक पोषण करने वाले के लिए, कर्मफल के कारण जन्मजात विषमता को स्वाभाविक मानना जितना सहज है, आस्था के धरातल पर सभी धर्मों के प्रति एक-सी सहिष्णु (या उदासीन) दृष्टि भी उतनी ही सहज है। आस्था को नहीं, जाति को सामाजिक संगठन का सहज रूप मानने वाले भारतीय जनसमुदाय के लिए इस्लाम के साथ सांस्कृतिक मुठभेड़ के परिणाम दूरगामी हुए। एक तो, पहली बार जाति-व्यवस्था के अभागे शिकारों को एक ठोस विकल्प प्राप्त हुआ; दूसरे 'आपस में सतत संवादरत' बहुलतापरक आस्था को पहली बार 'अन्य' के संदर्भ में स्वयं को परिभाषित करना पड़ा ; और तीसरे, हिन्दू और इस्लामी, दोनों ही आस्थाओं के स्वरूप में गहरे बदलाव आए। यह स्मरणीय है कि इस्लाम के साथ ज़बर्दस्त सांस्कृतिक मुठभेड़ के बावजूद मध्यकालीन हिंदू धर्म ने अपना सामीकरण करने की ज़रूरत महसूस नहीं की; एक किताब, एक व्याख्या और एक से नियमों के ज़रिए व्यक्तिगत आस्था को एक 'डॉग्मा' में बदलने की प्रक्रिया हिंदू आस्था के डेढ़ सौ साल से ज़्यादा पुरानी नहीं है। विडंबना यह है कि इस प्रक्रिया को 'धर्मनिरपेक्षता' के इस ज़माने में ही अभूतपूर्व सफलता मिली है। मध्यकाल क्या, अभी बीस बरस पहले तक कोई महंत, मठाधीश या शंकराचार्य कल्पना तक नहीं कर सकता था कि पोप या इमाम की तरह 'सभी' हिंदुओं की आस्था का मैनेजर होने का दावा कर सके, उन्हें दिशा-निर्देश देने की बात तो दूर की है। इन दिनों 'हिंदू राष्ट्रवादी' दुःखी हैं कि उनके महंतों, मठाधीशों के ख़िलाफ़ परम चतुर प्रधानमंत्री ने शंकराचार्यों को अड़ा दिया है। शंकराचार्य-प्रसन्न हैं कि वे एक ऐसे समाज के सर्वमान्य धार्मिक (असल में राजनीतिक) नेता बनाए जा रहे हैं, जो अंततः अब अपने आपको सामी धर्मों का प्रतिबिंब बनाने के लिए कटिबद्ध हो ही गया है। हिंदू आस्था के सामीकरण की तार्किक परिणति है : शंकराचार्यों का इमामीकरण ! अयोध्या को मक्का के समतुल्य ठहराने के बाद फतवों से कैसे बचा जाएगा ? और फ़तवे सिर्फ संघ गिरोह के ही पक्ष में हमेशा ज़ारी हों—यह ज़रूरी नहीं।

हिन्दू आस्था के त्रासद आत्म-विसर्जन की प्रक्रिया के दो घटक विशेष रूप से विचारणीय हैं। एक तो वैविध्यपूर्ण भारतीय समाज में अपनायी गयी धर्मनिरपेक्षता

के आंतरिक तनाव और द्वन्द्व। दूसरे, 'अन्य' की परिभाषाओं पर खरे उतरने का ठेठ औपनिवेशिक संकट। इनमें से पहले घटक पर ही पहले विचार करें।

किसी भी पारिभाषिक शब्द की तरह 'सेकुलरिज़्म' के अर्थ-विकास का भी एक निश्चित ऐतिहासिक संदर्भ है। यूरोप में 'सेकुलर' का अर्थ बना–चर्च और राजसत्ता का पूर्ण अलगाव। वहाँ आधुनिक बूर्ज्वा वर्ग और लोकतांत्रिक राष्ट्रवाद की विचारधारा का ऐतिहासिक प्रतिपक्ष था–अखिल यूरोपीय चर्च, जो लौकिक सत्ता के अपने दावों को पारलौकिक हवालों से पेश करता था। इसीलिए यूरोप की आधुनिक सत्ताओं ने या तो धीरे-धीरे जन-जीवन के सेकुलर (इहलौकिक) पहलुओं से चर्च को बिल्कुल बरतरफ़ कर दिया (जैसे–फ्रांस और जर्मनी में) अथवा रोमन चर्च के बरक़्स अपना राष्ट्रीय चर्च खड़ा कर लिया (जैसे–इंग्लैंड में)। इस प्रक्रिया में बुनियादी सवाल यही था कि राजसत्ता धर्म के प्रति क्या रवैया अपनाए ? सवाल इसी रूप में, यूरोपीय राज्यसत्ताओं के सामने आया–इसकी वज़ह यह थी कि यूरोप में राज्यसत्ता को एक ही धर्म–ईसाइयत–. और उसके अखिल यूरोपीय सत्ता प्रतिष्ठान (चर्च) के प्रति अपना रवैया स्पष्ट करना था। सवाल एक ही था, जवाब हर समाज और राज्यसत्ता ने अपने-अपने खोजे। यहाँ तक कि चर्च और राष्ट्र-राज्य के बीच कलह का दौर गुज़र जाने के बाद गठित अमेरिकन राज्यसत्ता का घोषवाक्य यही है कि 'इन गॉड, वी ट्रस्ट'। वहाँ का राष्ट्रपति बाइबिल की ही सौगंध लेकर पदभार सँभालता है।

बहरहाल, सेकुलरिज़्म की यूरोपीय अवधारणाएँ बुनियादी तौर से धर्मविशेष के प्रति राज्यसत्ता के रवैये की मूल समस्या के संदर्भ में ही विकसित हुई हैं। यह अवधारणा ऐन इसी रूप में भारतीय समाज पर लागू होनी चाहिए थी–वामपंथी-उदारपंथी हलकों में अत्यंत लोकप्रिय यह माँग असल में अपने समाज की वास्तविकता के प्रति सांस्कृतिक असंवेदनशीलता का ही एक और प्रमाण है। यूरोपीय समाजों के विपरीत अनेक धर्मों से सम्पन्न भारतीय परिवेश में समस्या के प्रति राज्यसत्ता के रवैये तक सीमित न होकर यह थी और है कि विभिन्न धर्म एक-दूसरे के साथ अपने रिश्तों को किस बुनियादी आधार पर विकसित करें ? एक धार्मिक समुदाय के आधिपत्य के आधार पर ? (जैसा कि हिंदू राष्ट्रवादी चाहते हैं।) या कि समस्या के विशिष्ट भारतीय रूप की पूर्ण उपेक्षा के आधार पर ? (जैसा कि वामपंथी-उदारपंथी चाहते हैं।)

किसी धारणा का ऐतिहासिक आशय उसके उदय की परिस्थितियों से ही नहीं, उन परिवेशों की विशिष्टता से भी निर्धारित होता है, जहाँ कि उसे लागू करने का प्रयत्न किया जा रहा है। इसीलिए 'सेकुलर' का शब्दकोशगत अर्थ सामने रखकर इस बात पर दुःखी होना कि ऐसा ही 'सेकुलरिज़्म' भारत में क्यों नहीं है–व्यर्थ है। भारतीय राष्ट्रवाद का प्रतिपक्ष कोई संगठित चर्च नहीं, साम्राज्यवाद

था। फिर यह एक ऐसा समाज था; जहाँ अनेक धार्मिक पहचानों का संघर्ष और सहयोग ज़ारी था। ऊपर से भारतीय चिंतन-परम्परा में सत्य के अनेक प्रामाणिक पाठों की सम्भावना को न केवल दार्शनिक, बल्कि व्यावहारिक आधार पर भी स्वीकृति प्राप्त थी। इसीलिए यहाँ समस्या यह बनी कि विभिन्न धार्मिक पहचानों का परस्पर संबंध क्या हो और उस संबंध का दार्शनिक आधार क्या हो ? फिर सवाल यह था कि इस समस्या को हल करने की कोशिशें हमारी विरासत में हुई हैं या नहीं ?

ज़ाहिर है कि यह समस्या तभी तीखे रूप में सामने आयी, जब शासक और शासित की धार्मिक आस्थाएँ अलग-अलग हुईं। इस क्रम में हम याद करें कि तुगलक सत्ता को समकालीन इतिहासकार रुष्ट भाव से 'जहाँदारी' सत्ता कहते थे। जहाँदारी–याने ऐसी सत्ता जो शरीअत के नहीं, लौकिक ज़रूरतों के अनुरूप चलती है। चौदहवीं सदी के सूफी संत शेख़ सरफुद्दीन अबू अली ने 'सुलह कुल' की अवधारणा विकसित की और आगे चलकर अकबर ने 'सुलह कुल' की नीति आत्म-सजग रूप से अपनायी। 'सुलह कुल' का दार्शनिक आधार सहिष्णुता में निहित था, जो कि सर्वधर्म-समभाव से निश्चय ही अलग है। लेकिन देश की अधिकांश जनता ने अपने संस्कारों के चलते 'सुलह कुल' को सर्वधर्म-समभाव के ही अर्थ में लिया 'सर्वधर्म-समभाव और सहिष्णुता के बीच का सूक्ष्म अंतर लोकचेतना में लगभग ग़ायब हो गया। इस प्रकार राष्ट्रीय आंदोलन के दिनों में धर्म के प्रति राज्यसत्ता के रुख़ और धार्मिक पहचानों के परस्पर संबंध की दोहरी समस्या इस पारंपरिक समझ का नवीकरण करके हल की गई। 'सेकुलरिज़्म' का भारतीय आशय बना सर्वधर्म-समभाव। इसकी सैद्धांतिक निष्पत्ति यह कि राज्यसत्ता सभी धर्मों का सम्मान करे, और सभी धर्म परस्पर एक दूसरे का सम्मान करें।

'सेकुलरिज़्म' के सर्वधर्म-समभावपरक भारतीय आशय की आलोचना यह कहकर की जाती है कि, यह असल में तरह-तरह की साम्प्रदायिकताओं का योगफल (कंपाउंड कम्युनलिज़्म) है। "धर्म तो व्यक्तिगत मसला है, राज्यसत्ता को उससे कोई वास्ता नहीं रखना चाहिए"–यह तर्क भी दिया जाता है। वास्तविकता यह है कि धर्म-तर्केतर आस्था के रूप में व्यक्तिगत मसला हो सकता है–लेकिन बतौर एक विश्व-दृष्टि के, बतौर एक जीवन-पद्धति के वह कतई व्यक्तिगत मसला नहीं है। इसीलिए लोकतांत्रिक राजनीति यह ज़ायज़ माँग करती है कि अल्पसंख्यकों को, बतौर व्यक्ति के ही नहीं, बतौर समुदायों के भी कुछ न्यूनतम आश्वासन हासिल होने चाहिए।

यदि कोई समाज अपनी विरासत और विशिष्टता के प्रति संवदेनशील है तो वह सार्वभौम मानवीय आदर्शों को अपनी विशिष्ट स्थिति के अनुरूप ढालकर ही अपना सकता है। सार्वभौमिकता और अस्मितागत विशिष्टता के संबंध पर विस्तृत

चर्चा यहाँ संभव नहीं, लेकिन इतना कहा जा सकता है कि भारतीय समाज के विशिष्ट संदर्भ में लौकिक-पारलौकिक सत्ताओं के दावों को हल करने की मूलतः सही दिशा 'सुलह कुल' ही हो सकती थी। सवाल यह है कि इस दिशा में बढ़ने का दार्शनिक और नैतिक प्रस्थान बिन्दु क्या हो ? सर्वधर्म-समभाव या सहिष्णुता ? 'धर्मनिरपेक्षता' के भारत में अपनाए गये आदर्श से ग़ैर-हिंदू चित्त में जो उलझन पैदा होती है, उसे प्रो. रशीदुद्दीन खान ने सराहनीय स्पष्टता के साथ अभिव्यक्त किया है–

"आम तौर से यह बात समझी नहीं जाती कि सभी धर्मों की मूलभूत एकता का सिद्धांत एक सर्वग्राही वेदांती अवधारणा है। धर्म के प्रति यह ठेठ हिंदू दृष्टिकोण है। दूसरी ओर सामी धर्मावलंबियों–यहूदियों, ईसाइयों, मुसलमानों–के डॉग्मा और सिद्धान्त सुपरिभाषित हैं। पैगंबरी आस्था की मूल धारणाओं के प्रति अनुरक्ति उनके लिए ज़रूरी है। इन आस्थाओं से कोई विचलन या उनका कोई परिवर्तन ईश्वरीय इच्छा और व्यवस्था में हस्तक्षेप है। ऐसा हस्तक्षेप कुफ़्र है, धर्म का उल्लंघन है, जिसकी इज़ाज़त नहीं दी जा सकती। इसीलिए सामी धर्मों के संदर्भ में सभी धर्मों के प्रति एक से आदर-भाव का सवाल ही नहीं उठता, भले ही ऐसा आदरभाव सामाजिक रूप से कितना ही मूल्यवान् क्यों न हो, क्योंकि ऐसा समान आदरभाव सामी धर्मावलंबियों की मूल धार्मिक आस्थाओं के ही ख़िलाफ़ पड़ता है। सामी धर्मावलंबियों के लिए समाजिक समरूपता, सांस्कृतिक मेल-जोल और राजनीतिक समझदारी बढ़ाना, अन्य धर्मावलंबियों के प्रति आदर और सम्मान का भाव रखना संभव ही नहीं, करणीय भी है लेकिन सभी धर्मों की समानता की स्वीकृति उनके लिए संभव नहीं है। सामी धर्मों के इस रवैये, उनकी इस सीमा को अस्तित्व की एक सचाई के रूप में स्वीकार किया जाना चाहिए।"[9]

'सहिष्णुता' और 'सर्वधर्म-समभाव' का फ़र्क और उसकी परिणतियाँ अब स्पष्ट हैं। इस फ़र्क ही के आधार पर हमारे हिंदू राष्ट्रवादी दावा करते हैं कि "हिंदू तो स्वभाव से ही धर्मनिरपेक्ष होता है।" दूसरी ओर इसी फ़र्क के आधार पर माँग की जाती है कि सामाजिक सहिष्णुता के बावजूद आस्था-विशेष के इस दावे को 'अस्तित्व की सचाई' के रूप में स्वीकार किया जाना चाहिए कि 'सत्य' की एक-मात्र ही नहीं, बल्कि अंतिम अभिव्यक्ति भी उसके 'डॉग्मा' में हो चुकी है। राज्यसत्ता इस दावे के प्रति उदासीन हो सकती है, और उसकी इस उदासीनता को 'धर्म निरपेक्षता' का प्रामाणिक व्यवहार माना जा सकता है। लेकिन क्या विचार और संस्कृति भी ऐसे दावों के प्रति उदासीन या निरपेक्ष रह सकते हैं ? ख़ासकर तब, जबकि 'ईश्वरीय इच्छा और व्यवस्था' की किसी भी वैकल्पिक अवधारणा को कुफ़्र या धर्मविरोध कहकर उसके दमन को भी 'ईश्वरीय इच्छा का पालन' ठहराया जा सके ! किसी भी आस्था को इस बुनियादी आलोचनात्मक प्रश्न का

सामना तो करना ही पड़ेगा !

सर्वधर्म-समभाव के प्रति सामी धर्मों की इस बुनियादी और ईमानदार उलझन का यह हिंदूराष्ट्रवादी हल कितना आसान (!) और कितना क्रूर है कि इन धर्मों के अनुयायियों को या तो मार भगाया जाए या दोयम दर्ज़े का नागरिक बना दिया जाए। तुर्रा यह कि ऊपर से हम सभी धर्मों को 'सत्य' मानते हैं। सर्वधर्म-समभाव के अपने प्रस्थान और तर्क की स्वाभाविक परिणति तो यह है कि उन आस्थाओं के साथ भी सम्मानपूर्वक संवाद किया जाए, जो सभी धर्मों को एक-सा 'सत्य' नहीं मानती। असल में, ऐसी संवादधर्मिता ही भारतीय मनीषा और परिवेश की अपनी विशेषता है, जिसने एक ओर सामी धर्म परम्पराओं के 'शुद्ध' डॉग्मा को अशुद्ध किया है, दूसरी ओर हिंदू धर्म के मूल विरोधाभास (आस्था की बहुलता और जन्मजात विषमता की एक साथ स्वीकृति, सत्य के अनेक पाठों के साथ ही स्वयं अपने आस्था-समुदाय के ही कुछ लोगों के जन्मतः 'नीच' होने की मान्यता) को प्रश्नविद्ध भी किया है। इस्लाम और हिन्दूधर्म–दोनों ही के 'शुद्ध सार' के स्थान पर जीवंत, 'अशुद्ध'-बोध का विकास लोकधर्म और शास्त्रीय परम्परा के बीच सतत संवाद की सर्वाधिक सार्थक फलश्रुति है। भक्त कवियों का सीधा सवाल था 'पंडित भया तो का भया बूझा नहीं विवेक' शास्त्र और पांडित्य से स्वायत्त, सहज, मानवीय विवेक की सम्भावना का यह रेखांकन केवल साधनापरक अर्थ में ही नहीं, सामाजिक और सांस्कृतिक धरातल पर भी अत्यधिक मूल्यवान है। इस विवेक को प्रशस्त, मानवीय समाज-संबंधों का आधार आज भी बनाया जा सकता है, बशर्ते तरीका मार-मारकर राम कहलाने का नहीं, बल्कि उस भावतंत्र की रचना करने का हो, जिसमें कोई रत्नाकर 'मरा-मरा' कहते-कहते भी वाल्मीकि बन सके।

इस संदर्भ में देखें तो हिंदू धर्म का सामीकरण और महंतों, मठाधीशों का इमामीकरण बहुत गहरी चिन्ता का विषय होना चाहिए। यह ऐतिहासिक सत्य है कि जो प्रक्रिया आज 'सहमत' प्रदर्शनी पर हमले और शंकराचार्यों को 'समुदाय के स्वाभाविक नेता' मानने में फलीभूत हो रही है, उसका आरम्भ औपनिवेशिक दौर में हुआ। जिसे हमने 'भारतीय धर्मनिरपेक्षता के आंतरिक तनाव' कहा है, उसका एक पहलू यह था कि यदि 'वे' अपने धर्म को ही सत्य का एक मात्र रूप मानते है, तो 'हम' भी ऐसा ही क्यों न मानें ? औपनिवेशिक विमर्श ने जब भारतीय समाज की प्राथमिक इकाई धार्मिक पहचान को ही बना दिया, तो उपरोक्त सवाल हिंदू सवर्ण भद्रलोक के लिए और आधिक तात्कालिक सवाल बन गया। मुस्लिम अभिजन यह दावा कर सकता था कि सामी पैगंबरी आस्था और सामी परिवेश के कारण वह हुक्मरानेवक़्त के करीब है, हो सकता है और उसे होना चाहिए। सर सैयद अहमद जैसे समाज-सुधारकों का प्रस्थान-बिन्दु ही अंग्रेज़ ईसाइयों और हिंदुस्तानी मुसलमानों के बीच आस्था की समानधर्मिता का रेखांकन था। दूसरी

ओर हिंदू भद्रलोक की समस्या यह थी कि, एक तो उसे अंग्रेज़ों की कृपा के लिए मुस्लिम भद्रलोक से प्रतियोगिता करनी थी और दूसरी ओर शासकों की परिभाषा पर ही अपने आपको 'सुव्यवस्थित, तर्कसंगत धर्म' का अनुयायी सिद्ध करना था; तीसरे, उसे जाति की समस्या वास्तव में हल किए बिना एक ऐसा सैद्धांतिक ढाँचा गढ़ना था, जिसमें जाति का वास्तविक सवाल हाशिए पर फेंक दिया जाए। हिंदू धर्म का सामीकरण इसी जटिल प्रक्रिया के संदर्भ में शुरू हुआ। इसमें हम देखते हैं कि सर्वप्रथम तो सवर्ण पुरुष के आत्म-बोध को समूचे समाज के आत्म-बोध का पर्याय बना दिया जाता है, फिर इस आत्म-बोंध की परम्परा आविष्कृत की जाती है। सवर्ण पुरुष के वर्चस्व पर आधारित यह आत्म-बोध बेशक स्त्रियों की दशा में सुधार के प्रयत्न भी करता है, और यदा-कदा जाति-प्रथा का विरोध भी—लेकिन आस्था के रूप में व्यक्त होने वाली समाजसत्ता की बनावट कैसी हो—इस बुनियादी सवाल को वह सवर्ण पुरुष के ही पक्ष में सुलझाता है। इसी पक्ष से सांस्कृतिक स्मृतियाँ गढ़ी जाती हैं, ऐतिहासिक आख्यान रचे जाते हैं, और 'अपनी' आस्था को 'उनकी' आस्था से टक्कर लेने में समर्थ सिद्ध करने के लिए एक किताब, एक ईश्वर और एक 'डॉग्मा' की खोज की जाती है।

उन्नीसवीं सदी के हिंदू समाज-सुधारकों में से अधिकांश के विचार और व्यवहार को पढ़ने से यह तथ्य सर्वथा स्पष्ट हो जाता है कि अपने सामूहिक आशय में आस्था सामाजिक सत्तातंत्र का एक रूपक ही है। यह भी स्पष्ट हो जाता है कि 'हिंदू' आस्था और आध्यात्मिकता संसार की प्राचीनतम आस्थाओं में से एक है, लेकिन ईसाइयत इस्लाम आदि के समतुल्य 'हिंदू धर्म' और उससे जुड़े सामुदायिक आत्म-बोध की आयु सौ, डेढ़ सौ बरस से अधिक नहीं है। उन्नीसवीं-सदी के हिंदू बौद्धिक की मूल समस्या (इस्लामी वर्चस्व की सांस्कृतिक स्मृति और अब ऐसी सत्ता की उपस्थिति, ज़ो हिंदू-मुसलमान, दोनों से 'ऊपर' है) को ध्यान में रखने से साफ़ हो जाता है कि उसकी खोज आध्यात्मिक या व्यक्तिगत 'धर्म' की नहीं, बल्कि एक ऐसे आध्यात्मिक-धार्मिक-राजनीतिक समुच्चय की थी, जिसे 'राष्ट्रीय धर्म' कहा जा सके।[10] आस्था के आधार पर जन-समुदाय को पहचानने की बजाय समस्या यह थी कि जो जनसमुदाय स्वयं को इस्लाम और ईसाइयत से भिन्न पहचान दे रहा है, उसकी आस्था की बनावट क्या हो ? बंकिमचन्द्र और दयानंद सरस्वती, दोनों अपने-अपने ढंग से इसी समस्या से जूझ रहे थे।

विडंबना यही थी कि समस्या और समाधान, दोनों के स्वरूप-निर्माण को इन बौद्धिकों की विचित्र स्थिति दोहरे ढंग से प्रभावित कर रही थी। जो शिक्षित भद्रलोक उन्नीसवीं सदी के बौद्धिकों और समाज-सुधारकों से प्रभावित-प्रेरित हो रहा था, वह स्वयं अपने समाज की लोक परम्पराओं को हिकारत से देखता था। दूसरे, वह अतीत और परम्परा का जो बोध निर्मित कर रहा था, वह बिकट रूप

से सवर्ण-पुरुष के पक्ष में झुका हुआ था। जिस 'वैष्णवता' को भारतेन्दु हरिश्चन्द्र भारतवर्ष की नस-नस में व्याप्त मानते थे, उसके विभिन्न रूपों के प्रति दयानंद सरस्वती और उनके उत्साही अनुयायियों का रवैया गहरे तिरस्कार से भरा हुआ था। भक्ति-संवेदना से हमारे समाज का ताना-बाना रचा-बसा था, वह जनसाधारण के अपने अनुभव और विवेक को व्यक्त करती थी और भद्र लोक के अधिकांश बौद्धिक उसमें स्त्रैणता और अंधविश्वास के अलावा कुछ देख नहीं पाते थे। यह संयोग नहीं, ऐतिहासिक अपरिहार्यता थी कि जोतिबा फुले जैसे अवर्ण-सुधारक अपने विमर्श के बौद्धिक प्रस्थान की खोज स्वर्णिम, सुदूर अतीत के शास्त्र-वचनों में नहीं, भक्तों की अटपटी बानी में करते थे। यह भी संयोग नहीं कि बंकिम जैसे विचारक-सुधारक भक्ति की ओर जाते अवश्य थे—लेकिन भक्ति-संवेदना के अपने गठन के प्रति सच्ची जिज्ञासा लेकर नहीं; बल्कि भक्ति-संवेदना को सवर्ण वर्चस्व के अनुकूल ढाल लेने के लिए। भक्ति की वैकल्पिक ज्ञान-मीमांसा, उसकी जिरह और विवेक की नयी अवधारणा को नख-दंतविहीन कर, उसे 'विनय की अनुपम विचारधारा'[11] में बदल डालने के लिए। ठीक यही काम आगे चलकर आचार्य रामचन्द्र शुक्ल ने किया।

गड़बड़ी यह नहीं थी कि औपनिवेशिक सांस्कृतिक वर्चस्व और राजनीतिक पराधीनता से टकराने के लिए धार्मिक आस्था का सहारा लिया गया, अथवा जिसे रोमिला थापर 'काल्पनिक, धार्मिक समुदाय' कहती हैं, उसकी रचना के प्रयत्न किए गये। गड़बड़ी यह थी कि आस्था को वर्णाश्रमगत वर्चस्व का रूपक बना दिया गया और साथ ही लोक-विवेक का तिरस्कार करते हुए, सामी धर्मों की नकल पर एक ईश्वर, एक किताब एक आस्था का 'डॉग्मा' रचने की कोशिश की गयी। लेकिन यह भी वास्तविकता है कि ऐसी कोशिशों का सशक्त प्रतिवाद लगातार ज़ारी रहा। रामकृष्ण परमहंस, जोतिबा फुले, गाँधीजी—अपने-अपने ढंग से इसी प्रतिवाद को व्यक्त करते हैं—और अत्यंत स्वाभाविक है कि भक्ति-संवेदना से प्रेरणा ग्रहण करते हैं। सवाल यह है कि इन दिनों यह प्रतिवाद परास्त-सा होता क्यों नज़र आता है ?

इस यातनादायी प्रश्न का कोई सरल-सपाट उत्तर नहीं हो सकता, लेकिन इस ऐतिहासिक-सांस्कृतिक दुर्घटना का एक अत्यंत महत्त्वपूर्ण कारण अवश्य रेखांकित किया जाना चाहिए। समाज का बौद्धिक नेतृत्व करने वाले वर्ग ने धर्म, आस्था और भारत के विशिष्ट सांस्कृतिक अनुभव के प्रति भीषण उपेक्षा का रवैया अपनाया है। अनुभव और सिद्धांत की द्वन्द्वात्मकता का निर्वाह करने के स्थान पर अनुभव को तोड़-मरोड़कर सिद्धांत को सही ठहराने की कोशिशें की गई हैं। अपने समाज की भाषा और सांस्कृतिक अनुभवों की सरणियों के प्रति विरक्ति अथवा लापरवाही के दुःखद परिणामों की चर्चा हमने 'कण-कण में व्यापे हैं राम' के संदर्भ में की

है। हमारे बौद्धिक विमर्श पर यूरोपीय प्रबोधन-काल के कट्टर तर्कवाद की जो छाया पड़ी है, उसका एक परिणाम हुआ है, हिंदू आस्था को 'तर्कसंगत' डॉग्मा का रूप देने का प्रयत्न और दूसरा, ऐसी आस्थाओं की संवेदना की पूर्ण उपेक्षा, जो डॉग्मा की सीमा में नहीं समातीं। इस बुनियादी अपर्याप्तता के धीरे-धीरे बढ़ते एहसास ने आम हिंदू को अपनी आस्था के डॉग्मा बनाए जाने के प्रति उदासीन रहने अथवा इस काम में सक्रिय योगदान करने के लिए प्रेरित किया है। उसे लगा है कि सम्मान शक्ति का होता है और शक्ति आस्था में नहीं, 'डॉग्मा' में है।

इससे भी ज़्यादा चिंताजनक बात यह है कि आस्था का विकल्प तर्क की कट्टरता को मान लिया गया है। स्वभावतः ऐसी स्थिति में आस्था और विवेक के बीच अंतर्विरोध सहज, प्रतीत होता है। लेकिन यदि हम एक बार फिर से भक्ति-संवेदना को पढ़ें, तो देखेंगे कि ऐसी आस्था असंभव नहीं है, जिसमें विवेक अन्तर्भुक्त हो। इसका अर्थ यह नहीं है कि हम भक्ति-संवेदना को शब्दशः अपना लें। ज़रूरत भक्तों द्वारा प्रयुक्त विवेक की अवधारणा का सर्जनात्मक विकास करने की है। भक्तों का विवेक शास्त्रवचन को नहीं, अनुभव को प्रमाण मानता है। उस विवेक से उत्पन्न नैतिकता में मूल्यांकन का प्रतिमान रीति-रिवाज नहीं, बल्कि ज़िंदगी जीने का ढंग है, जिसे भक्त लोग अपनी शब्दावली में 'रहनी' कहते हैं। इसीलिए जिस भक्ति को आचार्य लोग उन कमज़ोर लोगों के काम की वस्तु मानते हैं, जो ज्ञान, और कर्म के कठिन मार्ग नहीं अपना सकते; स्वयं भक्त उसे ऐसा कठिन पराक्रम मानते हैं, जो कायरों के बूतें का नहीं–

'भगति दुहेली राम की, नहिं कायर का काम।'

भक्तों के अनुभव सम्मत विवेक के अवधारणात्मक विकास की उत्तेजक संभावना को गाँधी जी ने अपने विचार-व्यवहार में वास्तविक बनाने की महत्त्वपूर्ण कोशिश की। उन्होंने बार-बार इस बात को रेखांकित किया कि वैष्णव होने के लिए किसी डॉग्मा का पालन करना नहीं, बल्कि परायी पीर को महसूस करना ज़रूरी है। अपनी समूची धर्मनिष्ठा के साथ गाँधी जी बेधड़क कह सकते थे, "शास्त्रों की ऐसी कोई बात स्वीकार नहीं की जा सकती, जो स्पष्ट तथा सार्वभौम सत्यों और नैतिक मूल्यों के प्रतिकूल हो।"[12] 'सार्वभौम सत्य और नैतिकता'–अर्थात मनुष्य-मात्र के सांस्कृतिक अनुभवों से उपजा विवेक। यह विवेक किसी एक संस्कृति तक सीमित नहीं है, लेकिन इसे हर संस्कृति के विवेकवान लोग विशिष्ट संदर्भ और विशिष्ट रूप में अर्जित करते हैं। **इस सार्वभौम विवेक के कम-से-कम दो प्रस्थान-बिंदु रेखांकित किए जा सकते हैं–एक, सत्य का कोई पाठ अंतिम पाठ नहीं है; दो, जन्म से किसी को ऊँचा या नीचा नहीं माना जा सकता।** इस मूलभूत विवेक

को जो आस्था आत्मसात करती है, वह सत्ता का नहीं, बल्कि मानवीय जिजीविषा का रूपक बनती है। ऐसी आस्था परम सत्य की सम्भावना स्वीकार करती है और अनुभूत सत्य की सीमा भी। इसीलिए वह अपने अनुभूत सत्य की जाँच खुलेपन और प्रयोगों के ज़रिए लगातार करती रहती है। गाँधीजी की आस्था ऐसी ही आस्था थी, इसीलिए वे अपने जीवन को सत्य के प्रयोगों का अनवरत सिलसिला मानते थे। इस प्रयोगधर्मी आस्था में आलोचनात्मक विवेक अंतर्भुक्त है। इसे अपने आप पर भरोसा है, इसलिए यह अपने आपको 'विज्ञानसम्मत' सिद्ध करने की दयनीय हरकतें नहीं करती।

ऐसी विवेकसम्मत आस्था गाँधीजी की सिर्फ अपनी खोज होती, तो म्यूज़ियम में रखने लायक ही होती। इसका महत्त्व यही है कि मनुष्य के रक्तरंजित इतिहास में इसने बारंबार अपनी उपस्थिति का एहसास कराया है। विवेक और आस्था का परस्पर अनुप्रवेश अनुभव और आलोचना के माध्यम से ही होता है। ऐसे आलोचनात्मक विवेक से सम्पन्न आस्था को अपने अस्तित्व के लिए न शास्त्र-वचन की ज़रूरत पड़ती है और न वैज्ञानिकता के प्रमाण-पत्र की। यह आस्था कुछ उसी प्रकार की है, जैसी नारदीय भक्तिसूत्र द्वारा परिभाषित भक्ति। इसे अन्य के प्रमाण की अपेक्षा नहीं, यह स्वयं प्रमाण है–'प्रमाणान्तरस्यानपेक्षत्वात् स्वयं प्रमाणत्वात्।'

ज़रा-ज़रा सी बातों से कुपित हो जाने वाली स्पर्श कातर आस्थाओं के इस ज़माने में ऐसी विवेकसम्मत और तेजस्वी आस्था की संभावना समाप्त नहीं हो गई है, जो कह सके–

'निन्दक नियरे राखिये, आँगन-कुटी छवाय।'

संदर्भ

1. 'यूज़िंग तसलीमा टू अटैक इसलाम एण्ड मुस्लिम्स'–'पॉयनियर', (नयी दिल्ली), दिनांक 13 जुलाई, 1994

2,3. 'ए मॉडर्निस्ट गोन बर्सर्क'–'मेनस्ट्रीम' (नयी दिल्ली), 6 अगस्त, 1994, पृ. 19-21.

4. 'डिसेंट एण्ड प्रोटेस्ट इन इस्लाम'–'टाइम्स ऑफ इण्डिया', (नयी दिल्ली), 12 अगस्त, 1994.

5. शशि जोशी, भगवान जोश–'स्ट्रगल फ़ॉर हेगेमनी इन इंडिया' (खण्ड 3) (नयी दिल्ली), 1994- पृ. 289.

6. इस विषय के अत्यन्त विचारोत्तेजक और प्रमाण पुष्ट अध्ययन के लिए देखें, एलेन पैगेल्स–'द ग्नॉस्टिक गॉस्पेल्स', (न्यूयॉर्क),1989.

7. शशि जोशी, भगवान जोश द्वारा पूर्वोक्त में उद्धृत, पृ. 185.

8. देखें कबीर चौरा मठ, वाराणसी से प्रकाशित और 'कबीर पीठ के पीठाधीश्वर' महन्त

अमृतदास के 'आदेश और आशीर्वाद' से रची गयी 'आचार संहिता' (1983)। इस रोचक पुस्तक के लेखक हैं, गंगाशरण शास्त्री, पूरी पुस्तक कबीर को स्मार्त्त परम्परा के अनुकूल सिद्ध करने का प्रयत्न करती है, साथ ही पंथ के अपने कर्मकाण्ड को लिपिबद्ध करने का प्रयत्न भी। लेखक के अनुसार, "कबीर पंथियों को चाहिए कि शादी-विवाह अपने ही रक्त में करें, ताकि विचार शुद्ध बना रहे। यद्यपि मानव-जाति एक है, परन्तु सबकी संस्कृति और संस्कार भिन्न हैं। इसलिए सद्‌गुरु कबीर साहब ने कहा है कि 'शब्द मिलावा होय रहा, देह मिलावा नाहिं।' अर्थात् सबकी आत्मा एक है, शरीर और संस्कार भिन्न-भिन्न हैं, जिसके कारण व्यावहारिक मेल नहीं खा सकता।" (पृ. 25-26) इन्हीं लेखक महोदय द्वारा रचित 'कबीर जीवन-चरित्र' (1976) भी देखें !

9. रशीदुद्दीन खान, 'बिविल्डर्ड इंडिया' (नयी दिल्ली), 1994, पृ. 288.
10. इस समस्या के विभिन्न संदर्भों के विश्लेषण के लिए देखें–केनेथ डब्ल्यू जोन्स, 'आर्य धर्म', (नयी दिल्ली), 1976 ; पार्थ चटर्जी, 'नेशनलिस्ट थॉट एण्ड कोलोनियल वर्ल्ड, (नयी दिल्ली), 1986 ; 'दि नेशन ऐंड इट्‌स फ्रैगमेंट्स' (नयी दिल्ली) 1994; और शशि जोशी, भगवान जोश, 'स्ट्रगल फ़ॉर हेगेमनी इन इंडिया', (खण्ड 3), (नयी दिल्ली), 1994.
11. यह शब्दावली रंजीत गुहा की है–"आइडियोलॉजी ऑफ सबऑर्डिनेशन पार एक्सेलेंस"।
12. महात्मा गाँधी, कलेक्टेड वर्क्स, (नयी दिल्ली), खंड 62, पृ. 121. पार्थ चटर्जी द्वारा पूर्वोक्त में उद्धृत (पृ. 95)।

अनुक्रमणिका